心智圖筆記術

修訂版

胡雅茹 ◎著

推薦序
任何人都學得會的「心智圖筆記術」

　　我們生活在這個科技進步神速、全球化市場與國際村的時代，個人與企業都感受到相當大的壓力，不斷的求新求變。想盡辦法把書念好，每個人都想上大學、甚至念碩士博士學位，希望畢業後能進入大企業、好公司或機關學校，謀得一份好工作；企業的老闆和領導階層也必須設法創新品項及增加獲利，同時提供顧客物超所值的產品與服務。因此，無論是讀書、學習、分析、溝通、生活和工作各個面向，都必須具備有利的工具和正確的方法來幫助我們釐清脈絡、化繁為簡、達成目標，這就是所謂的「工欲善其事，必先利其器」。

　　坊間雖然有各種不同的教科書、參考書、媒體、網路等教大家不同的讀書方法，例如速讀法、精讀法、記憶法、如何學好英文等等千百種，但是，本人仍要鄭重推薦由胡雅茹撰寫的這本新書《心智圖筆記術》。她不僅受過專業訓練，也執行過無數個專案，以及具有教授心智圖近 20 年的豐富教學經驗。本書教我們如何經由「心智圖筆記術」的訓練、演練，進一步應用到念書、學習、準備考試、教學、演講、閱讀、寫作、求職、招募、企劃、簡報、創業、管理、考核、會議、解決問題、目標設定、決策，以及日常生活和職場上的各種不同領域。

　　「心智圖（Mind Map）」是把你腦中的智慧，以清晰脈絡來呈現思維的一種圖型，是水平思考加上垂直思考，讓我們突破自我設限，讓思考增加廣度和深度，在一張紙上就可讓聯想無限延伸。開宗明義第一章「一個改變你人生的驚異筆記術！」就在強調如何讓思緒非常清晰，無論讀書、訓練、學習、考試、工作都能事半功倍，達成目標及任務。Mind Map 心智圖，是引領思考進行「化繁為簡」的工具，讓思考活化，更能創新；Mind Map 心智圖，是引領思考進行「去蕪存菁」的工具，讓思路清晰、抓住重點；Mind Map 心智圖，是引領思考進行「邏輯思考」的工具，讓大腦活絡，增強競爭力。

　　心智圖，將語詞圖像化，取得左右腦平衡與聯想，讓我們的大腦「整理資

訊」跟「截取資訊」的能力增強，正是促發舉一反三、觸類旁通最好的思考工具。心智圖不是大企業老闆或大主管的專利，而是一個很普通的人，也能學好的，多年來作者一再強調，心智圖是小學四年級就能學會獨立思考的思考工具。心智圖，幫你整合片段且破碎的事物，簡化與溝通看來複雜的問題，提升記憶力跟豐富說話的內涵，在工作上不再心有餘而力不足，準備考試更有效率，心更安定，完成從來沒做過的任務，可以幫助你我達到更遠大的目標。

　　本書章節的編排架構與內容十分完整而嚴謹，深入淺出，教你如何用手繪心智圖，並告訴你繪製心智圖的「13 個規則」，同時，透過實例解析讓讀者充分理解書中的觀念和具體可行方法，是一本具有相當廣度與深度的好書。希望透過心智圖能幫助更多的學子們安排讀書計劃，考生安心準備考試，讓上班族快速達標，客戶動心，企業主事業更順遂，鴻圖大展，每一個人都能更上一層樓。

輔仁大學織品服裝學系資深兼任講師
張新房
中華民國 106 年 3 月於新北市

作者序

心智圖為你的人生帶來變化！

多年前《今周刊》的記者來採訪的時候，一直追問我兩個問題：

大學畢業第一年月薪 28K，卻能在一年內還清三十多萬的助學貸款，你是怎麼做到的？

剛進新公司的菜鳥，是一般行政人員，也不是業務工作，怎麼在半年內被加薪兩次，並在一年後升任小主管，你是怎麼做到的？

我的訣竅就是將筆記本全面「圖解化」，而圖解化的最佳工具就是「心智圖」。

一、加速成為專才、通才

學生時期的我喜歡看書，除了教科書以外。下課後，能不碰教科書，就盡量不碰，所以必須養成一種快速把教科書讀懂、讀完的能力，透過心智圖就能辦到。

大學時代，雖然唸理工學院的科系，但是我每周都會跑到文學院、社會學院、醫學院這三個圖書館去借書，每周至少要借四、五本出來看。原因很簡單，就是好奇。

也因為見多識廣，腦中累積的背景知識量夠大，所以下次看同類型的內容時，更容易掌握到關鍵知識，漸漸就能做到見多識深，這些看似與主修科系不相關的閒書，卻是打開我前往「舉一反多」跨領域運用之路邁進的契機，對於後來的工作有很大幫助。

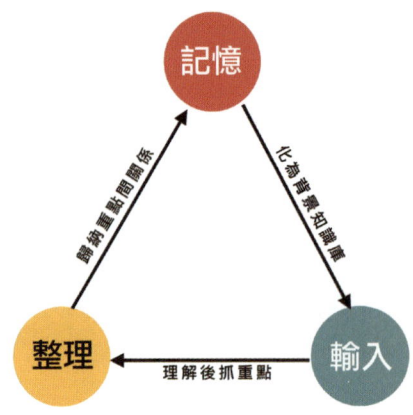

而上述的整個流程,透過心智圖很快速地就能達到正向循環。舉例來說,我第一次看講述財經投資的書籍,可能看不懂一些專有名詞,例如「選擇權」、「買權」、「賣權」,閱讀理解這本書內容後,能掌握好本書的所有重點與各重點間的邏輯關係,通通累積在腦中而形成背景知識,下次閱讀到該領域範疇的書籍或文章時,掌握重點的能力會更迅速,等同於知識的累積越迅速。該領域範疇的書籍看得越多即是「見多識廣」,而同一範疇的知識量累積到一定程度,藉由大腦天生的自由聯想能力,就能自動化地產生「見多識深」的觀察與洞見。

二、勇敢面對挑戰

沒自信的上班族可以分成三類:

- 第一類人:忙於每天的大小事,忽視或無法即時發現自己天天的小進步。
- 第二類人:習慣自我貶低,過去成效 30 分,現在做到 40 分,卻不認為自己有進步。

‧第三類人：習慣苛求自己，過去成效 80 分，現在做到 90 分，卻總遺憾沒有達到 100 分。

過去我剛進某家紡織公司時，曾同時兼任商品企劃、研發與樣品室工作。商品企劃要動腦筋發揮創意，需大量蒐集資料與分析資料；研發要在有限的條件下解決問題，最好能有思考的時間與空間，不能一直忙於瑣事；樣品室的工作卻是每天都要服務一群人，隨時有人會來打擾你。

我必須養成一種隨時可以開機動起來高速運轉，也可以隨時靜下心來、沉澱思緒發想創意的腦袋，更重要的是在高度時間壓力的工作後，回家還要能夠睡得著。這麼衝突的兩種工作方式同時集中在身上，我就是靠著心智圖幫忙解決所有大小瑣事與時間管理，漸漸訓練出隨時能開機與關機的腦袋：一個人動腦要抵過兩個人動腦。當時的我是第一類人，每天機械式的工作，還好靠著心智圖的練習，思考力才沒有在昏天暗地的上班族生活中萎縮壞死。

在教育業開始從事兼職工作後，有一次跟同事太太去聽一場同步口譯的演講，我一邊聽講，一邊在腦海中用心智圖畫出聽到的重點。兩個半小時結束後，同事太太告訴我：「你不覺得今天的演講亂七八糟的，東講一點、西講一點嗎？」我一邊回想腦中的心智圖一邊回答：「不會啊。講者先講的是 A，原因是……，不過因為……，所以導引出 B。B 的情況是……，所以……。最後是 C，要注意……。其實他今天就只講了 ABC 這三點。」

聽完我的心智圖解說，同事太太豁然開朗，彷彿我才是那位翻譯。但明明我跟她聽的是同一場演講啊！她狐疑地問我：「奇怪，怎麼聽你說比聽講者說還要清楚？」

這時我才驚覺，原來，心智圖已經帶給我人生不可思議的變化。在我離開該紡織公司後，我的工作必須要由兩個人接手才能完成，表示當年的我是一個人抵過兩個人的工作效率與成效。即使是十多年後的現在，該公司仍使用我當年所設計的商品看版給客人參考，回頭看看，這真是不可思議的效率！

我在教育業的第一份專職工作，可說是「被騙進去的」。（開玩笑的啦，前老闆別生氣喔！）原來的人提出辭呈後，該職位又空轉了約半個月，我接手

時發現該單位缺乏工作流程的整體思考觀，很多資料沒整理就算了，甚至連資料都沒有建立，資訊數量龐大又雜亂無章。這時，心智圖就好用了！我立刻發揮大數據的精神，透過心智圖開始一一爬梳所有工作的來龍去脈，用一個月的時間弄清楚北中南公司的所有作業流程，並開始動手建立內部資料庫。這時期的我是第二類人，靠著心智圖的整理力與思考力，幫整間教育公司建立起一套資料庫系統，這應該算是很大的績效了吧？可惜當時我的「第二類人」思維，並沒有看清楚自己的能力又更進一步。

後來，公司聘來一位新執行長，當時公司的業績成長了三倍，需要更多的後勤人員支援，但這位執行長抱持著傳統的管理思維，他認為後勤單位是燒錢的單位，就算補足人力可以持續讓業績向上成長，仍然不願意補足後勤單位短缺的人手，而且還不斷對我們洗腦所謂「能者多勞」，讓後勤單位的同事以為是自己能力還不夠，所以無法負荷滿出來的工作量。

看到這裡，你大概可以猜到了吧？當時的我必須負擔「一個人抵三個人用」的工作量，這時的我是第三類人，能夠禁得起被錯誤的管理思維壓榨利用，只因為心智圖已經將我的工作效率，提升到極致的境界。==幸好有心智圖，我隨時可以事先設想各種可能的情況，先採用「防止錯誤發生」的問題分析思考，再用「解決問題」的思考去安排所有事物==，最後就像千手千眼觀音一樣讓事情順利完成。

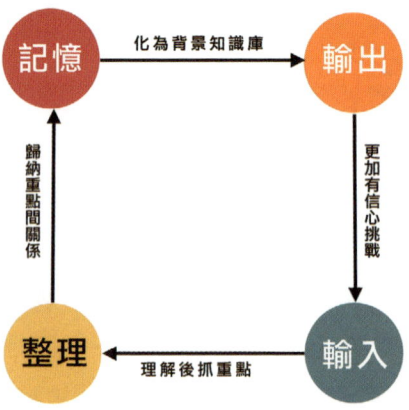

離開該公司後，很多人開始對我說出他們心裡的話，也有很多人來找我合作，讓我更加深深體會到，心智圖幫我完成許多不可能的任務！工作沒有困難是不可能的，那正是老闆給我們薪水的目的，但用心智圖就很容易做到「把困難化為養份」。每解決一件困難的工作，你就會對自己更有信心，進而成為一個「勇敢面對挑戰」的人。

心智圖帶給我人生巨大改變的小故事還有很多，能夠公開與大家分享的，都穿插在本書各章節當中。我想告訴你的是：「只要用正確的方法使用心智圖，你也可以成為自己人生的掌握者！」

三、從此人生沒有「偶然」，只有「必然」

看完上面的工作經驗分享，你大概會很訝異，我是怎麼辦到「一個人抵三個人用」的？

如果你已經看過我的上一本書——《超強心智圖活用術》，應該也會跟其他讀者一樣，很想知道為什麼我能很順利地從已經工作七年的紡織業轉換到教育業？為什麼教育業的前輩已經被市場淘汰了，我還能不斷研發出新的教材？

我想告訴你三個工作觀，也是三個具有異曲同工之妙的個人心得：

1. 人生真的沒有「偶然」，只有「必然」。
2. 過去的工作行為，型塑出現在的人生。
3. 輸在起跑點沒關係，但要贏在終點。

所有的老闆花錢買我們的專業、給我們薪水，是期望我們把事情做好，而不是把事情做壞。把事情做好是應該的，上班族必須要有這種體認。

我在紡織業的工作很忙碌，不把自己當員工看待，我把自己當老闆，用老闆的角度去思考該如何完成手上的工作。剛開始因為不熟練工作內容，肯定做不好，但透過心智圖來思考還需要調整哪些工作上的行為，一步步檢討自己，

一步步改進自己。

因為我經歷過紡織業搶外銷訂單得要有「能快速反應」的磨練,當面臨教育業第一份很繁瑣的工作內容時,那些繁瑣的難度對我來說真的是「一塊蛋糕(piece of a cake)」,只是我需要時間去完成這些繁複又環環相扣的工作任務。

在那當下,老闆找我來是要解決問題的,是要「能做事的」,而不是「來公司交朋友的」。我必須很快就達到「思考」與「實戰」同步並行,我必須能「動腦」,也必須能「捲起袖子動手」。

透過心智圖,我很快就能快刀斬亂麻似地找到公司的眾多弊端,一邊「大破」的同時也能「大立」。透過心智圖縮短了行政工作時間,省下來的時間就讓我能更加精進教學技巧。我同時做著兩種不同類型的任務。

等於是別人只活一年,我已經活了二年,這就是我在職場上升遷加薪速度比別人快的必然原因!就如同我小時候念書一直都不是名列前茅的優等生,但透過加倍努力,總也能在關鍵時刻的考試中擠入前段班。

在某些人眼中或許「加倍努力」等於是「苦」。但我不照抄他人的努力軌跡,不去過不屬於自己的生活。我也不進行沒有方向地隨意、隨興「碰運氣型」努力,而是透過心智圖先立定工作與生活中的各種目標,分析各種情境與困難,把思考焦點放在目標結果上,依據「我未來想要的結果」往前倒推出「我現在應該做的事情」,這種思考角度讓我不覺得現在的努力是苦的,反倒透過一步步的努力來告訴自己:「我又往目標靠近一步了。」

只要你能像我一樣,充分發展理性思考,而不是流於情緒性地隨興,你也能讓心智圖為你的人生帶來不可思議的變化!

目錄

推薦序
任何人都學得會的「心智圖筆記術」……張新房 ▸ 003

作者序
心智圖為你的人生帶來變化！　　　　　　▸ 005

一、加速成為專才、通才
二、勇敢面對挑戰
三、從此人生沒有「偶然」，只有「必然」

第 1 章
一個改變你人生的驚異筆記術！

一、如果思緒非常清晰，工作將呈現什麼樣貌？　▸ 020
二、一般筆記法可以滿足你的工作需求嗎？　　　▸ 022

　　1. 條列式筆記
　　2. 康乃爾筆記（5R 筆記法）
　　3. 三欄式筆記
　　4. 方格筆記本
　　5. 點狀筆記本
　　6. 曼陀羅筆記
　　7. 心智圖筆記
　　8. 圖解筆記
　　9. 塗鴉筆記

三、把 100 頁內容簡化成 10 頁筆記！？　　　▸ 045

四、「一張紙」讓聯想無限延伸！ ▸050
    1. 水平思考
    2. 垂直思考
    3. 心智圖

五、「心智圖」是讓你達成任務的工具 ▸053
    1. 應用在工作
    2. 應用在管理
    3. 應用在生活
    4. 應用在考試

六、心智圖能活化思考、激發創意 ▸074
七、心智圖讓溝通更具說服力 ▸078
八、心智圖讓大腦活絡起來 ▸079
九、心智圖能增強競爭力 ▸080
十、你是「左腦型」還是「右腦型」？ ▸084

第 2 章
用心智圖之前，先鍛鍊一下大腦！

一、從「貓」可以聯想什麼？ ▸088
二、語詞圖像化，訓練左右腦平衡 ▸089
三、抓出抽象事物的特質 ▸090
四、愛用「心智圖」讓你成為高手！ ▸092
    1. 達成更遠大的目標
    2. 完成從沒做過的任務

3. 整合片段破碎的事物
4. 簡化看來複雜的問題
5. 提升記憶力，豐富說話內涵
6. 工作不再心有餘而力不足
7. 安心準備國考，更有效率

第 3 章
手繪心智圖法基本步驟圖解

一、準備的東西只有 3+1 樣！　　　　　　　▶ 102
二、心智圖的「13 個規則」　　　　　　　　▶ 107
　　【注意】這些畫法不是心智圖

三、建立從中心放射延伸的「主題」　　　　▶ 134
　　【練習】將開會的決議畫在主題上

四、讓聯想越來越寬廣的「關鍵字」　　　　▶ 136
五、拓展聯想的提示：關鍵字階層化　　　　▶ 138
　　【練習】將聽到的演講內容記憶在一張紙上

六、如何挑選關鍵字？　　　　　　　　　　▶ 140
七、聯想不可只往單一方向發展　　　　　　▶ 143
八、活用心智圖來進行腦力激盪，更快產生新創意　▶ 147
　　【應用】心智圖即時活用法

第 4 章
加上色彩及圖像，提昇大腦運作力

一、加強使用大腦迴路的視覺效果　　　　　▶ 151

二、色彩對心智圖的重要性？　　　　　　　▶ 152

三、色彩可以縮短 82% 的資訊搜尋時間　　 ▶ 153

四、輕鬆賦予心智圖色彩的 5 個方法　　　　▶ 154

五、調和色彩的 5 大重點　　　　　　　　　▶ 156

六、基本配色原則　　　　　　　　　　　　▶ 157

七、圖像讓聯想進入大腦　　　　　　　　　▶ 160

八、給大腦刺激，從畫圖開始！　　　　　　▶ 161

九、視覺性思考的 9 個方法　　　　　　　　▶ 167

十、圖畫是鍛鍊大腦的工具　　　　　　　　▶ 172

　　【練習】利用色彩和圖畫來完成心智圖

第 5 章
心智圖幫你打開思考僵局

一、解決問題的流程　　　　　　　　　　　▶ 176

二、邏輯思考的方法　　　　　　　　　　　▶ 177

三、用一張紙處理難搞複雜的問題　　　　　▶ 187

　　【練習 1】閱讀

　　【練習 2】寫作

四、要傳達的訊息，讓對方快速理解　　　　▶ 198

【練習1】以自我介紹的心智圖吸引聽眾：強調自己的優點

【練習2】以自我介紹的心智圖吸引面試官：求職履歷

【練習3】募款計劃書

五、人生要怎麼做選擇才不後悔？ ▶ 205

【練習1】時間管理筆記術

【練習2】戀愛心智圖

【練習3】單身還是結婚？

【練習4】該去哪家公司上班呢？

【練習5】追求夢想一定要離職創業嗎？

六、上考場前，將心智圖存在大腦裡！ ▶ 218

1. 問答題：以答題方式來畫心智圖

2. 選擇題：以章節來畫整體觀的心智圖

第 6 章

成為在工作上輸出的「成功者」！

一、心智圖讓簡報具有說服力！ ▶ 229

二、讓簡報成功的 4 個方法 ▶ 231

三、以心智圖讓客戶動心的簡報術 ▶ 234

四、心智圖的威力：為什麼大企業都在用？ ▶ 236

五、「共享心智圖」活用法 ▶ 238

六、以「共享心智圖」做簡報 ▶ 240

七、存好心智圖，隨時取用好方便 ▶ 241

八、心智圖大幅縮短會議時間 ▶ 243

九、心智圖應用在管理上　　▶ 246

　　【練習1】團隊成員績效考核（以部門主管為例）

　　【練習2】想提升品質的服務業（以美髮業為例）

第 7 章
常見問題

一、外出帶 A4 紙不方便，用哪種筆記本好？　　▶ 254

二、如何運用心智圖安排考生讀書計劃？（增訂版）　　▶ 255

　　【延伸問題1】變形版的讀書計劃

　　【延伸問題2】函授影片的讀書計劃

　　【延伸問題3】寫練習題的讀書計劃

　　【延伸問題4】寫時事題的讀書計劃

　　【延伸問題5】如何找到好的讀書方法

附錄　圖解型式範例　　▶ 274

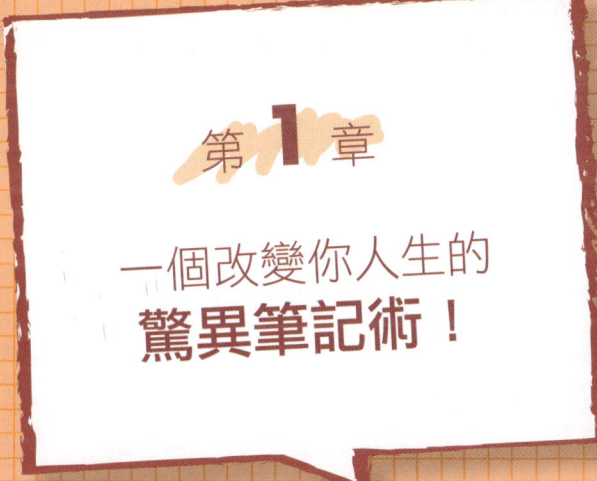

一、如果思緒非常清晰，工作將呈現什麼樣貌？

這是你剛踏進公司 15 分鐘內的寫照嗎？

若你是主管或老闆，你會覺得哪一位小姐的工作方式比較有秩序呢？

O 小姐一進辦公室，一邊點開電子信件，一邊吃早餐。一邊看信的同時，還要將幾件重要事項或是比較緊急的事情寫在便條紙上，一一貼在桌子前面，免得又忙到忘記了。將所有信件看完後，早餐也吃完了，把早餐拿去茶水間丟棄，回到辦公桌前面瀏覽著便條紙，再瀏覽一下電子信箱，想想昨天的手上的事情分別完成到哪裡了，現在應該從哪件事情先著手呢？

M 小姐一進入辦公室，打開早餐三明治包裝袋，左手拿著早餐，右手翻開昨天下班前就畫好的心智圖行事曆，一邊瀏覽著心智圖，一邊吃著早餐，馬上就把昨天發生的事情都回憶起來了。因為從事國際貿易工作，怕昨晚會有國外傳來的最新訊息，於是先打開電子郵件，一邊閱讀一邊把某些需要新增或是調整的內容填進心智圖中。信件看完後，立刻開始依照著心智圖的內容，依序進行每項工作的細節步驟。

O 小姐與 M 小姐一同走進辦公室，十五分鐘過後 O 小姐還在思考今天要先做哪些事情，要怎麼安排順序，M 小姐老早就已經開始執行今天的第一項工作了。

造成自覺「工作有困難，不知道該怎麼進行」，背後的原因太多了。最根本的原因是腦中思緒不清晰，導致輕重緩急無法釐清，進而無法決定該如何做比較好。

造成常常加班的不良習慣，下頁圖列出的只是表面原因——行為習慣，只要深入探究後，就會發現其實是不良的思考習慣造成的：無法聚焦、見樹不見林、缺乏邏輯力、不懂得分析問題核心、不會整理思緒與資料。這些問題都可以用心智圖來協助一步步建立良好的思考能力與習慣。

◑ 造成加班的不良習慣

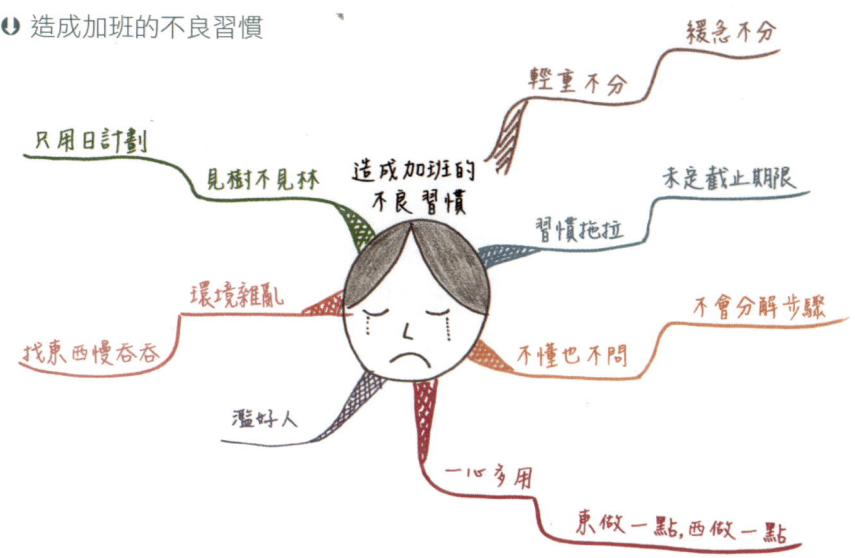

　　Mind Map 心智圖，是把你腦中的智慧，以清晰脈絡呈現思維的一種圖形。

　　Mind Map 心智圖，是引領思考進行「化繁為簡」的工具。

　　Mind Map 心智圖，是引領思考進行「去蕪存菁」的工具。

　　Mind Map 心智圖，是引領思考進行「邏輯思考」的工具。

◑ 不清晰的頭腦，就像個過年大掃除之前的雜物箱一樣

◑ 清晰的頭腦，就像個分類清楚的儲物櫃一樣

二、一般筆記法可以滿足你的工作需求嗎？

如果你是為了做出工作成果而學習,「輸入」就非常重要,輸入好,未來「輸出」來運用就更輕鬆。

2016 年《Psychological Science》刊登普林斯頓大學的穆勒(Pam A. Mueller)和加州大學洛杉磯分校的奧本海默(Daniel M. Oppenheimer)的研究有三點發現:

1. 做筆記可以分成兩種方式:有生產力和沒有生產力。有生產力的筆記術,會「摘要、詮釋、畫出概念圖❶」,而沒有生產力的做筆記方式,則是逐字抄寫。
2. 動手寫筆記的速度會比較慢,所以必須訓練大腦去思考寫出關鍵字,而不是逐字抄寫。
3. 動手寫筆記會比用鍵盤打字做筆記,對記憶力更有幫助。

❶ 條列式筆記

以線性思考呈現,缺點是:
1. 充滿密密麻麻的文字,而且寫筆記的動作太慢,很容易漏聽部分內容。
2. 臨時想要插入補充內容時,產生「怎麼放進去?」的問題。
3. 閱讀這份筆記,必須花費大量時間。
4. 事後搜尋資料時會很麻煩,因為文字量太大了。
5. 文字量太多讓我們有時寫完了筆記,再也不太想翻開來看第二遍。

---

❶「概念圖」的說明請見頁 126 註釋。

↑ 本圖是聽演講的條列式筆記

同條列式概念的筆記方式，還有常見的「待辦清單」：

（1）第一種「待辦清單」

想到什麼，就寫下什麼，依序往下寫，缺點是缺乏表示事情的輕重緩急。

（2）第二種「待辦清單」

改良第一種方式，再放入輕重緩急的概念。重要性可以分成 1～3 級、1～5 級或 1～10 級，數字越大越重要，或是數字越小越重要，可全由自己來下定義。左側欄位填寫重要性，右側欄位填寫待辦事項，如果事情完成了，就在中間欄位的口中打上勾勾。

Priority		Task
5	☐	3/5 前完成公司會議投影片
4	☐	本週五前交出拜訪客戶資料
5	☑	3/1 AM 10:00 拜訪陳老闆
2	☑	3/2 整理AK公司資料
4	☑	3/2 PM 5:00 指導新人
5	☑	3/2 PM 2:00 拜訪AK─張副理
3	☐	3/3 整理CTI 資料
2	☐	確認5/8 會議細節
2	☐	準備4/15 說明會議贈品
3	☐	整理4/8會議用資料,並聯絡總務準備餐點數量
	☐	
	☐	

❷ 康乃爾筆記（5R 筆記法）

1950 年代由美國康乃爾大學教授華特・波克所創，故稱為康乃爾（Cornell Method）筆記本，方便是用於上課聽講、看書整理、重新整理舊筆記時使用。會運用到五個動作：記錄 Record、簡化 Reduce、背誦 Recite、補充 Reflect、複習 Review，所以又稱 5R 筆記法，會將整個頁面切割成三部分。

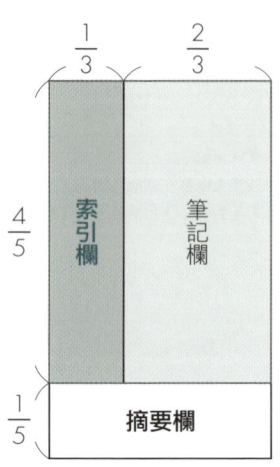

左邊是索引欄，面積不要超過 1/3。寫上關鍵字方便事後查資料索引使用。

右邊是筆記欄，面積至少要有 2/3，將上課中聽到的重點內容，以條列式方式寫上，也可放入一些圖表、表格、線條、圖解來簡化筆記內容，就能闡釋原本需要大量文字敘述的資訊。不過運用線條或是圖解，只要能明確表達意思就好，沒必要過度講求精確和美觀，免得浪費太多時間在繪圖上，那就本末倒置了。記得要留下一些空白方便日後增加內容使用。

最下面是摘要欄，大約佔頁面下方的 1/5 處，是最後再填上的，寫上今天整堂課的重點摘要，方便日後複習使用。若用在工作上，可在這欄寫上結論、個人心得、延伸想法。

下面我用康乃爾筆記的方式，來呈現康乃爾筆記的重要概念：

主要概念	先找出整段內容的主要概念，填寫在左側，只要瀏覽左側的關鍵詞，立刻就知道有哪些主要概念。
篩選關鍵字詞	得動腦思考，哪些字詞才是核心，才有資格當 keyword 關鍵字詞。
分類概念	一個關鍵字詞就是一個概念，看幾個關鍵字詞，就知道有幾個類別。
層次概念	左側的關鍵字詞是第一重要的，右側的文字是補充說明左側內容，等於是下一個層次。

摘要：先抓出主要概念（關鍵字詞），要知道怎麼分類，關鍵字詞還要依照重要性的輕重來填寫。

考試前進行複習時，可以先看索引欄，遮住筆記欄、摘要欄，看自己能不能回想出內容。你也可以直接先看摘要欄，遮住索引欄、筆記欄去回想內容。回想時最好是用自己的話語表達出來，短時間、多次的複習，效果遠比長時間背誦來得更有用。

若是工作中必須翻閱筆記本進行查詢資料時，就直接看摘要欄或索引欄，等翻到你要的頁面時，再看筆記欄。

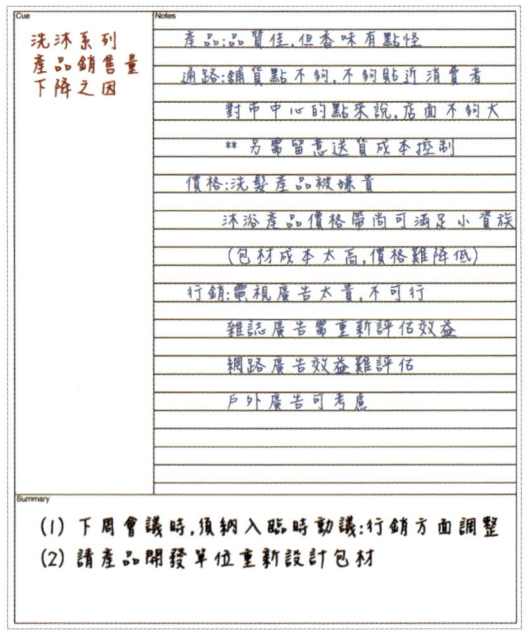

（1）第一種改良版

　　除了買現成的筆記本外，也可以自己用尺在橫線筆記本上畫直線，至於左側要留多少的空間，就由自己決定，但不要超過頁面的 1/3。

（2）第二種改良版

　　融合方格筆記本的樣式進來，基本上做筆記並不是一招闖天下，或是一輩子都是一成不變的方式，我們必須依照不同的內容，看看哪種方式比較好滿足自己的需求，或是表達自己的想法，你可以任意排列組合做一些改良與變型。

❸ 三欄式筆記

　　分成左中右三欄，這三欄的內容可以依照自己需求決定。也算是條列式筆記的改良版，事先做好分類，欄位內的文字寫法依舊是條列式填寫。

（１）用分類的概念
　　・生存花費、必要花費、不必要花費
　　・少年、青年、老年

（２）用時間序的概念
　　　・過去→現在→未來
　　　・原因→過程→結果
　　　・原因→過程→建議
　　　・原因→結果→檢討

（３）分析問題發生的原因
　　　・現狀→問題原因→行動策略
　　　・目標→現狀→行動策略，下頁圖即為此例。

❹ 方格筆記本

結合三欄式筆記的概念，但是畫在方格紙上，這樣的好處是不會受到條列式筆記的影響，可以突破線性思考的習慣，成為塊狀（或稱面狀）的視覺模式。《為什麼聰明人都用方格筆記本？》❷就是把三欄式筆記的概念用在方格紙上。

因為有方格線，若需要畫一些圖形或圖表，就不需要另外準備一把尺了，能畫得比較整齊。

---

❷ 高橋政史著，謝敏怡譯，《為什麼聰明人都用方格筆記本》，方智，2015.07。

同一個方框內的文字最好是只用一種顏色。因為主題再加上三個方框，整體畫面一共切割成四部份。若每個方框內都是五顏六色，那麼整頁畫面反而顯得雜亂無章。

主要標題		
[事實]	[解釋]	[行動]
依據	本質	方法
執行	重點	步驟
原則		

目標		
現狀	問題點	策略/行動

筆記本的尺寸若較小，可以跨頁方式使用。圖為《簡單思考》[3]的閱讀筆記。

LINE CEO 森川亮的成功術(一)		
[現狀]	[原　因]	[建議]
成長受限制	緊抓已到手的名利，而不敢接受新挑戰。	不追求名利
工作跟平	遇到問題也不敢反對，而偏離使用者的需求。	不迎合主管或同事
跟不上市場	堅持原有成功方式，而偏離本質。	不可當「專家」
抗壓性不夠	擔心未知而不肯面對現實	享受不安
沒有幹勁	被動學習，而拖累優秀主管與同事	自己激勵自己的才是優秀人才

---

[3] 森川亮著，莊雅琇譯，《簡單思考：LINE 前任 CEO 首度公開網路時代成功術》，天下文化，2015.10。

❺ 點狀筆記本

如同方格筆記本，可以呈現塊狀（或稱面狀）的視覺模式。也不用另外再準備一把尺來繪製圖形或表格，就可以畫得比較整齊。

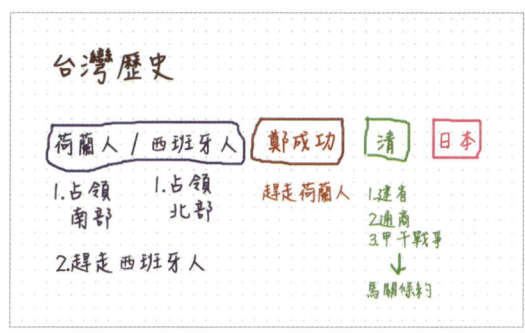

以上所舉例的筆記本樣式，你都可以在這個網站上直接列印出空白頁使用：http://www.printablepaper.net/

❻ 曼陀羅筆記

我常這麼說：「曼陀羅思考法是東方的心智圖，心智圖則是西方的曼陀羅思考法」。兩者同時都是用來挖掘思考深度與廣度的工具。

（1）最基礎的曼陀羅筆記：九宮格

💡 最中央的格子要填上主題，本例的主題是「企劃案的定稿過程」，周圍分別填上八個主要步驟。

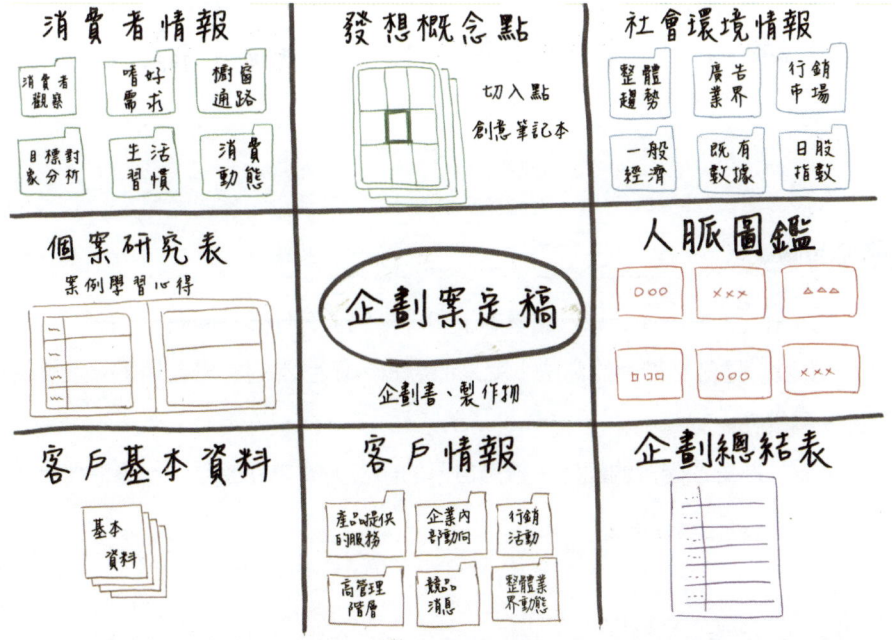

（2）進階版的曼陀羅筆記：9×9的八十一宮格

🔸 王大明的自我分析。

運動				缺點		不貪小便宜		
分析	專長					不佔人便宜	優點	
邏輯	電腦		不要求人	愛說教		助人	善良	
看電視	陪小孩					陪孩子寫功課	增加進修機會	
聊天	活動			王大明		孩子快樂	目標	
看書	健行					減少加班	生活輕鬆	
自律甚嚴	要求完美		聊天	喝茶		夫妻感情好		
愛惡分明	性格		看書	喜好		父母高壽	期許	
動作快	急躁		看海	健行		孩子孝順	遺產捐出	

7 心智圖筆記

　　你清楚「手帳、備忘錄、記事本」和「筆記」有什麼不同嗎？

　　「手帳」是日文漢字的寫法，就是備忘錄、記事本的意思，是<mark>第一階段的記錄</mark>。關鍵在「記錄」。

　　筆記是把<mark>第二階段的記錄</mark>，透過自己的語言方式重新整理，一邊整理一邊寫下來。<mark>關鍵在</mark>「整理」。

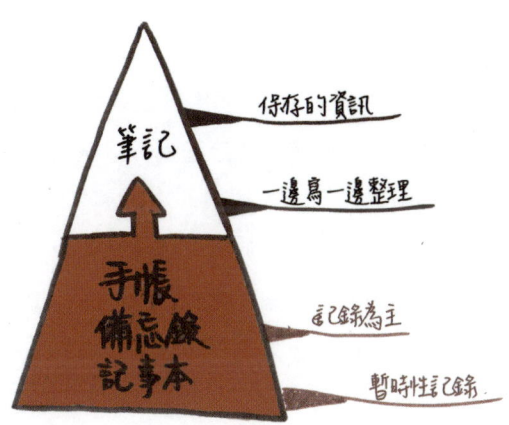

　　心智圖跟曼陀羅思考法都是運用範圍非常廣的工具，可以幫你做好第一階段的記錄與第二階段的整理。常用心智圖的人，腦中的思考脈絡，常常不需要經過第一階段的記錄，就能直接跳到第二階段的整理，直接產出有邏輯脈絡的筆記。

　　只要你常常在生活中整理出筆記，漸漸地會擁有一大本的筆記冊，這時「量變會產生質變」，涉獵的領域越廣泛、越雜學，你越能產生思考品質上的大躍進，不再人云亦云，不容易被騙，會形成自己獨特的一套思考模式。

　　當腦中的思考有脈絡、有自己的一套內容，你會發現隨時信手拈來都能寫出或說出一套完整邏輯的內容。做筆記看似只是「輸入」的動作，實際上都是在積累你腦中「輸出」的養份。

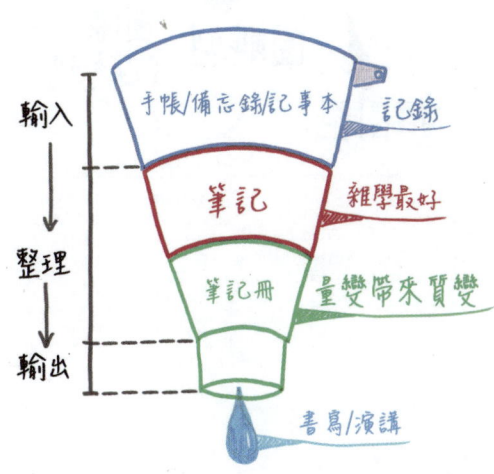

⑧ 圖解筆記

　　眼睛看到的都是屬於「圖像」，可使用框框或箭頭作輔助，只要用文字加上箭頭就能表現出圖像感。一般常用的流程圖、組織圖、金字塔圖圖表的運用也可歸類於圖解筆記的範疇內。

　　我在先前的著作《心智圖閱讀術》中，依據圖像的表現型式，將心智圖再細分成文字型心智圖、插圖型心智圖、圖解型心智圖、圖像記憶型心智圖，以下就用圖解筆記來表達這四種型式。

> 心智圖必須要有很強的邏輯性在內，不能隨便亂塗鴉喔！

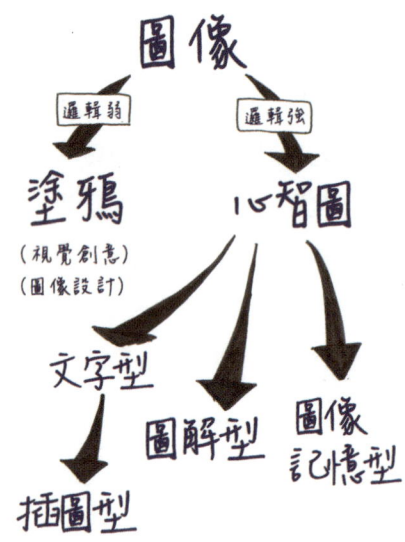

- 生活中很多資訊，透過我們的想像力，可以產出夢想、憧憬、概念、願景、假設、印象、環境、價值觀。

- 資料要經過分類，才會變成有意義的資訊。依據目的性（想解決的問題）來進行分類，在目的性未確立之前，不管你的分類標準是什麼，我都不能說你的分類有錯。

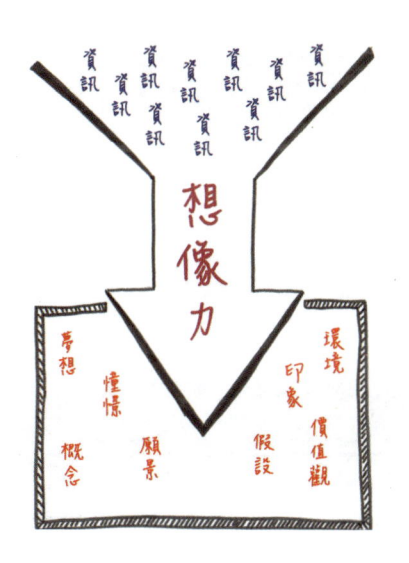

21 世紀我們要善用電腦，你可以在 2007 版以上的 Word 電腦軟體中，點選「插入」→「SmartArt」來找到各種圖解樣式供你參考。如果需要做一些簡單的圖解，我推薦使用這幾種比較簡潔的樣式，有一些正文放不下的樣式，請見書末附錄。

（1）基本流程圖：表達順序　〔文字〕➡〔文字〕➡〔文字〕

（2）連續區塊流程圖：
　　表達順序

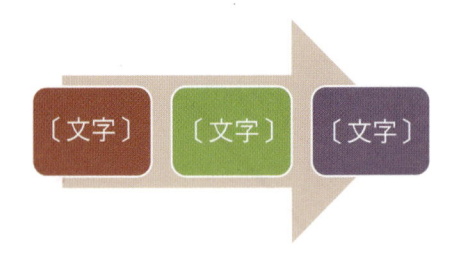

（3）基本箭號流程圖：
　　表達順序

（4）Ｖ型箭號清單流程圖：
　　表達順序＋第二層次的
　　內容

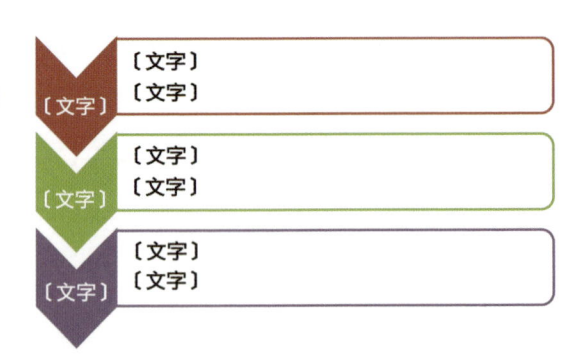

（5）垂直箭號清單流程圖：表達順序＋第二層次的內容

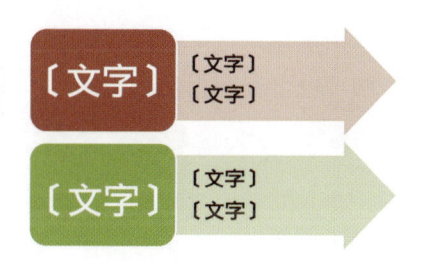

（6）基本彎曲流程圖：表達順序

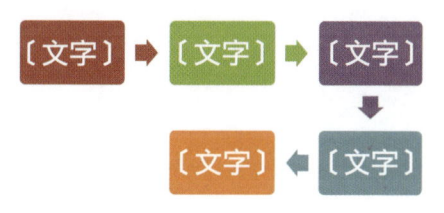

（7）向上箭號流程圖：表達順序

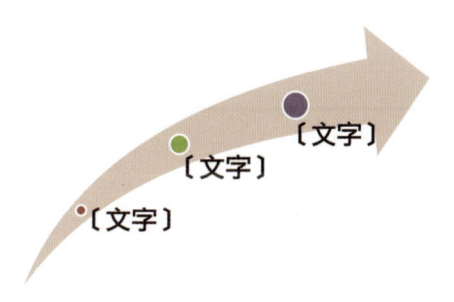

（8）發散箭號：由中心分散出去的概念，也可表示相反的兩股力量

（9）集中箭號：往中心目標集中，也可表示相反的兩股力量

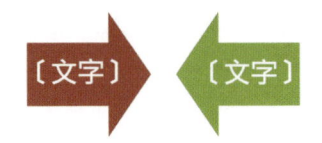

（10）基本循環圖

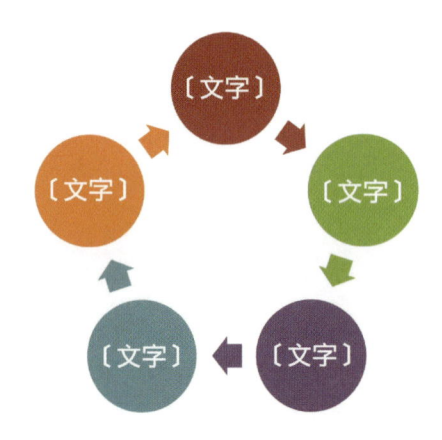

（11）發散星型圖：由中央主題往外發散

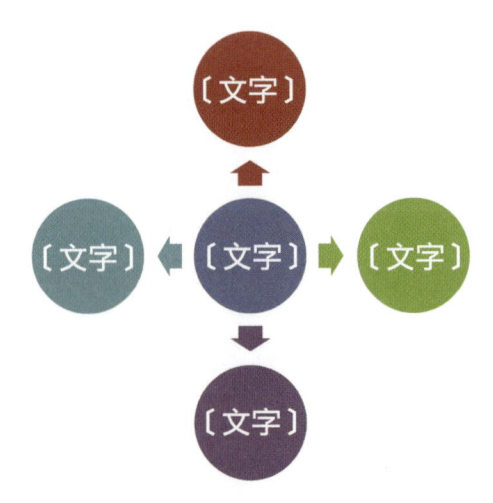

（12）齒輪圖：表達環環相扣、牽一髮動全身的概念❹

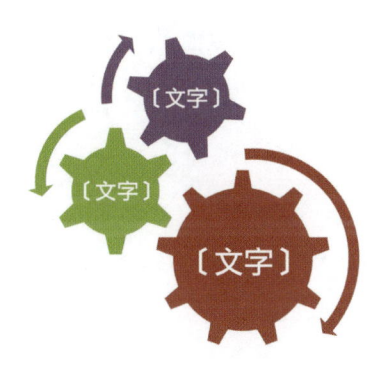

（13）組織圖：表達由上到下的階層概念❺

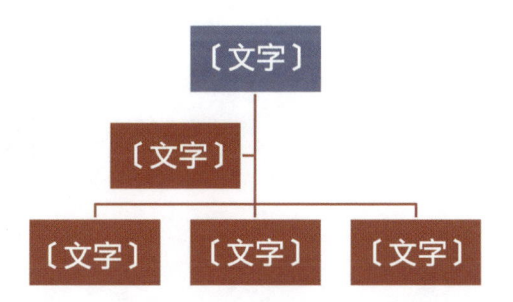

（14）樹狀圖（水平階層圖）：表達由左到右的因果或階層概念❻

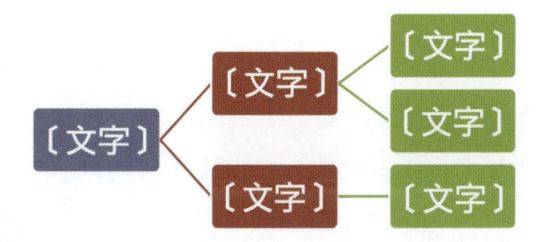

---

❹ 類似型式的運用還有 PDPC 圖、PERT 圖，請見附錄第 276 頁。
❺ 類似型式的運用還有 PDPC 圖、PERT 圖，請見附錄第 276 頁。
❻ 類似型式的運用請見本書第 5 章第二節第 180 頁到第 181 頁，還有擴散圖、焦點圖、系統圖、親和圖、魚骨圖，見附錄第 275 頁到第 276 頁。

（15）區段金字塔圖：表達上下之間的階層、比例或彼此關係❼

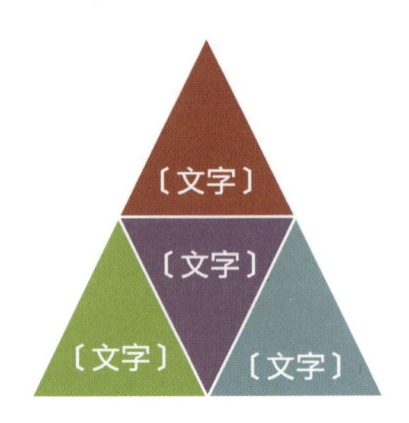

（16）階層清單圖：表達上下之間的階層關係。少數人士以為這個就是心智圖

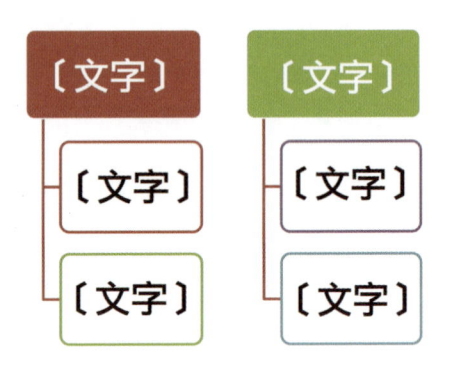

（17）星型清單圖：表達發散關係。少數人誤以為這就是心智圖。也有人稱之為蓮花圖

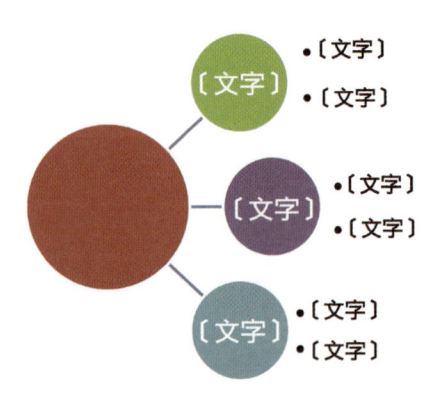

---

❼ 類似型式的運用還有三角圖，請見附錄第 278 頁。

(18) 基本靶心圖：表達內外關係

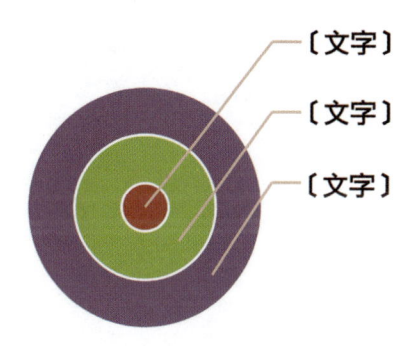

(19) 層疊文氏圖表：表達內外關係、漸進關係、層面逐漸擴大的關係。B 包含 A，C 包含 A 與 B，以此類推。圓圈的大小亦可以用來表示比例關係

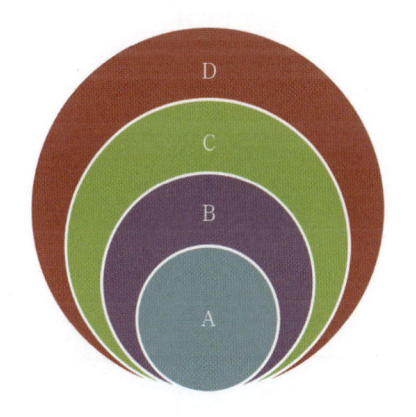

(20) 基本圓形圖：表達整體下的各種條件內容[8]

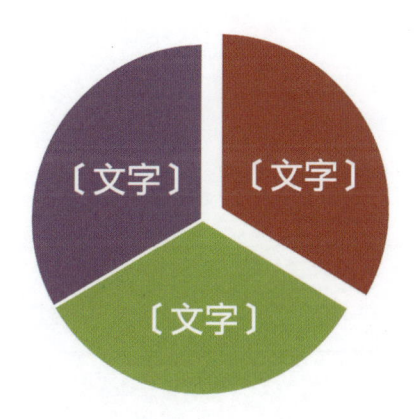

[8] 類似型式的運用還有表達比例的圓形圖、半圓圖、雙重圓形圖、相交圓圖、圓形圖＋圓形圖、多重圓圖，請見附錄第 277 頁到第 278 頁。

(21) 標題矩陣圖：表達整體下的各種條件內容

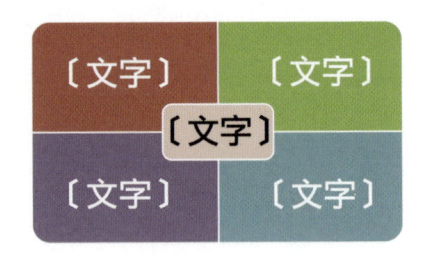

(22) 格線矩陣圖：強調每個條件在兩個座標下的相關位置，表示個別差異點❾

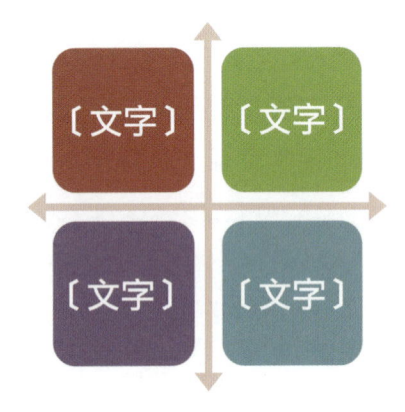

(23) 漏斗圖：收斂各個條件

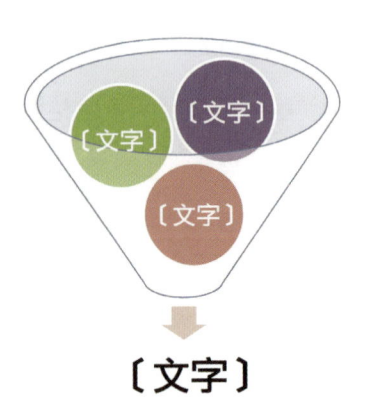

---

❾ 類似矩陣型式的還有二軸法（圖型）與二軸法（表型）、L 型矩陣圖、T 型矩陣圖、X 型矩陣圖，請見附錄第 278 頁到 279 頁。

⑨ 塗鴉筆記

這種筆記在日本稱為「繪文字」，以結合塗鴉的方式來記錄。⑩如果你的畫畫技巧不錯的話，可以用圖像來代替文字，運用第 4 章第八節提到的「轉圖像技巧」。

（1）創作者條件

一般人只看到冰山的一角，只看見別人的豐收成果，卻忽視別人成功背後的努力。正所謂：「台上一分鐘，台下十年功。」一個好的創作者必要條件有腦中豐富的資訊、內化的知識、生活的智慧、個人鑑賞力、勇敢的想像力、接受挑戰的個性、不人云亦云的價值觀、獨特的品味。

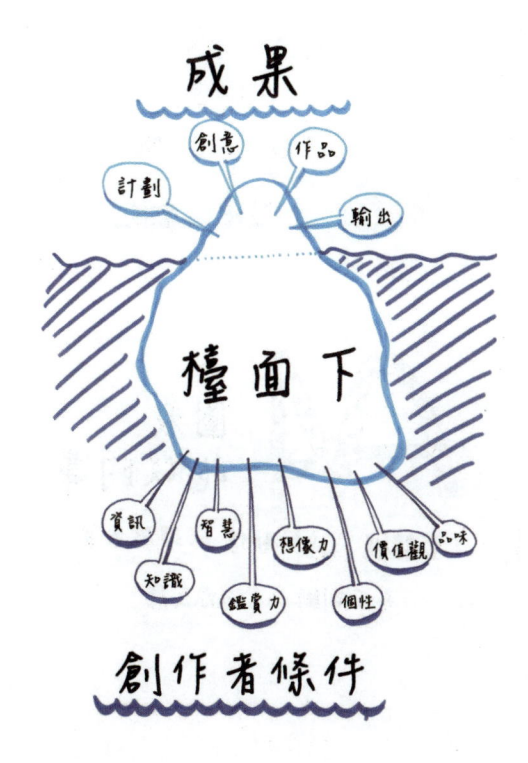

---

⑩ 參考圖片請見第 4 章第 163 頁、166 頁。

（2）「一頁奇蹟」的企劃書

好的企劃書必須濃縮在一頁之內，當你能做到時，表示已經具備創造奇蹟的能力，故我稱之為「一頁奇蹟」。企劃內容要有五項基本因素：背景、主題、概念、策略、戰術。千萬別小看一頁 A4 大小的圖表所能做到的事情喔！一頁奇蹟的能力有五個，分別是具有整體觀、了解事物間的邏輯關係、理解事物本質、較容易下判斷、能夠試探出消費者的反應。

三、把 100 頁內容簡化成 10 頁筆記！？

英國人 Tony Buzan 在 1970 年代，發明了心智圖這項思考工具與筆記技巧。

他本人在大學時代，就曾經把 100 頁左右的筆記，簡化成只有 10 頁的關鍵字，然後再整理成 5 到 6 頁的資訊卡，努力想要記住所有資訊卡上的內容。他不斷地思考如何記住大學中所有的知識，及如何開發大腦的潛能，終於在 1974 年出版的著作《Use your head》⑪中開始講授腦力開發技巧。

蘋果公司企業顧問Ben Elijah讚嘆於透過心智圖能簡單地將複雜的資料迅速製成結構化的呈現方式。他除了自己運用心智圖外，並在個人著作中公開推薦，心智圖是整理會議大綱與簡報的最佳思考工具。⑫以下是我把厚達 576 頁的《快思慢想》⑬一書，用一般條列式筆記的寫法整理成三頁 A4 紙張的內容，讓各位知道：<u>只要你會抓重點，不管多龐雜的內容，你都能簡化它。</u>

大腦有兩種思考模式——「快思」與「慢想」。

「快思」是直覺的、是衝動的，是自動化的思想，是自由聯想的能力，容易憑感覺、憑印象下決定。傾向於專注特例而忽略整體觀，並專注在容易記住的事情上，故容易形成偏見或刻板印象。

「慢想」的能力可經由學習訓練來建立。是透過理性的自我控制去刻意思考，可填補快思的副作用。傾向於用過去主觀的經驗來推演現在，會透過比較與規則來思考。以書面列出各種想法，可以幫助「慢想」做得更好。

▶ **系統一：快思**

1. 特色：
    (1) 來自自動化、印象、感覺、天生共有的技能、聯想能力、直覺、衝動。

---

⑪ 最早的中文書名是《頭腦使用手冊》，由張艾茜翻譯，1998.04 一智出版。後來更名為《心智魔法師：大腦使用手冊》，由陳素宜、孫易新翻譯，2007.02 耶魯重新出版。
⑫ 班・以利亞著，蔣雪芬譯，《待辦事項這樣列，工作當場完成一半》，大是文化，2017.02。
⑬ 康納曼著，洪蘭譯，《快思慢想》，天下文化，2012.10。

(2) 建議用「慢想」來補足「快思」(直覺、意圖) 的不足。
2. 缺點：
    (1) 易有偏見。
    (2) 難以防止。
    (3) 傾向於回答「容易回答的問題」。
    (4) 無法被關掉。
    (5) 會專注在特定單一事件上。
    (6) 因為選擇性記憶、形成偏好的關係，會傾向於記住「容易回憶的」。
    (7) 消除過去的記憶時，等於降低過去經驗的價值。
3. 會依循：
    (1) 關連性
    (2) 去類比過去事件。
    (3) 注重特例，大於關注平均值。
    (4) 故事性，有故事性的內容會比較容易記住。
    (5) 技術。
    (6) 專業上的重複經驗。
    (7) 內在的看法。
4. 會形成：
    (1) 促發下列的反應：
        ⓐ 見 P80，例如微笑、金錢、死亡、罪惡。
        ⓑ 潛意識。
        ⓒ 錨點——相信這就是全部。可以調整的方法，見 P169。
    (2) 會傾向於做「合理化」處理的情況：
        ⓐ 找出因果關係。
        ⓑ 資訊不足時。
        ⓒ 驟下結論。
        ⓓ 找出最可能的。
        ⓔ 不會記住其他可能性。

(3) 依賴常模──刻板印象

(4) 產生月暈效應：

    ⓐ 消息不足時會太過自信。

    ⓑ 馬後炮，會顛倒因果。

    ⓒ 改成單項來評估會更準確。

(5) 出現框架效應──以為看到全部，會聚焦在「已經知道的事情」

(6) 忽略基準線

    ⓐ 可用性偏見，會受提取度影響，見 P185。

    ⓑ 受樂觀程度影響。

    ⓒ 忽略運氣因素。

    ⓓ 偏向控制性的錯覺。

(7) 出現情意捷徑，會依照感情來判斷決定

(8) 出現表徵捷徑：

    ⓐ 依照外表&行為來判斷決定。

    ⓑ 過度偏好不太可能會發生的事情會發生。

    ⓒ 對訊息品質不敏感。

(9) 會驟下結論（效度的錯覺）

    ⓐ 認知錯覺比視覺錯覺更頑固。

    ⓑ 每次評估極可能有不一樣結果。

(10) 產生沉沒成本的謬誤

    ⓐ 不賣賠錢的股票。

    ⓑ 做不常做的事情卻失敗了，會怪罪自己，會傾向保守。

(11) 跟人格特質有關，見 P148。

▶ 系統二：慢想

1. 特色：

    (1) 來自於：

        ⓐ 主觀經驗。

ⓑ「快思」不能作用時。

　　　ⓒ 自我控制——需要專注力，專注時瞳孔會放大。也需要記憶力。

(2) 信念：因為無知、懶惰，故會支持「快思」的結論。

(3) 需要改正依賴直覺下決定，要特意去選擇答案。

(4) 需要理性，但「理性不等於智力」。

(5) 要小心翼翼，記住凡事都有不確定性、要保持懷疑的心。

(6) 要改變「快思」的結果，你可以這麼做：

　　　ⓐ 需要重新設定注意力、習慣性的記憶，要注意機率問題。

　　　ⓑ 記住你可以改變最後決定權。

　　　ⓒ 盡量事前檢討。

(7) 你會處於「心流」狀態——不花力氣的專注狀態，渾然忘我時。

(8) 可透過下列方式來學習訓練：

　　　ⓐ 及時回饋更可以培養成專家。

　　　ⓑ 像商人一樣思考。

　　　ⓒ 放慢速度。

　　　ⓓ 增加選項。

　　　ⓔ 當觀察者。

　　　ⓕ 團體決策。

　　　ⓖ 了解「如何下決定」的過程。

(9) 平時會懶得運作。

(10) 會自我批評。

(11) 會想要多一點選擇。

(12) 缺點：

　　　ⓐ 需要比較多的時間才能開始運作，導致無法執行例行性決定。

　　　ⓑ 不知道什麼是對的時候，就容易犯錯。

(13) 會依循「規則」、「比較」。

(14) 生活滿意度比較高，但生活滿意度並不等於幸福感。

(15) 青少年時期所建立的的觀念（金錢觀、人生目標），會影響未來生活滿意度

第 1 章｜一個改變你人生的驚異筆記術！　▶ **049**

同樣是《快思慢想》的書籍筆記，以下改用心智圖方式呈現。

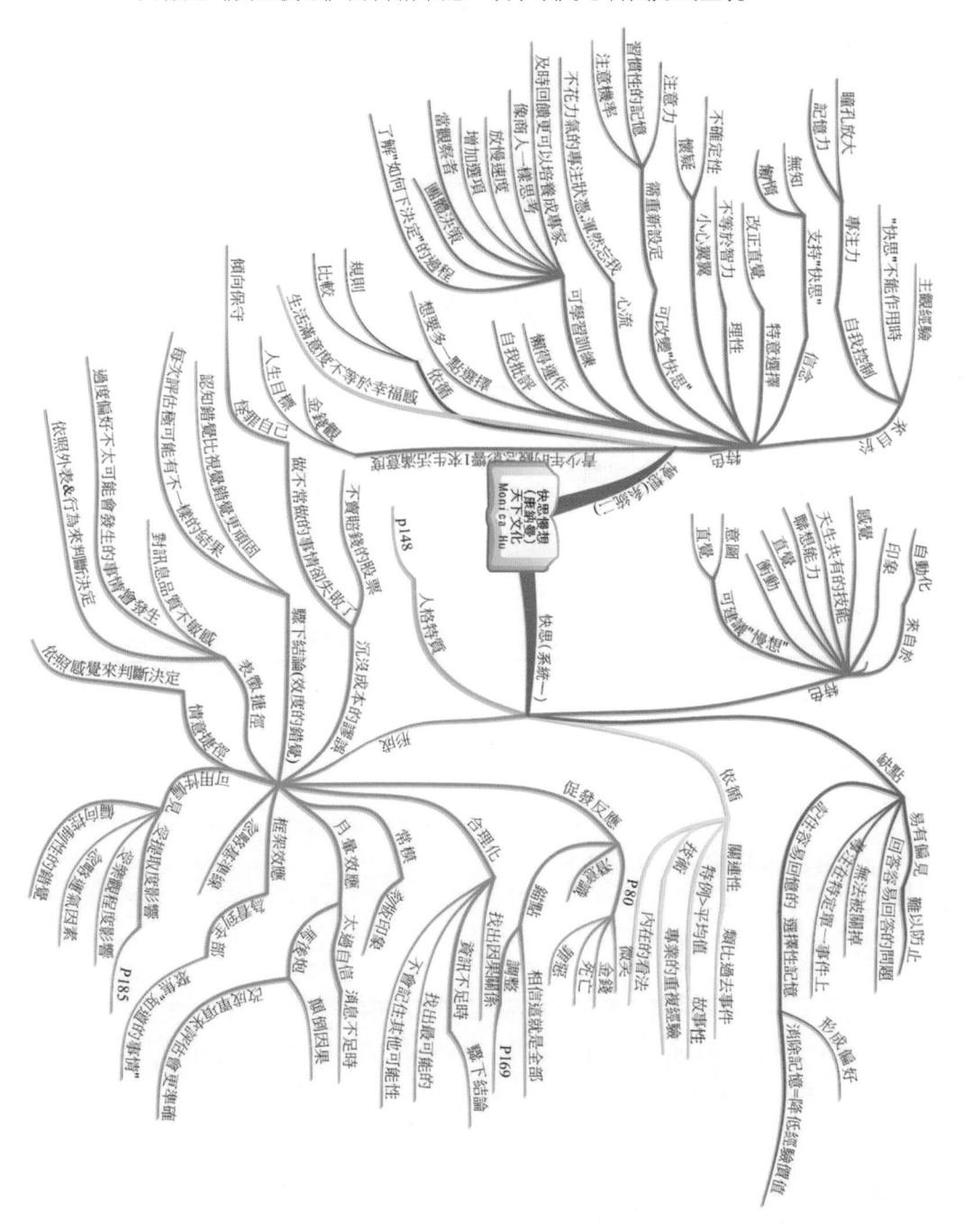

四、「一張紙」讓聯想無限延伸！

1972 年英國人 Tony Buzan 正式發表 Mind Map「心智圖」，包含此三部分。

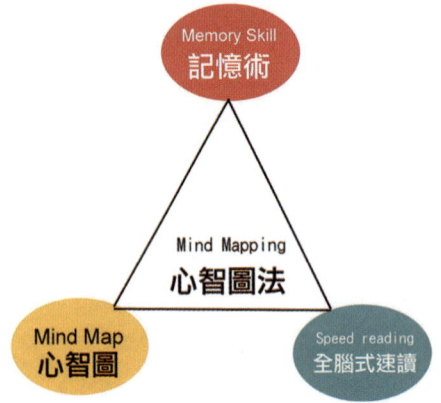

1982 年義大利人 Edword de bono 提出了「水平思考法」，他稱之為「在對錯之外的思考」。為了要和亞里斯多德提出的「邏輯思考」對比，Edword de bono 將邏輯思考改名為「垂直思考」。[14]

水平思考、邏輯思考正是心智圖的核心精神，也是「聯想力」的運用。聯想力就是「舉一反一」、「舉一反三」甚至到「舉一反多」的能力。

想要讓聯想力發揮出來，請務必使用白紙來練習，沒有任何視線上的干擾才能輕易地讓聯想力無限延伸。

❶ 水平思考

水平思考強調的是「思考的廣度」（突破自我設限的思考），又稱為並聯式思考（brain bloom）、發散性思考（divergent thinking）。關鍵在於「聯想力」，而不是「判斷力」。

---

[14]「垂直思考」是尋求最有可能的方式，思考的範圍與種類都被限定；「水平思考」則是尋找各種可能的方式，想出方法與否跟機率有關。

水平思考的特性是在過程中只是迅速且簡單的判斷，不需要做審慎或嚴密的判斷。過程中強調透過「自由聯想」讓思考像脫韁野馬一樣，想到什麼就寫什麼，是一種非邏輯思考方式，不用考慮合理性，不用遵循一定的規則，只要聯想到就好，不用管是如何想到這個答案的。

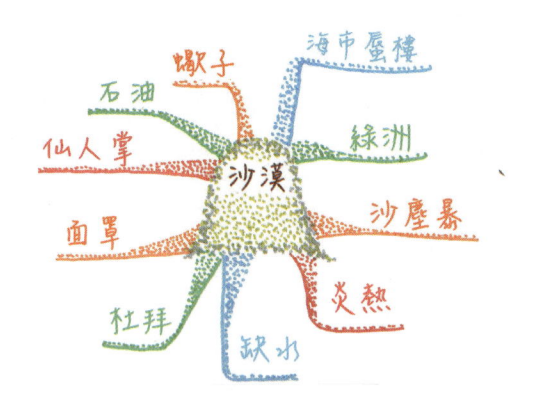

❷ 垂直思考

垂直思考強調的是「思考的深度」（追根究柢），又稱為串聯式思考（brain flow），是一種邏輯式思考[15]，講究嚴謹順序、邏輯推理的合理性。是運用「判斷力」一步步地進行，每一個步驟都必須說得出原因，而且要正確，前後關鍵字之間一定要有因果的邏輯關係。運用具有邏輯性的聯想力，一層層抽絲剝繭下去。

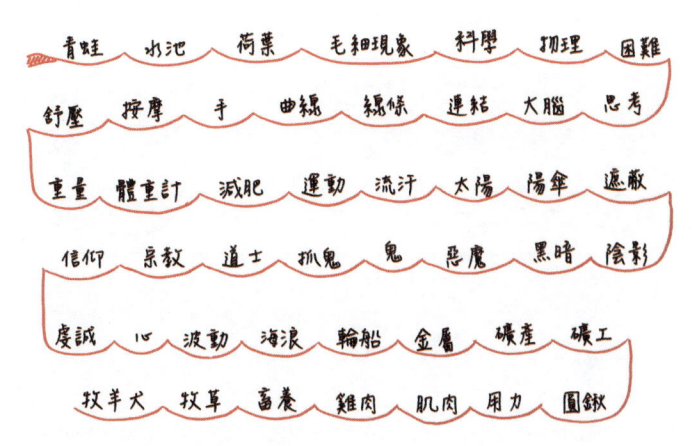

---

[15] 麥肯錫企管顧問公司的理念，正是不斷發展「邏輯思考」的精神運用在「問題分析與解決」上。

❸ 心智圖：水平思考＋垂直思考

史丹佛大學設計學程（Design Program）執行總監Bill Burnett運用「設計思考」（design thinking）的概念，推薦大家可以使用心智圖來做自己的生命設計師，其原因就是看中了心智圖在繪製的過程中，正是不斷訓練水平思考與邏輯思考，圖形化思考方式讓我們的聯想力能夠不受限制地延伸。[16]

以下圖[17]為例，由沙漠想到五個主要概念：天氣、景觀、尼羅河、人文、國家，這是水平思考。再由天氣這個主要概念，聯想到三個次要概念：酷熱、少雨、沙塵暴，依然是水平思考。

如果只看第一條脈絡：沙漠→天氣→酷熱；沙漠→天氣→少雨→缺水；沙漠→天氣→沙塵暴→面罩。以上三種思考路徑，都是垂直思考。

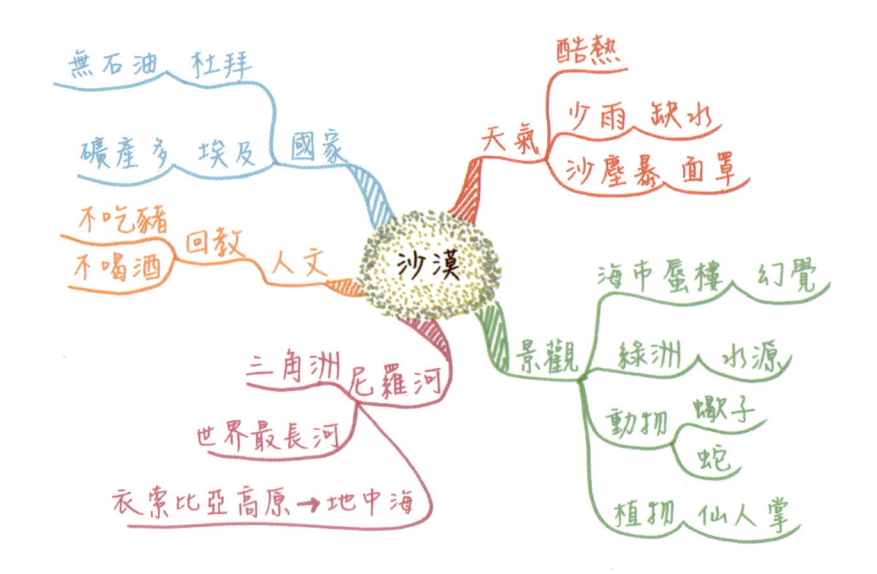

---

[16] 比爾‧柏內特、戴夫‧埃文斯著，許恬寧譯，《做自己的生命設計師：史丹佛最夯的生涯規畫課》，大塊文化，2016.10。

[17] 本書的心智圖範例，皆以順時針方向繪製，閱讀時請從右上角開始。

五、「心智圖」是讓你達成任務的工具

❶ 應用在工作

知識與能力沒有絕對關係，能力卻必須依賴知識的建立。

工作上的學習，是非常強調要有創造力的，從提出問題、尋找答案，到實際執行的所有程序，全部都要靠你自己張開眼耳，從環境中找到解決方法。

我常分享一個觀點，每個人都是一本書，每部電影都是一本故事書，每本書都是一個人的生命軌跡。閱讀是一種了解周遭事物的行為，透過自主性閱讀來表達自己想法，進而讓個人生命發光發熱。不要把「閱讀」這個動作僅限於讀書而已，閱讀理解一本書、一部電影、一個人，是每天都要做的事情。

領導人的職位、地位越高，越要看書！家管、老師也算是一種領導人的角色。正因個人時間有限，只用個人經驗做判斷必有極限，所以才更要廣泛地閱讀、大量地閱讀。

我在大學時第一次見到心智圖，如果沒記錯的話，應該是在 Discovery 頻道上，但是當時我並不知道這就是心智圖。

那個時候一台家用電腦最便宜的都要五、六萬以上，筆記型電腦更可高達十萬元以上，印象中，那時還沒有光碟機，你大概可以想像當時的家用電腦跟現在相比，有多古老了吧？

Discovery 頻道那時正在介紹當年的英國警政電腦系統，我看到那整個電腦螢幕畫面就是一張心智圖，滑鼠只要對著其中一個關鍵字詞點一下，例如點選 traffic 這個字，螢幕畫面就會顯現出以 traffic 為中心主題的心智圖，再點一下，就可進入下一個系統層次了。

我整個震驚住了，這個系統真是好用！不僅視覺化，還相當直覺化，同時又可呈現不同層次的邏輯脈絡！

心智圖：視覺化、多層次、邏輯性、直覺化

　　於是我就試著把大學課本的內容，轉換成英國警政電腦系統的畫面模樣。但我不懂該怎麼畫出一張正確的心智圖，坦白講，當時真的是亂畫一通，整個畫面充滿密密麻麻的文字。因為我不會抓關鍵字，也不知道該怎麼濃縮關鍵字詞，整個畫面充滿了畫過來又畫過去的線條，宛如散亂在地上的毛線般。

　　我試著畫了三張，但都是密密麻麻的文字與亂七八糟的線條。當時心中充滿了挫敗感：「我到底在畫什麼鬼東西啊？這種東西一點都不好用！」因為不懂而亂畫，畫不好就對自己生氣，還怪罪心智圖不好用，現在回想起來，當時真的很蠢。

　　過了一年，我巧遇了心智圖的課程，這才知道並深深感受到畫心智圖是有訣竅的，不是看過幾張別人畫的心智圖，就能掌握心智圖的箇中訣竅。

　　知道→做到→做得好，人的能力都是依循這樣的階段，逐漸進步的。大腦所有的能力都是用進廢退，都是練來的。於是，即使當年已經有功能強大的心智圖軟體 MindManager，我每天也必定要用手繪的方式畫出三、四張心智圖，來磨練自己對於心智圖的掌握度。[18]

---

[18] 紐約電子產品設計師 Ryder Carroll 也建議大家放下時髦的電子玩意，回歸最基本的紙和筆，紙本筆記的好處在於多元化。應用程式往往架設出既定的工作模式，要大家配合電子軟體，卻未必配合自己的工作或生活習慣，紙筆則更隨心所欲。

第 1 章｜一個改變你人生的驚異筆記術！　　055

知道　→　做到　→　做得好

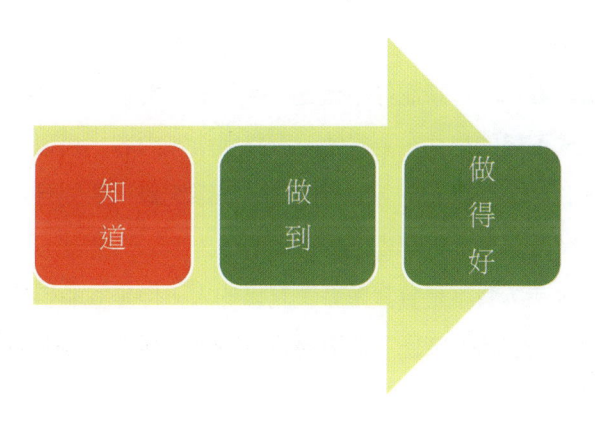

當年初學心智圖時，為了要在各種領域上磨練自己的心智圖技巧，我開始利用團體討論時間來練習。[19]

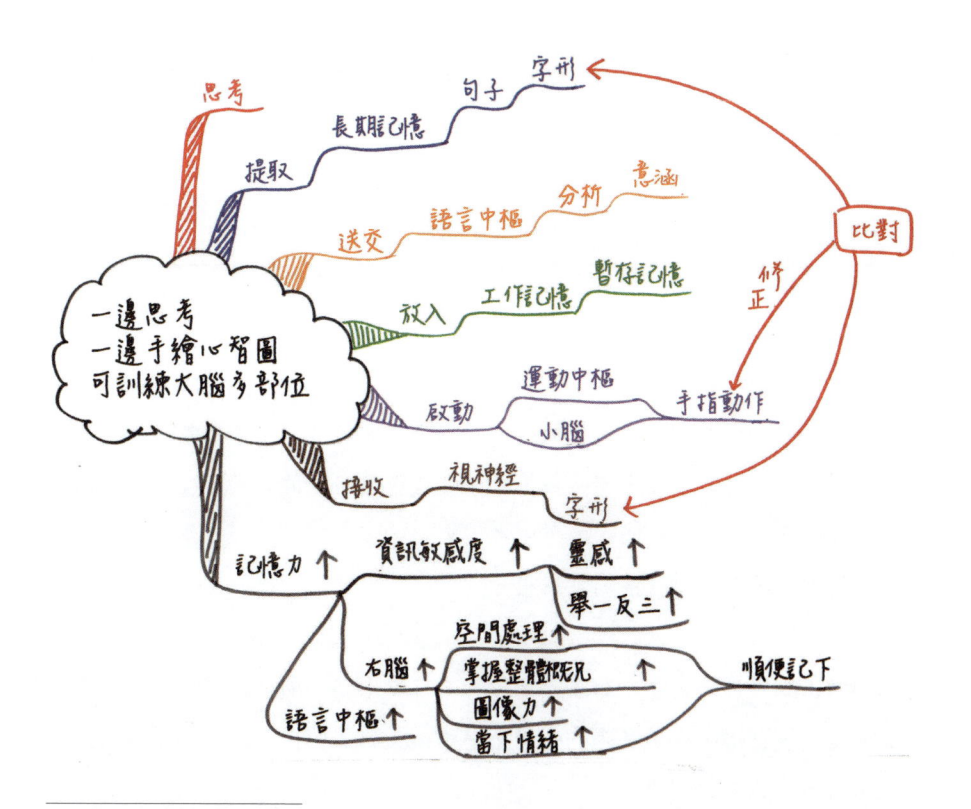

---

[19] 安達裕哉著，王美娟譯，《恆心效應：為什麼職場成功人士都堅持做對的事？》，台灣東販，2016.03。書中提到，學校的學習和公司的學習是不一樣的。學校的學習，目的是在短時間內處理特定的問題。

會議記錄（meet minutes）跟備忘錄（memo）不一樣，備忘錄是用來記載會議上的要點與實況。會議記錄不是逐字逐句的錄音稿，要列出簡潔清楚的重點，也並非一成不變的格式，要視情況調整與增減內容，可以分成討論型會議跟報告型會議。討論型會議更需要專心聽、簡潔記錄，要能分清楚主要意見與次要意見，有時還要寫上後續處理的待辦事項。

討論型會議時，我不是負責做會議記錄的人，但是==我給自己的最高目標是做到「一邊聽，一邊畫心智圖」還要畫得整齊精簡，討論結束後不用再重畫一次的那種整齊度。==

跟朋友喝茶聊天時，我也會一邊聽對方說，一邊把講話的內容畫下來，很多朋友看我這麼做都覺得很有趣，覺得我真的是很認真在聽她們說話，不會覺得我是怪人。

出門時就用透明的 L 夾裝著幾張 A4 白紙，不管遇到了什麼事情，我通通都拿來轉換成心智圖，例如：

- 別人交代事情時，把他說的內容畫下來。
- 被告知明天出門要帶的東西時，把交代的內容畫下來。
- 收到 Email 如果有空就把內容畫下來。
- 聽演講時，把演講內容畫下來。
- 朋友向我訴苦時，把他說的內容畫下來，並給他看，讓他直接面對自己的煩惱，有時朋友會突然頓悟，了解自己思路上的盲點。
- 突然靈感來了，把心中的想法畫下來。
- 打電話前，把想說的話畫下來。

剛開始的幾張心智圖，有些因為內容本來就不多，所以可能只會有一條脈絡，或是一個關鍵字。更多張的心智圖是畫得又亂又密密麻麻，屬於「拿出去會見不得人」的視覺程度。

不過當時我心想，英國的教育理念不正是「Try & Error（嘗試錯誤）」嗎？我是初學者，做不好是應該的，我告訴自己==現在正在玩一個遊戲，遊戲名稱==

是：「畫出簡潔與邏輯清晰的心智圖」，我把畫心智圖當成是闖關遊戲，看看自己能在哪些領域上過幾關？各種領域分別能達到什麼樣的階段？

我從沒想到，過關居然是這麼簡單的一件事情，每一個領域大約畫 20 張左右，該領域的心智圖就能達到我心中的最高目標。過了半年左右，我的心智圖技巧在任何一個領域都是游刃有餘。

這麼輕鬆就過關的結果，人人都能做到，跟你的學歷無關，跟你的小聰明或是大智慧無關，只跟你練習得認不認真有關。真正的自信，來自你從過去到現在累積「一點一滴的獲得」。

我的學生，每一位都像我一樣不怕畫不好，天天畫兩三張心智圖的人，也是差不多 20 張左右就能在某領域達到精熟階段，半年就能把心智圖任意運用到各項領域中。

對所有的白領工作者來說，只要你的工作常會遇到以下三種狀況：出現問題、面對問題、解決問題──目前為止，我還想不到哪一種工作職缺不會遇到──你都必須要具備企劃能力。

心智圖企業內訓上，我也常跟學員說：「人生處處是企劃。有了企劃能力，走到哪裡都吃香。因為好的企劃者就是要來發現問題、同時也能解決問題的人。」發現問題跟解決問題的過程，正是創新的過程。

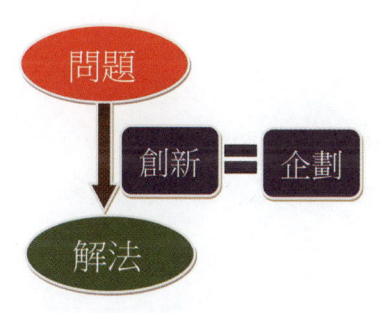

問題
↓
創新 ＝ 企劃
↓
解法

企劃並不難，就如同腦力激盪的四個階段一樣去做就好，難的是在企劃的過程中，我們發現自己的思考盲點了嗎？詳細步驟請見本書第 5 章第三節「用一張紙處理難搞複雜的問題」。

下圖以「心智圖中的心智圖」，來表達出不同角度的思考模式。可由正中央的心智圖開始，以順時針方向依序閱讀，進而讀取左上角的心智圖。右下角的心智圖內容，是用來額外補充說明進行企劃跟計劃時需要建構的目標設定心法。[20]

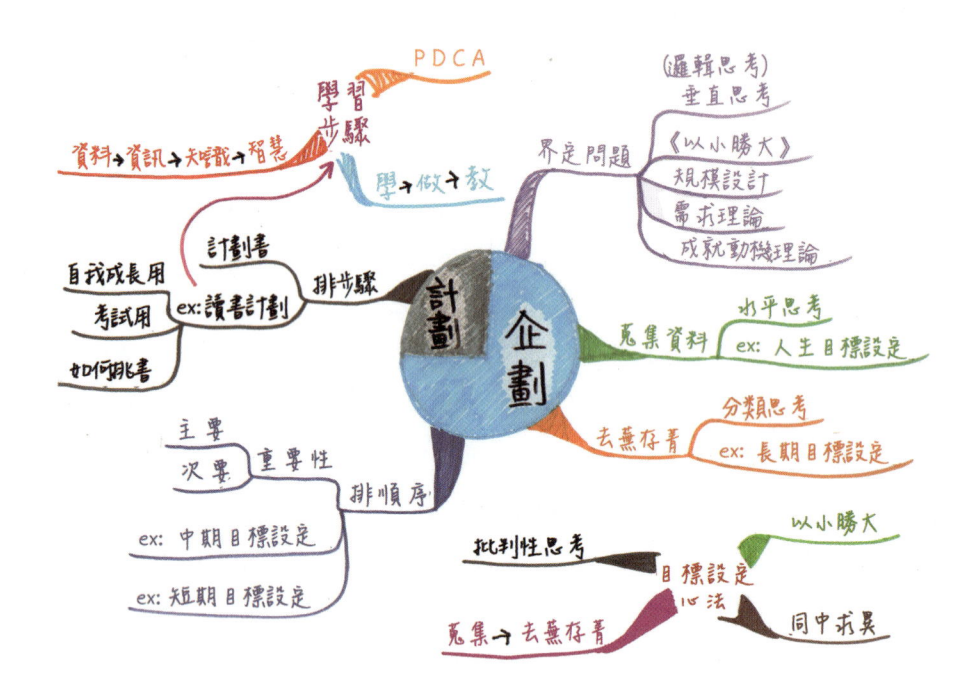

② 應用在管理

在我剛踏入社會的頭一二年，擔任助理工程師一職，「助理」的意思是你的工作需要跟很多人接觸，很多人的意見你都要聽，也就是要服務很多人，很

---

[20] 很多人分不清楚企劃跟計劃有何不同。企劃是動詞，要找出目標與方向；計劃也是動詞，要找出具體的步驟。企劃書是名詞，就像是地圖與地圖上的目的地；計劃書也是名詞，就像是路線圖。所以先有企劃，才會有計劃，整個過程就像是先找到正確比例尺的地圖並標記出目的地，然後才在這張地圖上，把路線圖標示出來。

多人都是你的間接主管，但主要打考績的還是只有一個主管。㉑

因為我是從基層慢慢往上爬的上班族，從助理到小主管，再到副理，再到中華區總監，教學只是我的其中一項工作內容，多數工作的內容在於從事流程的改造。流程是由人來執行的，沒有一家公司會有例外，所以我很清楚身處各階段的工作者，會遇到什麼樣的問題與瓶頸。

如果一個老闆或是主管，希望找到總經理／執行長等級的員工，那請你付出總經理／執行長等級的工作條件與權力。如同這句流行語：「如果只給香蕉，就只能找到猴子。」

但是反過來思考，已經超越猴子等級的人才，一定會被提升工作條件的，因為任何老闆或是主管都想要先看到「你先證明出你是個人才」，才會願意給予人才的工作條件與權力。就算沒有被加薪，你也會跳槽或是被挖角。㉒

換個立場想，如果你是人才，卻沒有領到人才的工作條件，你的老闆是笨蛋。如果你的老闆是笨蛋，而你還不離職的話，那你是笨蛋。

事實上，沒有人是萬能的，沒有人是完美的，根據許多科學研究，在職場與生活上：第一，花時間並專注於發揮你的專長優點，比花時間並專注於彌補自己的缺點，更容易達到成就。第二，持續近乎完美的表現，關鍵祕密在於不斷把天賦做細微的改良。㉓

透過心智圖，你可以輕易地達到上述兩項效果，幫你的思考聚焦，並幫你

㉑「祕書」的意思是你的工作只要以一個人的意見為主就好，也就是只要服務一個人，就是打考績的那位。所以很多人喜歡當祕書，因為只要服務一個人就好。

㉒ 如果你找不到比現在更好薪水的工作，或是沒有人來挖角，表示你還沒有發揮出更好的工作效果讓別人看到。舉例：岩田松雄被 UCLA 商學院的三萬七千名畢業生選為「100 Inspirational alumni」（創新校友，日本僅有四人當選）。他曾被公司年輕女性質疑，認為請她們處理雜務，完全是因為她們年輕或是女性。當時岩田松雄的回覆是：「我想妳應該知道妳的薪水在部門裡是最低的。如果換算成時薪，更可以明顯看出差距。清理菸灰缸或影印等工作，我當然可以自己來，但是我把這些工作交給時薪比較低的妳們，我便可以空出雙手去做附加價值比較高的工作。」

㉓ 參考《發現我的天才：打開 34 個天賦的禮物》（商周，2016.10）、《我，就是品牌》（漫遊者，2015.12）。我們可以從這三個線索來找到自己的天賦：我最渴望的、我學最快的、我最滿意的。也可以由這個角度來思考：你在哪方面對於其他人來說，是茫茫眾生中獨一無二的人，別人會想要來請教你，那方面就是你的專長領域。但是太接近我們的人，並不適合告訴我們「專長在哪裡」。因為太接近了，反而容易混入私人情感與期待，無法客觀地來看我們的優點。

強化。

從事教學工作後,接觸各種產經領域的人才與公司,我深深感受到所有公司的問題其實都一樣,都有 A 問題到 Z 問題,只是有些公司 A 問題比較嚴重一點,有些公司 B 問題比較嚴重一點。

公司內所有的問題,都源自兩個核心點:員工天賦與人際問題。針對這兩個核心,不管是公司或是個人,透過下圖,只要不斷地、周而復始地執行,以心智圖的方式落實這些步驟,自然能將個人與公司的競爭力做出最大的差異化。

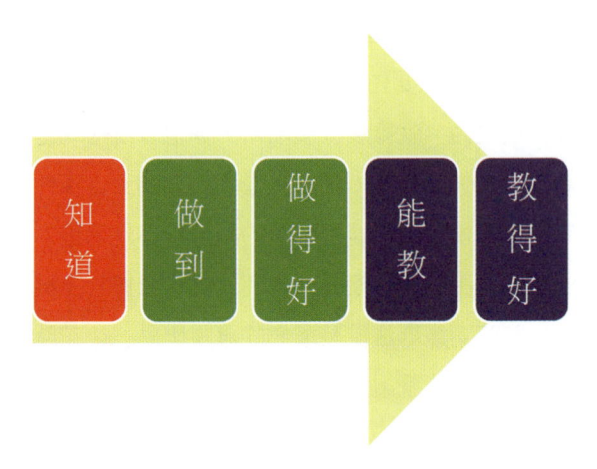

知道 → 做到 → 做得好 → 能教 → 教得好

當年在我剛剛達到心智圖精熟階段時,我跟任何人討論事情,可以一邊說話,一邊把心中的思路用心智圖畫出來,對方能更清楚明白我要表達的要項,例如:

・這件事情的前提是什麼?
・重點有哪些?
・哪些是主要重點?
・哪些是次要重點?
・我要傳達給他的步驟或順序是?
・要完成的終極目標?

．可能會遇到的限制條件？

．各項事務的截止日期？

當我成為主管後，在跟下屬交辦工作或討論工作時，不一定在他面前一邊講一邊畫心智圖，也可能會事先畫好心智圖。

跟下屬面對面時，讓他一邊看著我的心智圖，一邊聽我說，他若有什麼樣的想法是我覺得不錯的，就立刻把他的意見填入我的心智圖中，當我們討論完成後，這張心智圖不就是我們剛剛完成的會議記錄嗎？我就讓他拿去影印，影本由他帶走，原稿留在我這邊，這樣我事後要追蹤事情發展，只要翻翻手上的A4大小的心智圖，就很清楚要向誰追蹤哪些事項。

老師（teacher）這個字，就是從事教學動作的人，要有教學資格和背景的基本知識後，才具備有教學資格。就好像我們都會說中文，但不代表人人都具備教別人說中文的專業知識與教學技巧。

目前我的工作中有一項很重要的內容是「培訓老師」，我常在教室後面看老師講課，一邊動手畫出他講課的內容，焦點放在教學技巧上與教學流程的優點與缺點。當老師教完課程後，我會拿著這張心智圖跟他討論，並且把這張圖送給他留存，讓他可以隨時拿出來看看想想。

同時，我也利用這種方式，以身作則示範給老師看，讓他們明白我都可以做到這麼精熟的程度，身為教學者，你也應該做到，這是你的本分。

❸ 應用在生活

我的專長在於：1.分析、抽絲剝繭、挖掘細部差異化。2.歸納、演繹、預防未來可能會發生的問題。常常在我離職後，我的工作必須由兩個人或是三個人才能完成。

心智圖幫助我更快進行深度思考，檢視自己的邏輯思考，透視自己的思考廣度，進而將自己的兩項專長做最大的差異化。

平時打掃整理房子，也能鍛鍊自己的邏輯力喔！

打掃時，不外乎先決定要丟掉哪些東西，留下哪些東西？

留下的這些東西中，哪些要放客廳的櫃子上，哪些要放廚房的櫃子上，哪些要放臥室的櫃子上？

　　接著，哪些放在同一個櫃子中，哪些要分開放置？

　　整個打掃整理房子的過程，不正是一直在訓練我們整理歸納的能力嗎？各位帥哥與美女，為了常常鍛鍊你的頭腦，你不應該逃避打掃家裡的工作，不是嗎？（哈哈～）

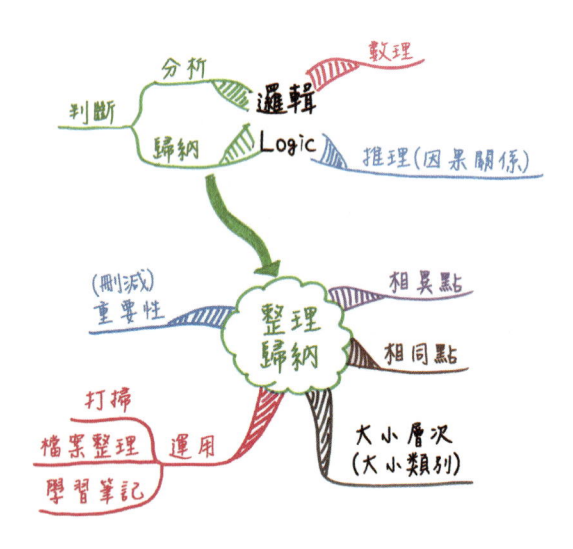

　　除了平時買東西時用心智圖寫購物清單、出遊時用心智圖製作旅程規劃，2007 年我在大陸公司要籌辦尾牙活動時，還曾靈機一動，用心智圖畫出一張尾牙邀請卡的草稿，再交給下屬結合一些照片，重新製作成更加漂亮的心智圖邀請函。

　　當時，這項創意讓老闆大為讚嘆，要求我一定要把圖檔 E-mail 到台北給他，因為他可以用這張心智圖邀請卡跟台北的同仁說：「心智圖，還可以這樣用！」

　　當時的圖檔，含有許多個資，我就不便在此公開展現，重新製作一張心智圖邀請卡如下圖，讓你知道心智圖，不僅超簡單，也超好用！

↻ 邀請卡的主要目的寫在中央主題處。邀請對象是最重要的，所以放在第一條脈。第二條脈寫上這次年終聚餐的原因。第三條脈是舉辦時間。第四條脈是舉辦地點。第五條脈是由誰出面邀請。

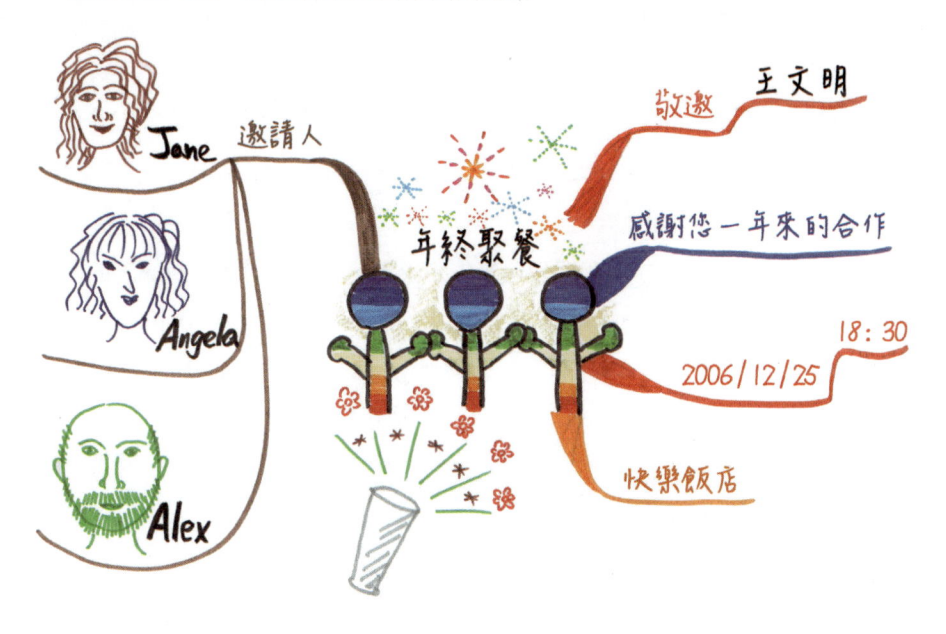

　　2013 年台灣正在瘋日劇《半澤直樹》時，我也趕了流行，看了第一集，我上癮了，迫不及待想看第二集。看到第三集時，我很想知道為什麼《半澤直樹》的編劇這麼厲害，讓我不僅期待下一集，即使第一集又重播，我也願意再看一次？

　　於是，我邊看著《半澤直樹》，邊把劇情內容畫成心智圖，就像是一邊聽課，一邊做筆記一樣。看了兩集，我就抓到《半澤直樹》的劇情脈絡，雖整部戲分成第一部跟第二部，但每部的故事脈絡是固定的。

　　第一部講半澤直樹在大阪分公司發生的故事，半澤直樹大喊：「我一定會收回那 5 億！」劇情就是講述怎麼收回 5 億日圓的過程。此段劇情布局依序是：

1. 找到惡性倒閉的老闆
2. 找到藏匿的海外資產
3. 找到隱匿的個人戶頭

同時還要跟競爭對手——國稅局——搶時間，看誰先搶到該公司的資產與現金。劇情想要傳達的隱藏觀念是「銀行員的價值」。

第二部講半澤直樹在東京總公司發生的故事，半澤直樹這次面臨的問題難度加大，要想辦法收回全部融資出去的 200 億日圓，而該公司把融資到的 200 億日圓已賠掉 120 億日圓。劇情講述怎麼幫該公司彌補 120 億日圓，同時也讓銀行可以拿回 200 億日圓。此段劇情布局依序是：

1. 幫該公司寫營運企劃書
2. 說服該公司賣掉視為生命的收藏品
3. 說服該公司賣股份，並幫該公司找金主來買股份

同時還要跟競爭對手——金管會——搶時間，千萬不能讓金管會發現銀行的缺失。劇情一以貫之的隱藏觀念依舊是表達出「銀行員的價值」應該是什麼。

你別笑，我是職業病發作喔，認為我不好好地看電視放鬆放鬆，還一邊看電視一邊動腦筋。

透過這次的自我鍛鍊，我想告訴你，可以把心智圖用在任何地方、任何領域，心智圖隨時隨地都能幫你快速提升思考力。就看你願不願意，隨時把生活任何一件事情、任何一個問題，都用心智圖來試試看，一定會在繪製心智圖的過程中，發現自己成長幅度變得又快又大！

◐ 食譜：檸檬派

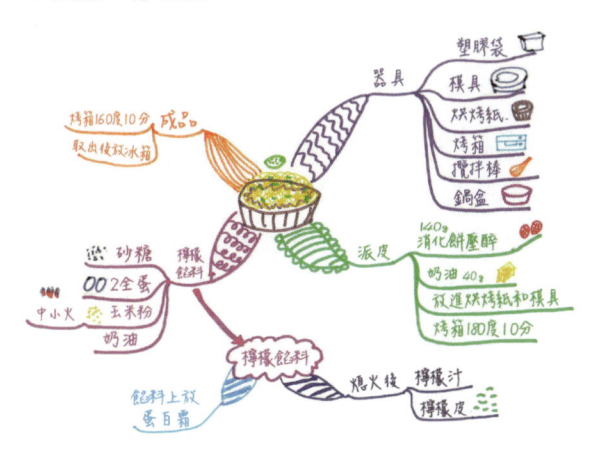

這是學員王○慧上完第一天的六小時心智圖課程後，回家看電視節目時一邊動手畫下來的心智圖。她告訴我，透過這樣的方式，記錄食譜的過程變得很有趣。畫完後，對於製作甜點的過程，腦中的記憶是非常清晰且深刻的。

我用這個學員的例子來鼓勵大家，心智圖是目前為止的所有思考工具中，我覺得適用範圍最廣的，幾乎什麼領域的內容都可以用心智圖來呈現。目前為止，我只有發現計算步驟或是寫電腦程式的的語法，用心智圖呈現是毫無意義的，除此之外的領域，都可以用心智圖來提升思考的效能與效果。連數學觀念都可以用心智圖來解決喔！

◐ 心智圖還可以用在這些地方喔！

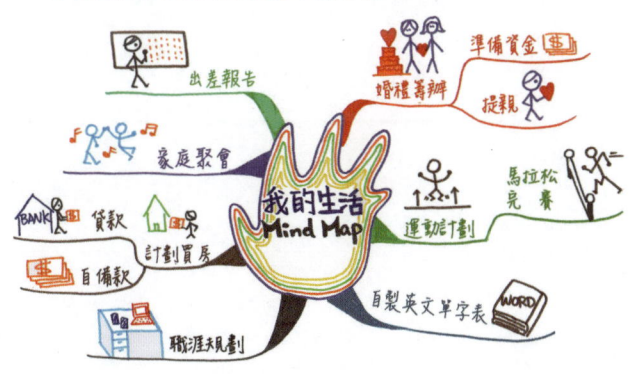

某次創意訓練課程，我故意問學員一個問題：「我們為什麼英文不好？」

學員：「因為沒有機會講英文！」

我問：「為什麼我們沒有機會講英文？」

學員：「因為大家都講中文，不用講英文！」

我問：「為什麼我們一直都只講中文，不講英文？」

學員：「因為我們生活在台灣，沒機會遇到講英文的外國人，只要用中文就夠了！」

我問：「為什麼我們沒機會遇到講英文的外國人？」

學員：「因為我們不是生活在英語系的國家中！」

講到這邊，你應該發現了，學不好英文的答案是因為我們不是生活在英語系國家中。反過來說，正因為我們生活在講中文的台灣，所以學不好英文，不是嗎？

當然不是！

以上的完完全全是單一線性思考方式的結果。使用這種思考方式，很容易像剛剛一樣走入死胡同中，或是思緒一直在處在兜圈圈的惡性循環中。

第二次上課時，有個同學給我看一張主題為「為什麼我學不好英文？」的心智圖，因為牽涉到個人隱私，不好要求他授權讓我在此公開。不過，你可以用「為什麼我做不好○○？」為主題，畫一張心智圖，或許會發現問題的真正核心。

◐ **英文學不好的迷思**

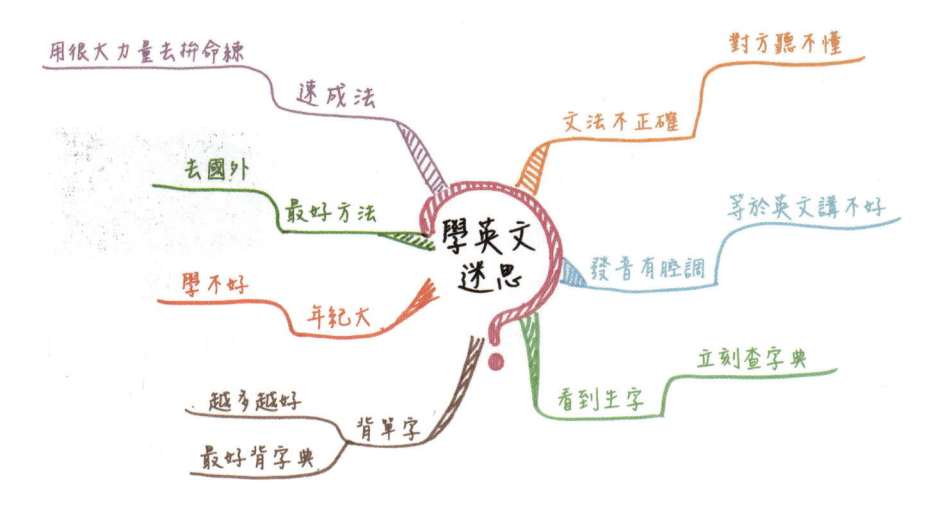

（心智圖：學英文迷思）
- 速成法 — 用很大力量去拚命練
- 文法不正確 — 對方聽不懂
- 最好方法 — 去國外
- 發音有腔調 — 等於英文講不好
- 年紀大 — 學不好
- 看到生字 — 立刻查字典
- 背單字 — 越多越好、最好背字典

❹ 應用在考試

我還是要強調一件事情——「要學力[24]，不要在乎學歷。」

學習過程就是這四個階段一直周而復始地循環下去，能力就在這過程中精進：閱讀／聽講（輸入）→整理資料→記憶重點（累積背景知識）→輸出（下次在同領域的內容上，能掌握到更精準的重點。或是能寫出、說出自己的想法）。

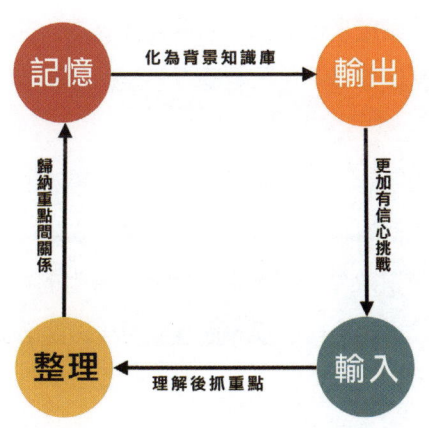

（循環圖）
記憶 —化為背景知識庫→ 輸出
↑ 歸納重點間關係　　　更加有信心挑戰 ↓
整理 ←理解後抓重點— 輸入

---

[24]「學力」是我對「學習力」的簡稱。

在閱讀層面上，我一向都反對老師幫學生抓重點，這是現代養豬場的教育方式。把豬（學生）關好，把飼料（重點）準備好，豬只要張嘴（學生只要讀老師的講義或筆記），就能養得肥肥胖胖（學生考試拿高分）。

在標榜升學率與升學主義的學校裡，老師把學生的升學率當成自己的教學能力，養豬場老師通常到處學習有什麼教學技巧可以讓養豬過程變得更有效率，再好的教學方法，在養豬場老師的手裡也通通都走樣了，因為一開始老師的動機就不對啊。

英國教育的「Try & Error（嘗試錯誤）」的觀念給我很多的啟發。每年寒暑假，我在中小學的冬夏令營課程中，一律要求學生，自己抓重點，自己思考重點間的邏輯關係，我身為老師的角色在於協助學生發現你自己的盲點→引導學生如何克服你自己的盲點→輸出你自己的想法。

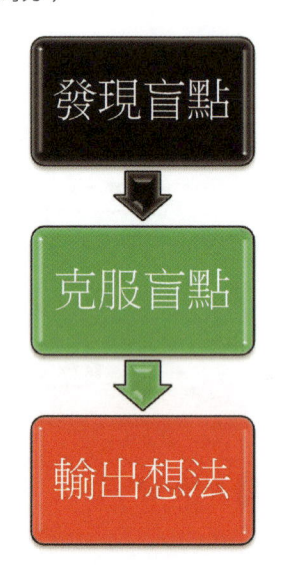

寫文章跟說話都是一種輸出──台灣小學生通常不怕說出自己想法，但是國中生就開始很怕說出自己想法──於是我常透過心智圖，來了解學生的思路，進而做到協助學生發現自己的盲點→引導學生如何克服盲點。

這個話題暫時打住，因為本章節的重點不是要講授如何運用心智圖來活化教學。我是透過這個話題來告訴你：學習與教學是一體兩面，就像硬幣的兩面一樣。學生學習態度與觀念不良，老師教學能力再厲害，學生的吸收效果也會打折扣。

教學功力深厚的老師，當然可以幫學生的學習效果加分不少。但是，人生不可能處處都找到這樣的老師，否則你的時間會浪費在到處尋找老師上了。

再者，習慣把學習效果的好壞全押在老師身上的人，我要跟你說：「你的學習態度有問題，學習是為自己學，你應該要以鍛鍊出自己的自學能力為目標才是！」

心智圖，正是你培養自學能力的最佳工具！

我在大學時，徹底明白上課時的聆聽效率高，後面的複習就會輕鬆不少。

學生務必充分利用上課的時間，利用心智圖來提高上課聽講的吸收效率。上課一邊聽，一邊動手寫筆記是提高學習效率的常識，很多不補習卻有好成績的學生都是這麼做的。

就算自己書寫速度慢，而寫得不完整或亂七八糟的，也不可以就乾脆放棄不寫筆記喔！因為做筆記的過程，可以讓我們更專注。筆記就算寫得不完整或很混亂，依然可以加深對上課內容的印象。寫得不完整的地方，可以利用下課時間問問同學或是老師，趕緊補齊就好。寫筆記是一回生，二回熟，很多人的筆記都是越做越好的。

切記！複習絕對不是把課本上所有的文字再看一遍，最好的複習是回想。上完課後的休息時間，花幾分鐘先回想剛剛聽到的主要內容，想不起來的地方就看看心智圖，這樣就是完成第一次的複習工作了。

以下是中學生上完心智圖課程後，用學校課業內容，所做出來的心智圖。如果你有小孩，我要告訴你，只要經過正確的心智圖教導過程，小四以上的孩子，不需要先經過老師對課文的講解，通通可以靠自己閱讀並掌握八成以上的課本內容。㉕

原本的課本內容是長這樣的，學生在課本上填寫著老師上課時額外補充的資料。

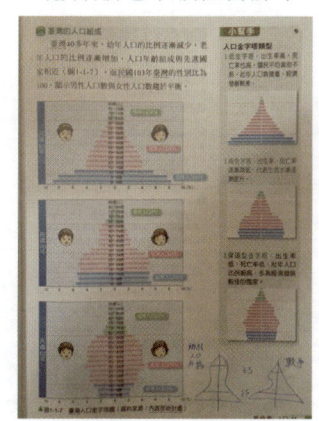

❶ 翰林版七年級社會課本。

㉕ 小四以下的孩子，除非是資優生，否則邏輯能力發展還未達到一定程度，仍須依賴成人的暗示與引導才能掌握八成以上的課本內容。

回家後，透過心智圖把本文去蕪存菁一下，只在心智圖中留下最重要的概念。

◑ 將社會課本內容畫成心智圖。

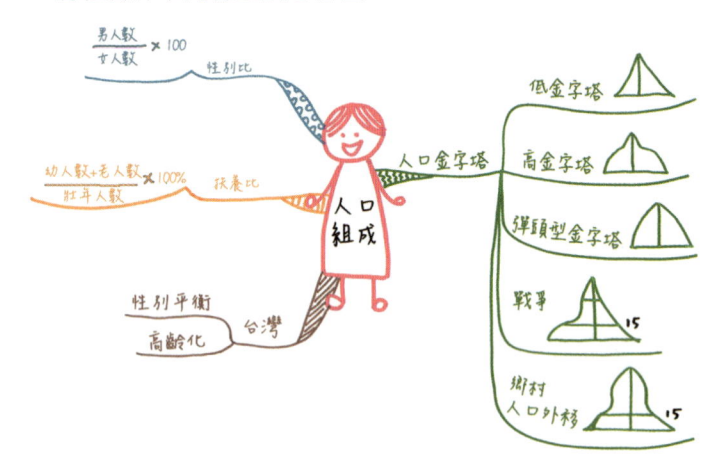

複習時，當然就只要看這麼少文字的心智圖，不用再翻閱密密麻麻的課本，也不用帶著厚重的書本出門，只要帶著薄薄的幾張紙，這種腦袋輕鬆、身體輕鬆的生活不是很好嗎？

◑ 高中數學：三角函數1

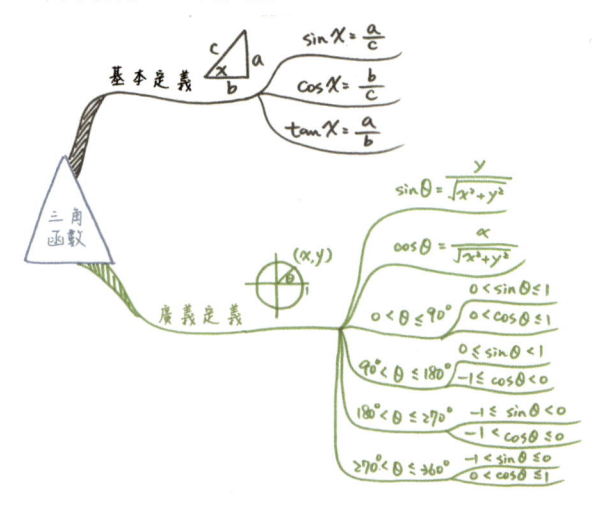

◎ 高中數學：三角函數 2

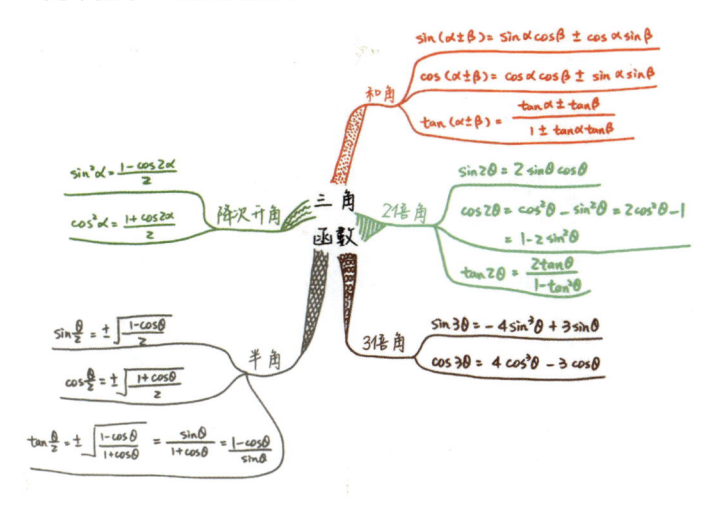

◎ 大學教材：營養學。本圖是我的另一本著作《心智圖超簡單》中所說的圖解型心智圖，右下角那條脈，運用的技巧就是圖解的方式。

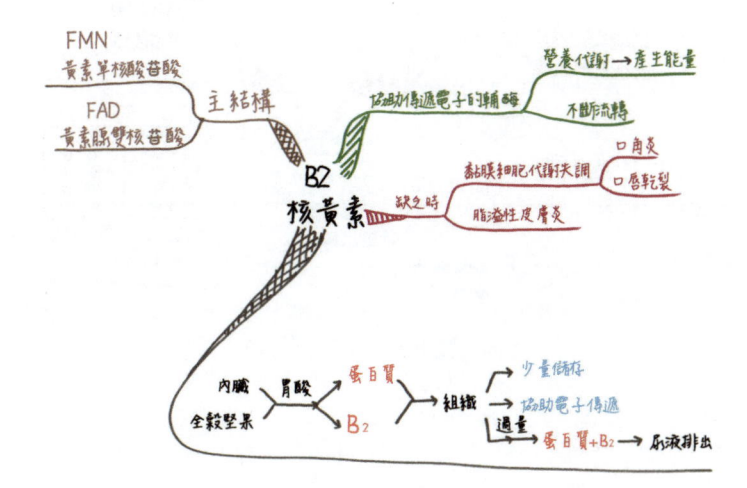

大學教材：電子學 1

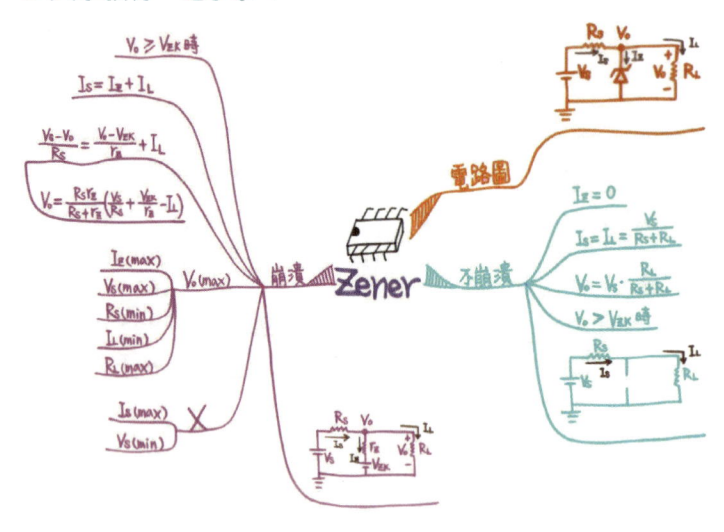

大學教材：電子學 2

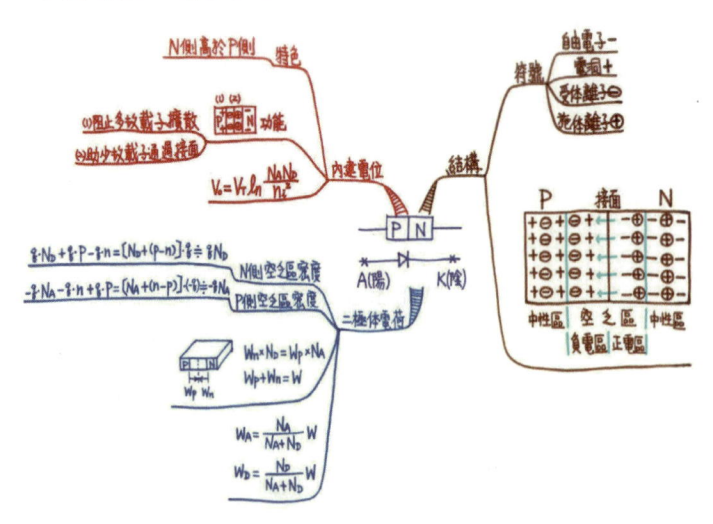

公職考試中的內容 1（結合圖解的基本文字型心智圖）

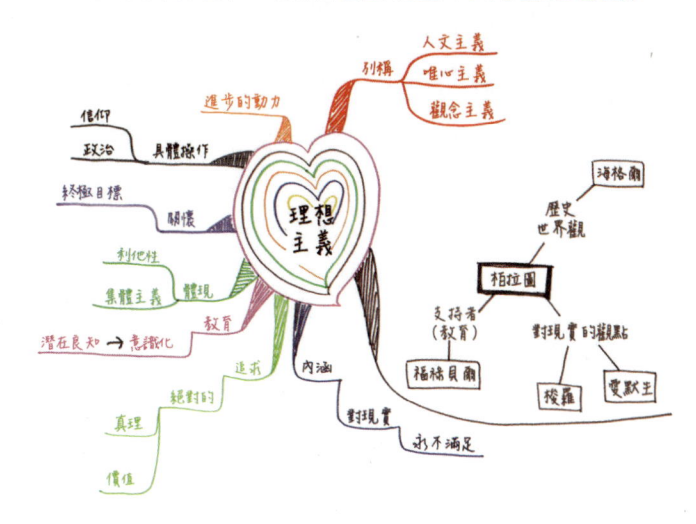

公職考試中的內容 2（結合圖像記憶術的心智圖）

心智圖如何運用在考試上，另可參考本書第 5 章第六節跟第 7 章第三節內容。

六、心智圖能活化思考、激發創意

我先用兩個例子來呈現，心智圖不僅可以讓你的思考化繁為簡，更能趁機發揮你的想像力與個人獨有的創意。

（1）七年級社會：認識台灣風貌

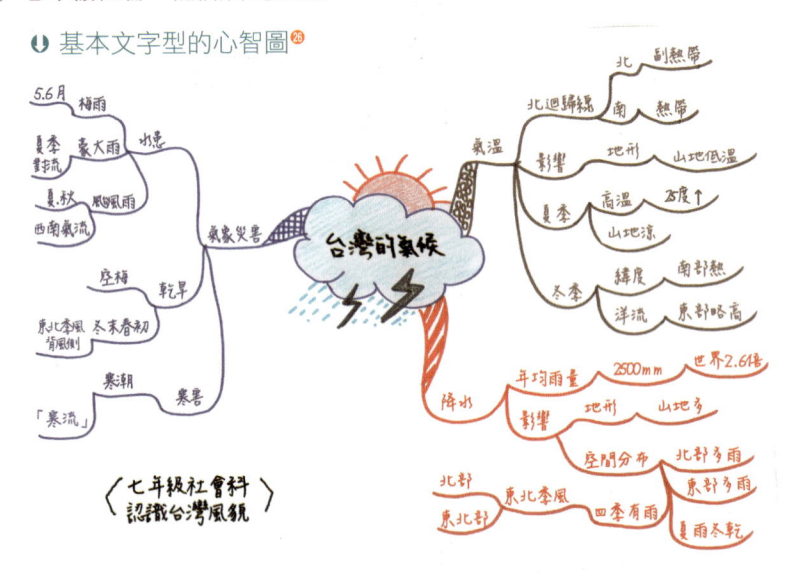

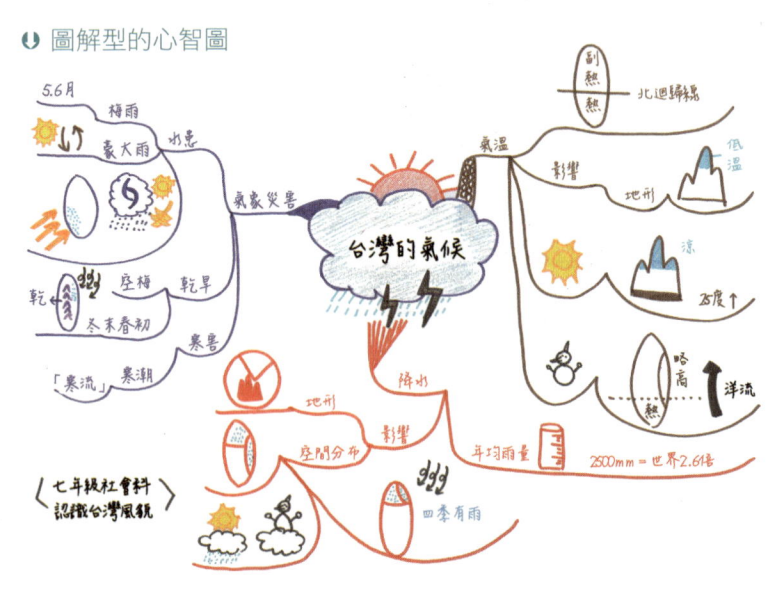

◉ 基本文字型的心智圖[26]

◉ 圖解型的心智圖

---

[26] 我曾在《心智圖閱讀術》專談如何進行基本文字型心智圖、插圖型心智圖、圖解型心智圖、圖像記憶型心智圖。

（2）八年級國文：陳冠學〈西北雨〉

◐ 基本文字型的心智圖

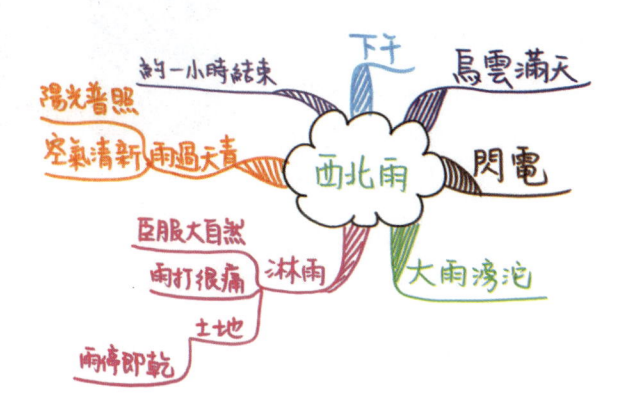

不管是思考還是做法，創新，就是突破框架，以下是學生的創意。見到文字卻不是文字，把眼中的文字，透過自己的想像力，轉換成獨一無二的圖像。

◐ 插圖型的心智圖

創新不難，妨礙創新的惡性循環思考陷阱就是「我做不好」。因為我做不好（做不出來），所以我不敢做。但也因為我不敢做，所以我做不好（做不出來）。

「做不好」跟「不敢做」，完全就是雞生蛋，蛋生雞的問題。打破循環的唯一方法就是「做了，再說」、「做，就對了」。只有先做，才有機會知道自己哪裡應該是要改進的地方，哪裡是只要熟能生巧就沒問題的地方。只要多畫畫心智圖，在手繪的過程中，你會發現只要畫個 20 張左右，很多過去思考力不佳的問題，就再也不是問題了。

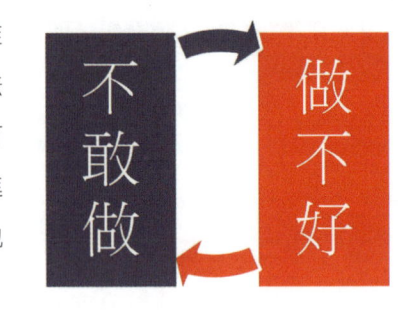

　　這五年來，我常在成人教育跟學校教育環境中感受到，失敗的教育觀與教育手法最大的負面影響就是「讓大人跟小孩都不想再看充滿文字的書了。」在講求收視率與點閱率的現在，偏偏很多有深度的知識，是不太會在影音媒體網站上出現的，如果不常看書，你的知識會越加淺薄化，思考力會越來越容易落入人云亦云的層次中。

　　不論你是不是初學心智圖者，建議你一定要至少拿 20 篇文章來練習轉化成心智圖，因為深入閱讀的方式可以增強思考力。托尼‧海爾是哥倫比亞大學的兼職教授，他在擔任網站分析公司 Chartbeat 的 CEO 時曾表示：「去了解別人的經驗是一個最有效的方式。」他認為廣泛閱讀能刺激大腦重新組合完全不同的思路，即使工作忙碌，仍會每年試著讀完 54 本書。托尼‧海爾的觀點與我不謀而合。

　　通常年紀漸長，我們會越在意自己畫的圖漂不漂亮，其實圖像以你自己看得懂為主，又不是美術課，畫圖技巧並非重點。千萬不要因為自己畫圖太醜就放棄練習創意的機會喔。

　　別懷疑，真的有成人問我這個問題：「我不會畫圖，我還能學習心智圖嗎？」

　　孩子比較不會像成人這麼「死要面子」，不管畫圖好不好看，他們都很願意試著畫畫看，但是本書希望大家見賢思齊，以下舉例都是圖畫得很漂亮的作品，但大家千萬不要誤以為一定要畫成這麼漂亮才叫做心智圖喔。

　　以下心智圖範例，是中學生練習純粹用獨有的創意圖像來表達自己的想

法。各位看不懂這些心智圖的內容是正常的。

要用什麼樣的圖像來表達自己的想法,本來就是很個人化的,我也不允許同學抄襲別人的圖像。

◐ 國中國文:梁實秋〈鳥〉

◐ 高一社會:台灣的聚落

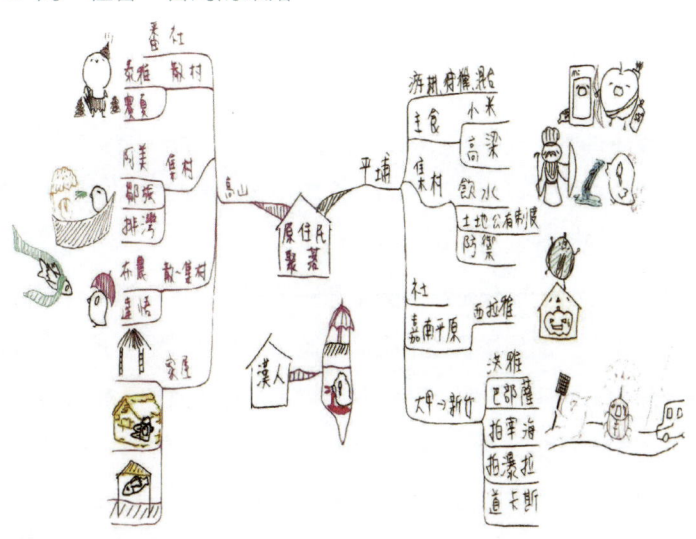

七、心智圖讓溝通更具說服力

我想講一個故事,是我的糗事。

說真的,我很不想當主管,因為我不喜歡管人,但偏偏常因做事效能與效率快,而被擢升當主管。

也因為我一點都不想要當主管,所以我一點都不是個「好主管」,因為我太心軟,常常因為下屬的工作能力不足,就會主動去幫他補他的不足之處。

以前工作的下屬們,都因為跟我的私人感情不錯,常會當面向我表示:「我不想做這個,我不想做那個。」我尊重他的意見,會去調整一下工作內容,讓他在喜歡的地方盡情發揮。

但是,當時我最困擾的是這類的事情:一個月前我交待給某甲的事情,一個月後我問他做得如何?

他說:「我沒做。」
我問:「為什麼沒做?」
他說:「因為我不會做。」
我問:「不會做,為什麼不問問別人呢?或是問問我啊?」
他說:「因為我不知道可以問誰,也不知道可以問你。」

當時,我簡直要昏倒了。我的天啊!一個月的時間,就這麼被白白浪費掉了,本來不急的事情,現在可是又重要又緊急了,怎麼辦?算了,時間來不及了,我還是趕緊把事情拿回來自己完成好了。

事後反省自己,一部分是該下屬本身缺乏正確的工作態度,抱持著混口飯吃的心態在工作。一部分是我跟下屬溝通時,產生了溝通落差,但我當下並沒有及時發現那個溝通落差。我一時半刻改變不了他,只能改變我自己。

後來面對這一類的下屬,我就運用心智圖方式,先把我想講的話寫下重點,並且用線條把「希望對方接受到的完整思考脈絡」呈現出來,這樣就可以當場確保傳出的訊息中,他跟我認知的重點都一樣、主要重點與次要重點的觀

念都一樣、思考脈絡都一樣、輕重緩急都一樣。

運用心智圖的溝通方式非常有效，這一類的下屬不再把事情拖延到火燒屁股的地步了。但這種做法並不高明，只是治標不治本，因為我簡直是變成了這一類下屬的助理，我都在幫他把路上的石頭搬開，讓他走得順一點。

所以，這一類的下屬換到別家公司後，都會回來向我反映，現在的公司主管很嚴格，要求很多，工作變得很忙。主管要求也很高，下班後必須得去進修，否則很多事情都不會做。

我告訴你這件糗事，是希望你不要像我這麼心軟，變成去當下屬的助理。否則你的下屬會無法產生自我成長的動機與動能的。經過你的努力但還是無法成長的下屬，他所帶來更嚴重的不良影響是產生「劣幣驅逐良幣」的後果。

八、心智圖讓大腦活絡起來

在序文中，我提到跟前同事的太太一起聽演講的故事，你看得出來當時前同事的太太是哪裡出了問題嗎？她因為從來沒有學過心智圖，所以問題主要是不會抓重點。不知道該怎麼抓重點的話，就沒有辦法進入下一步：理解重點間的邏輯關係。

有些人行動上能做到「記憶→輸入→整理」這樣的過程，但思考上只是把大腦當倉庫或是影印機，怎麼把資料輸入進來，就怎麼把資料輸出出去。

你應該要把大腦當成是一家工廠，把原料輸入進來，經過自己的語言轉化一下，用「換句話說」的方式，再輸出成品出去。當時我只是把主講者說的內容轉化成我同事太太能聽得懂的方式而已。

「換句話說」的轉化，正是讓大腦活絡起來的關鍵要素。例如：

・早餐要吃得豐盛　──────→　豐富營養的早餐
・孔雀展開牠那美麗的尾巴　───→　孔雀開屏
・海中小島逐漸被海水淹沒　───→　陸地面積減少

・他的眼神像寶石般吸引人 ─────→ 他的眼睛很動人
・在上課時，我們不可以不認真 ────→ 上課要認真
・一旦空閒下來一定要滑一下手機才行→手機成癮症
・如果你這樣做的話，我會很感激你的→我希望你這樣做
・現在呈現一種各說各話的情況 ────→ 這是一場羅生門

這種轉化能力需要花一點點的時間去累積。我都是閱讀一整本書後，先抓取重點並濃縮重點，要求自己盡量不要用作者的用字遣詞，換成自己的語言習慣，最後再用心智圖方式來輸出。多畫幾本書之後，就自然而然建立起來了，讀者可以參考第五章頁 190 到頁 193。

九、心智圖能增強競爭力

每隔一段時間，總會見到有人在討論（或說是爭論）：「到底是做人重要？還是做事重要？」這個問題有一個變形版：「到底 IQ 重要？還是 EQ 重要？」

坦白說，不管檯面上的職場專家怎麼說，我個人認為這根本是個假議題，根本不要讓自己浪費時間去討論或是看職場專家的想法。因為做人跟做事一樣重要！IQ 跟 EQ 一樣重要！

我反問你一個問題：「如果你是老闆或是主管，你會希望下屬很會做人，但是不會做事嗎？或是下屬很會做事，但是不會做人嗎？」

每次企業內訓中，老闆或是主管一律回答我：「我要那種會做事也會做人的。」這時我就會反問他們：「既然我們希望下屬會做事也會做人，反過來說，我們的上層主管或是老闆，也是希望我們會做事也會做人。」

常畫心智圖的話，一陣子後，我們就會發現，心智圖是一項很容易讓我們知道自己的強弱項是什麼的思考工具。

各位一定有聽過「半桶水，響叮噹」這句俗諺吧？

我們一般人肯定希望別人沒有在背後稱讚我們的能力就算了，但千萬不要在背後批評我們是半桶水響叮噹吧？因為這句話是用來形容不會做事，肚子裡沒料的人。再怎麼會做人，一旦這種評價傳出去了，根本不會有公司敢來挖角你。「公司」的定義是營利事業，每個老闆都希望把錢花在刀口上，每個主管都想要聰明會做事的下屬，所以想要增強自己的職場競爭力，最好是要「先學會做事，再學會做人」。

學會做事的第一步，目標要明確，要先讓自己成為某個領域的專才。換句話說，要讓別人一聽就知道我們的專業在哪個領域上。若用圖像化的方式來說明，第一步要讓我們像根釘子釘入木頭中一樣，在某個領域深耕並站穩腳步。㉗

這個階段，透過心智圖可以快速幫我們把專業知識融會貫通並深化，並容易讓我們產生舉一反三的能力。㉘

大約不到 1% 的學員，上課時會苦著一張臉，拿著一張空白的紙問我：「我還是畫不好心智圖怎麼辦？」幾乎都是女人在問這種問題，我以前都以為是男人怕丟臉不敢來問。直到看了 TED 上 Reshma Sauhami 的演講後，才知道，原來是女孩把「試錯過程」刪除，寧可一片空白，也不願意把錯誤呈現出來。

在遇到挫折時，男女有著微妙的差別，美國哥倫比亞大學專授 Java 程式語言的 Lev Brie 教授表示，男學生會說：「這個『程式碼』有點狀況。」女學生會說：「『我』出了點問題。」也就是說，女人從小就習慣把挫折都當成是自己的問題。

會在課後拿著自己畫好的心智圖來問我問題的人，我沒有去研究是男人多還是女人多，但想用下面例子來告訴你，畫不好心智圖跟性別無關，能夠把心智圖學得非常好，也跟智商無關。1980 年代，美國史丹佛心理學教授 Carol

---

㉗ 1995 年由哈佛商學院教授巴登（Dorothy Barton）提出，傳統教育所培育的專才是「I 型人才」，而 T 型人才則是指同時具備跨領域專長的人，也就是通才。

㉘ 根據我在企業內訓中的觀察，自覺缺乏舉一反三能力的人，並不是真的能力不夠，可能是膽量不夠，害怕犯錯會很丟臉。也有人是因為不常做而很不熟練，於是就認定自己本身能力不足以可以把事情做好。

Dweck 觀察小學五年級學生如何應付高難度的問題，結果發現：高智商女孩很快就放棄；反之，高智商男孩會將其視為挑戰，越是有動力解決問題。

學會做事的第二步，要開展多領域的基礎觀念，讓自己成為一個通才。約在西元 2000 年左右，職場上普遍瘋傳的觀念就是要找到通才者。原因是專才很棒沒錯，但是專才也容易落入「見樹不見林」的思考陷阱中，容易產生本位主義，缺乏團隊合作的眼界。整個職場趨勢走向團隊型合作，所以需要「由專才跨入通才」的工作者。

圖像化來看，就像英文字母 T，故有人稱之為 T 型人，在某個領域要有深度，又要廣泛涉獵其他領域。

如果我們把第一步跟第二步的順序顛倒，變成是「由通才跨入專才」，那在通才階段就落入了「樣樣通，樣樣鬆」的負面評價中。

這個階段，透過心智圖可以快速幫我們整合各領域的專業知識，並容易讓我們產生跨界思考的能力。熟練心智圖的人，更可運用心智圖來提升團隊思考的效率與效能。

學會做事的第三步，找到並建立自己的第二項專長。約在西元 2005 年左右，職場開始發現 T 型人，似乎又不足以應付跨領域合作的深度需求，於是企業界開始尋求有第二項專長的人才。職場上想要立於不敗之地，最好要有兩種完全不相關領域的專業能力，例如醫療＋法律、電機＋法律、理工學士去念商學碩士之類的。例如之初創投的共同創辦人詹益鑑：台大物理系→政大商學院碩士→台大電機工程博士，他透過變換領域刺激自己，也的確帶來許多創新思考。

現代管理學之父──彼得杜拉克，在早期就一直提倡「平行發展第二職涯」。以圖像來說，可以說是 π 型人，2011 年《商業周刊》中也提出類似的概念，稱之為乘法人[29]，可見第二項專長是 21 世紀職涯發展的必然趨勢。

這個階段，除了透過心智圖可以快速幫我們把第二種領域的專業知識融會貫通並內化，因為你知道「如何正確地製做心智圖」已經有一段時間，所以大

---

[29] 這兩項專長，最好是兩個不相關領域，但是都集中在你身上，就像是數學符號「×」。

腦的聯想力、想像力應該已經發展到一定程度了，你會發現自己很容易串連起兩種不同領域的內容，我稱之為「跨界思考能力」。

這時，你在專業上的創造力應該也有一定的水準了，應該很容易找到執行兩種專業能力的具體可行方法。㉚

在《被科技威脅的未來》㉛一書中，提到現在很多工作已經可以有電腦軟體（應用程式）與 APP 來自行運作，這些工作就不需要靠人力（或說人腦）來執行，因為電腦執行又快又準確，還可以 24 小時工作，不需要勞健保與員工福利。

在這種確定的趨勢下，人類已經不是跟人類競爭工作了，而是要跟思考速度比我們快、精準度和體力比我們好的各種應用程式、APP、機器人、人工智慧競爭工作。我們更應該思考的問題是，該如何做到電腦無法做到的跨界思考能力？

從某個專業領域上畫不好→畫得好，只要畫 20 張心智圖就可以了！（因為很重要，所以本章講了超過三次。）

腦力的鍛鍊，其實就是心智的鍛鍊，過程中充滿著理性（邏輯）與感性（情緒）的交錯糾結。我要告訴你，心智圖永遠沒有畫完的一天！

腦力的鍛鍊，就像跑馬拉松 100 場、爬百岳一樣，表面上看起來好像是同樣的動作做了 100 遍，但是對於腦力鍛鍊者來說，第一張心智圖帶

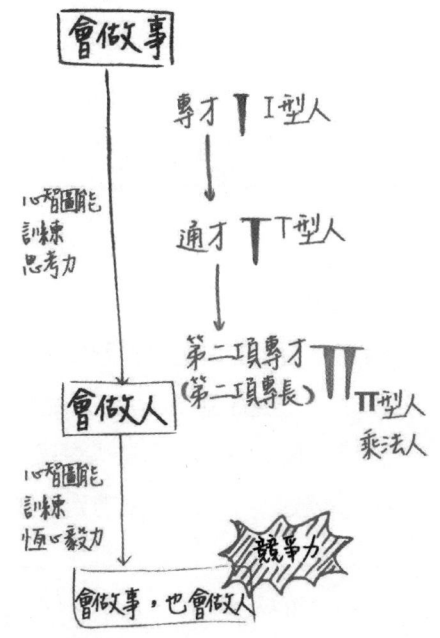

㉚ 如果這兩項領域在我們身上就像是平行線一樣，那就表示我們的專業深度還不夠，二十年來，不管對方是企業老闆或是一般上班族，我從沒有見過一個專業深度夠的人沒有把專業內化在腦中，他們總是看到生活的任何一件事情，就聯想到該如何運用在自己的專業領域上。
㉛ 馬丁・福特著，李芳齡譯，《被科技威脅的未來》，天下雜誌，2016.01。

給你內在的變化，跟畫第 100 張心智圖時的變化，絕對不一樣。

你願意每天超越自己昨天的腦力嗎？如此一來你不僅可表現出恆心與毅力，還可以得到一顆越來越聰明的頭腦與無法被機器人取代的能力，何樂而不為呢？

十、你是「左腦型」還是「右腦型」？

當我提到：「蔡依林」時，你的腦中出現什麼樣的畫面？

是「蔡依林」這三個字的字型？

是「蔡依林」的模樣？

還是腦中一片空白？

多數的人，不是「蔡依林」的字型就是模樣。字型跟模樣都是一種圖像。

待會再來解釋為什麼要問你這個問題。我先解說一下大腦的構造與功能。大腦的左右兩個區塊是分開的，只有一小塊部分連結在一起，那個部份叫做胼胝體。

根據諾貝爾獎得主羅傑·史貝利的研究，在 1980 年代他得到了一個結論：左右腦的功能不一樣。簡言之，左腦負責文字、語言、邏輯、數理，右腦多數負責非語言或非邏輯的圖像、律動、運動、直覺等功能。

有些人見到了這項研究，拼命想知道自己到底是左腦好或是右腦好？

回到剛剛的問題，有些人會這麼認為：「你看！我想到蔡依林的字形，字形是一種圖像。」或是「我想到蔡依林的模樣，模樣是一種圖像。」所以我是右腦好！[32]

這麼想的人，我要告訴你：「錯！錯！錯！你大錯特錯了！」

你聽到、讀到「蔡依林」這三個字，你能聽懂、看懂、理解我在問你什麼

---

[32] 有非常少部分的人是腦中一片空白，不是你的頭腦跟別人不一樣，而是你剛剛並沒有專心去思考我的問題，只是想往下看看我會給你什麼答案。

樣的問題，那不正是左腦的文字語言與邏輯功能嗎？你腦中又出現「蔡依林」的字形與模樣，那不正是右腦的圖像功能嗎？

所以你到底是左腦好還是右腦好？你剛剛是用左腦工作還是右腦工作呢？

正確答案是：<u>所有的思考與行為都是左右腦同時且共同運作後的結果，無法只用一邊的大腦或是只訓練一邊的大腦。</u>

現在，我要用圖片告訴你，試圖探詢自己是「左腦好」或是「右腦好」根本是個假議題。看到了嗎？左腦也有運動與視覺圖像的區域喔！

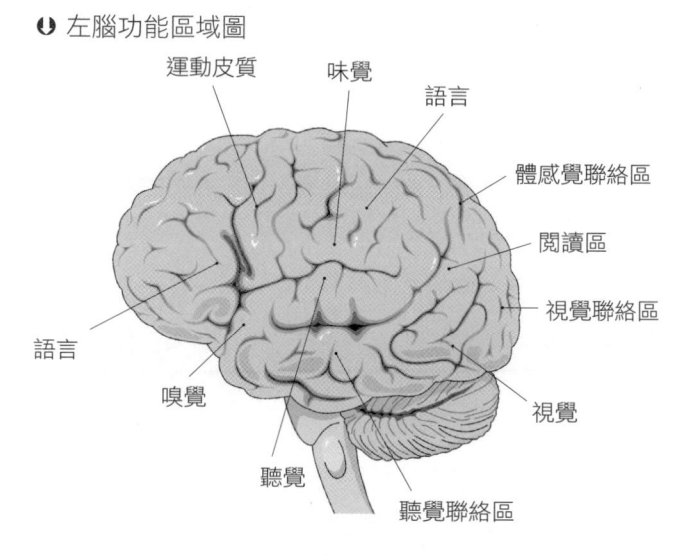

↻ 左腦功能區域圖

運動皮質　味覺　語言　體感覺聯絡區　閱讀區　視覺聯絡區　視覺　聽覺聯絡區　聽覺　嗅覺　語言

大腦的使用並無法區分出「只用左腦」或是「只用右腦」，但是我們對於事物的反應方式卻會傾向於用「邏輯語言方式」或是「直覺圖像方式」，不過這也不是說你會對一切事物都傾向於用固定的方式，有可能在 A 領域上傾向於用「邏輯語言方式」，另一項領域用「直覺圖像方式」。

例如：我在寫本書時，一定是用「邏輯語言方式」在思考啊，不然怎麼寫出你看得懂的內容呢？但是我在看地圖的時候，就傾向於先問問對方，這個地址靠近什麼明顯的地標或是商店招牌之類的，偏好用「直覺圖像方式」找地址，我覺得這樣比較好理解地理位置的概念。

文字語言
邏輯

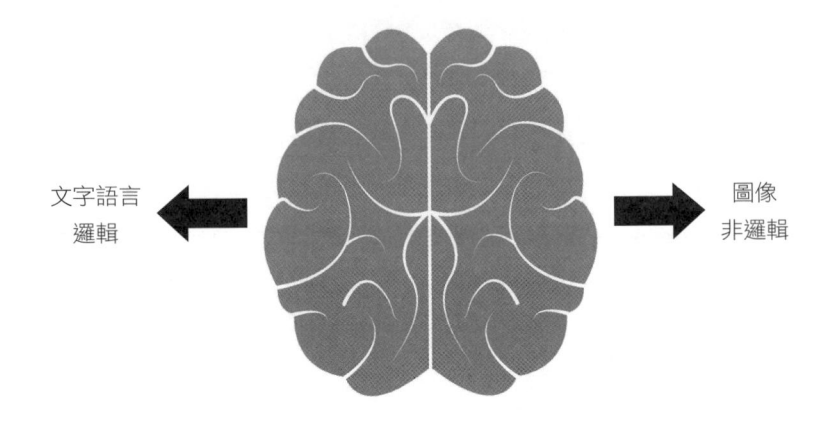

圖像
非邏輯

　　寫筆記時，我們會斟酌要寫上什麼文字，這時左腦開始工作。繪製心智圖時，思考在紙上怎麼布局，則讓右腦開始加入工作行列，一邊看著眼前的白紙和部分文字與線條，一邊書寫，這過程就是一種左右腦的互相合作。

　　另外，也可以思考要用什麼樣的插圖來取代文字，繪製在心智圖上後，看著這個插圖也要能還原回原本的文字內容，這一來一往正是左右腦互相轉換的流程。而繪製心智圖的整體過程，正是同時活化左右腦、訓練左右腦平衡的最好時機。

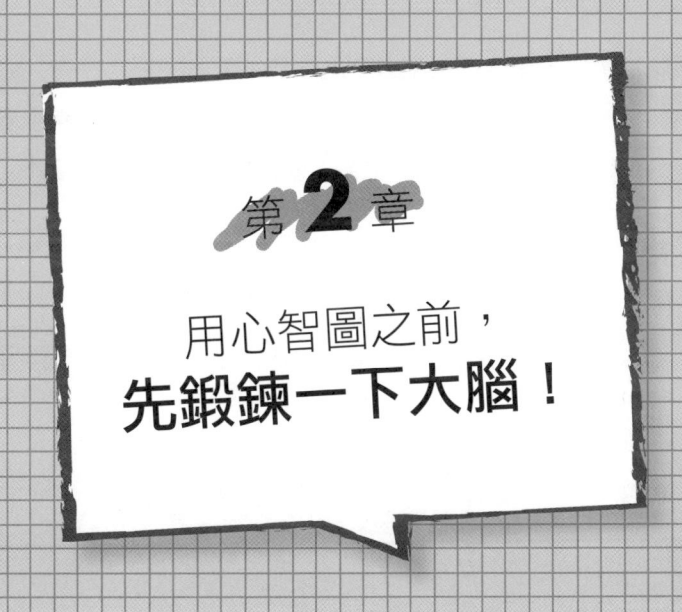

第 2 章

用心智圖之前，
先鍛鍊一下大腦！

一、從「貓」可以聯想什麼？

物聯網之父凱文・艾希頓的創新之路並非一路順遂。他曾經屢戰屢敗，總是處於被開除的危機，直到艾希頓體悟了奇蹟並不存在，才有了今天的「物聯網」。

艾希頓認為創新是我們與生俱來的才能，每個人都能擁有。創新沒有捷徑，沒有突如而來的神奇時刻，創新來自平凡人如你我的實作與積累。

拿一張白紙，給自己三分鐘，聽到「貓」你會聯想到什麼？不用想太多，腦中只要出現跟「貓」有關的訊息，請通通寫下來。以語詞為主，不要寫下句子。

舉例：

波斯貓	暹羅貓	喵嗚
發情	小貓	柔軟
巫婆	黑貓宅急便	毛皮
白色	夜視能力	尖牙
捕獵高手	貪玩	貪睡
高傲	孤傲	魚
毛球	圍牆	貓狗大戰
鳥	九命怪貓	貓眼石
埃及	貴族	肉墊
步伐輕盈	肥貓鬥小強	聰明
冷靜	暖爐	擁抱
夕陽	群體	觀光
貓巴士	可愛	利爪

答案越多，表示你的觀察力跟聯想力越好。聯想力與個人生活經驗有絕對關係，考驗你能不能在過去的所見所聞中，找到跟「貓」相關的事物。

聯想力是一種「舉一反三」、「舉一反多」的能力，也就是解決問題的能力。讓我們可以把一件事情延伸到其它地方，和其他相關事物串聯起來，使我們能從多種角度去構思，學習上更能旁徵博引。

二、語詞圖像化，訓練左右腦平衡

左腦掌管「語言邏輯」，右腦掌管「直覺圖像」，聯想力還可以透過「虛實轉換」的小遊戲來訓練左右腦平衡喔。

「虛」的詞彙大體來說是動詞、形容詞之類，「實」的詞彙則一定是有具體形象的名詞類。

2016年加拿大滑鐵盧大學（University of Waterloo）的研究人員發現，把想要記憶的東西畫成圖案，有助避免遺忘，原因在於畫圖的過程，有助整合物品的視覺、事情的動機和意涵等，相較於動筆用文字寫下，記憶的效果好兩倍。更重要的是，無論畫圖者的藝術才華高低，絲毫不影響記憶的效果。

拿一張白紙，給自己一分鐘，下列語詞讓你想到什麼東西？能畫出圖像的話，會更好喔！表示能夠確定你腦中真的有畫面。

可愛→小貓	浪漫→巧克力	開心→	沉默→
熱情→	美麗→	靈活→	冷靜→

炎熱→	清澈→	光滑→	堅硬→
透明→	輕盈→	寧靜→	朦朧→

三、抓出抽象事物的特質

　　腦細胞與腦細胞之間的連接網絡，會根據新的練習，重新組成新的路徑，這就是所謂的「神經可塑性」。腦細胞彼此間的連結，會因為少用而被刪除，但腦細胞有可能透過不斷訓練，重新建立彼此間的連結，重新學習新的功能。

　　人類在接收訊息、對事物的敏感度，與是否牽涉到感官刺激的多寡有關，這是為什麼影片比單純聲音、文字更有影響力，也更容易記得起來，因為影片牽涉到的感官比較多。良好記憶力的祕訣，在於讓大腦神經細胞的連結能力、聯想能力更強。

　　二十年來，我走在路上常利用店家招牌進行自我鍛鍊。例如「新光三越」對我來說就是百貨公司，接著就從「百貨公司」這個詞語去聯想。「抓出事物的特質」這種方式的好處是，你不會被表面的語詞困住，讓你更能進一步思考。

　　拿一張白紙，給自己一分鐘，想想下列語詞的特質是什麼？不用想太多，不用分虛實，請把腦中出現的訊息通通寫下來。以語詞為主，不要寫下句子。

台塑石油→	7-11→	華碩→	旺旺控股→
宏達電→	捷安特→	聯強國際→	王品集團→
台積電→	台灣銀行→	大潤發→	微風廣場→
麥當勞→	Nike→	Google→	Facebook→

　　我們「忘記」或是「沒注意到」，並不代表那些資料「不存在」在我們的大腦裡。記憶力不好是因為我們大腦「整理資訊」跟「截取資訊」的能力很弱，才會無法把東西記起來，腦中記憶量越多的人在學習上越容易，更能輕鬆地舉一反三、觸類旁通。

　　心智圖，正是促發舉一反三、觸類旁通的思考工具。

四、愛用「心智圖」讓你成為高手！

曾有學員在上課前一再來電跟我確認：「很多國外心智圖的書籍，都拿大企業的老闆或大主管當例子，我覺得這些人本來能力就比一般人好，我只是一個很普通的人，我真的能學好心智圖嗎？」我不想否認把大企業的老闆或職員搬出來當例子，有名人推薦的極佳宣傳效果。

雖然多年來我一再強調心智圖是小學四年級就能學會的獨立思考工具，但我也相信很多學習者，在背地裡暗暗擔心自己不足以學會心智圖，於是我決定採用低調的心智圖運用者（Mind Mapper）當例子來鼓舞大家。

❶ 達成更遠大的目標

《忍耐力》[1]的作者沃爾特・米歇爾告訴我們：高手正因為具備「意志力強、自我控制能力強」的心理特質，故社會成就較高。一般人抵抗誘惑之所以困難，是因為「當下」只想要得到立即的獎勵，卻忽略了貶低未來可實現更大目標的可能性。

有時在成人課程中，不論老少，總有一兩個學員會私下問我：「看完一本書後，還要畫心智圖，很花時間耶，我能不能不要畫？」

我一律回答：「近二十年來的教學經驗告訴我，不管是男女老少，看完書一個月後，有畫心智圖的人，總還能記得書中的多數內容。而不畫心智圖的人，幾乎全忘光光了。因為畫心智圖的過程，正是不斷地動用與訓練你多種感官的記憶能力。」

十年前，曾有連鎖品牌企業的總經理對我說：「心智圖對我沒有什麼用，我不需要透過心智圖，就可以處理很多事情。」在那當下，我不需要為了證明心智圖對他一定有幫助而跟他辯論，所以我什麼都沒說，僅回答他：「你不需要，但是有別人需要。」

---

[1] 沃爾特・米歇爾著，陳重亨譯，時報出版，《忍耐力》，2015.09。

過了幾年，在咖啡廳還沒有成為大家創業的第一選擇時，我曾建議他趕緊賣下午茶和咖啡，這個提議被他嗤之以鼻；三年後，當滿街都是咖啡廳時，他的店裡才開始賣咖啡，但也已經失掉領導先機了，現在講到「喝咖啡」，幾乎不會有人想到他的連鎖品牌。

　　我並不是在老王賣瓜、自吹自擂，而是要告訴你，當年給他的提議，是我綜合比較了台灣飲料市場一整年後的心得，而非一時的靈感。

　　我平時就習慣把看到的各種事物，在腦海中聯想，並建構成心智圖，若有不足之處，就暫時把這張心智圖放在腦海中，隨時隨地再來補齊我的想法。連看日劇都會畫心智圖了，當然走路時也隨時在動腦啊！

　　身為一間公司的領導者，如果你想要建立洞燭機先的能力，更應該時常畫心智圖。

　　你別以為不當領導者就用不到心智圖喔！

　　2014 年的太陽花運動有段新聞畫面，是某討論小組在白板上，用心智圖來分析「服務貿易協議」對國家安全關係的影響。網購甜點名店──菓○○工作室，更直接在辦公室的牆面上以心智圖標記工作計劃，才能因應龐大的訂單量。他們都運用了心智圖來讓自己達成更遠大的目標。

❷ 完成從沒做過的任務

　　我的好友，也是我的同事──阮如玲講師，本身也是一家鞋類貿易公司的董事，過去她也以為心智圖是休閒時的小玩具。

　　她不需要動腦筋進行企劃工作，但常必須同時應付好幾張訂單，與即時反應不同客戶的要求。自從改用心智圖後，不再限於直線思考，還多了水平思考的視野，每天收到 E-mail 時，在腦中構思出心智圖的樣貌，有時用時間、有時用訂單來分脈絡，更容易分配一天的工作時間。

　　甚至有一次，南美洲的客戶提出一項獨特的要求，希望阮如玲能幫忙列出他的好兄弟要競選總統的物品，當下阮如玲心想：「我沒有選舉經驗，怎麼會知道要準備什麼物品呢？」

於是阮如玲以「選舉」為中心主題，開始用心智圖構思，一邊畫，一邊思考，原本可能必須苦惱一整晚的艱難任務，很快在一兩個小時內解決。最後，南美客戶看到這張心智圖後，大力讚揚阮如玲的企劃能力，因為連客戶自己沒有想到的部分，她也通通幫客戶準備好了。

阮如玲老師也想藉此告訴大家：「對職場人士來說，使用心智圖以分析功能為優先，不必拘泥畫圖與繪畫風格，只要自己能看懂，能夠釐清思緒。解決工作上的問題，比什麼都重要。」

❸ 整合片段破碎的事物

很多人都學了好幾年的英文，但是英文還是講不出口，文法常常搞不清楚，另外一個困擾是，背了英文單字沒機會用，或是等到要用的時候，已經忘了那個單字怎麼說。這是因為在我們學英文的過程中，同一個文法概念，可能是分成三段來學習，類似概念的單字，是分屬在不同時間段中學習到的。

日本東京大學學生淺羽克彥，出版了一本書《東大生寫的樹枝概念英文法》❷，裡面正是使用心智圖，把國中英文文法整理成簡單的一兩張圖，在日本大為風行。以前我也曾運用他這本書裡的內容為例，用我自己的方式，重新整理了一遍國中英文文法。因為這張心智圖是我自己思考後所整理出來的，故我只要看這張文法心智圖，五到十分鐘內就可把國中文法的觀念串連起來。英文單字也可以用同樣的方式來整理，如果你對整理文法跟單字有興趣，可以參考我的另一本著作《超強心智圖活用術》。

說到寫書，很多朋友跟學員都會很好奇地問我：「寫書到底好不好賺啊？」趁這個機會回答一下大家好了。

坐下來很認真地一邊思考一邊打字，以一天八小時計算的話，大約只要花我一個月的時間就好，但是我必須為這本書先花一、兩年的準備時間。

透過這一、兩年的時間累積，我會先完成一張心智圖，這張心智圖就是書籍的大綱，等正式開工打字時就隨興囉，想從哪個章節開始打字就從那裡開

---

❷淺羽克彥著，林鍵麟譯，《東大生寫的樹枝概念英文法》，晨星，2010.10。

始。萬一打字到一半時思緒卡住了，就先跳到別的章節寫。有時也會遇到打字到一半，必須中斷去做其他事情的時候，不用擔心，因為書的骨架都定好了，打字只是讓書長肉而已，回過頭來繼續寫的時候稍微注意一下，不要脫離章節主題就好。

正因為有心智圖，在動手打字時，我不需要先看看前面的內容來讓大腦暖機，就能隨時接續該章節的內容，也不容易失去焦點。並且只要有靈感，我隨時能任意地在不同的章節間流轉來流轉去，也不會有思緒中斷的問題，因為心智圖能夠有效地幫我進行整合。

④ 簡化看來複雜的問題

我的另一位好友——譚宥宜講師，她受過專業的口譯訓練，過去是資深的外電新聞記者。

擔任口譯員時，心智圖筆記術協助她在時間壓力下，快速消化講者想法，釐清邏輯和段落結構。

擔任記者時，不管是撰寫專題新聞，或是採訪寫稿，她的腦袋經常在過濾和重新編排資訊。有時候要處理的議題相當複雜，她最常用來整理思緒的方式，就是坐下來，拿出一張白紙，開始畫心智圖。

她會將主題在紙張的中間寫下來，然後開始勾勒第一個分支。神奇的是，透過這個紙筆作業，思緒會像一張網子，不斷地伸展開來。

談到心智圖的優點，她這樣告訴我：「人家說，學習要能深化，除了 input（輸入），也要有 output（輸出）。我認為畫心智圖，等於是給自己一個機會，將你以為你知道的知識，重新輸出。在這個過程中，你會重新理解資訊，或是發現，其實自己還有哪些地方，了解得並不透徹！」

後來，她成為一位教授文字表達的講師，心智圖依然是她的好幫手。她會利用心智圖，發想和設計課程內容。受邀演講時，會將內容濃縮成一張小小的心智圖，用這張心智圖當自己的小抄。她說：

說來也奇怪,把心智圖小抄帶在身邊,演講的時候不用怕緊張忘詞。因為所有的邏輯、脈絡,都在這小小的一張圖上。如果突然忘詞,只要瞄一眼,就通通記起來了!

譚宥宜也會善用心智圖的概念,引導學生進行創意發想。將看似平凡無奇的點子,進行延伸和聯想。

另外,當年她在美國接受口譯訓練時,經常要使用大量的符號和縮寫來記筆記。在創造自己專屬的符號系統時,發現看似複雜難懂的一大段文字,只要充分理解,就可以將抽象的文字「轉譯」成視覺圖像。靠著這幅心理的視覺圖像來記憶,速度更快。文字、圖像同時用到,等於左右腦都運動到了。正因心智圖結合了文字和圖像的概念,因此不管是演講,設計課程,或是文字創作,譚宥宜喜歡透過心智圖,讓自己的腦子動起來,越用越靈活!

❺ 提升記憶力,豐富說話內涵

從事會計工作的許嘉芳跟我一樣,在學生時代都不太愛背書,因為不愛背書,就很難把書讀好,且一直覺得自己的記憶力很差。

嘉芳是工作後才接觸到心智圖,開始使用後大感驚喜,她是個即知即行的人,她說:

本來我抱著懷疑的態度,使用「心智圖」背著古老的文言文時,神奇的事情發生了。段落不會背錯、篇幅不會錯亂,而且有時騎車、坐車看到有人拿著書在背單字,我也可以隨時拿出來背,只是我是看著「頭腦裡」的心智圖在背。

有了心智圖,我隨時可以暫停背誦,騎車到下個路口再接著背;但是無法馬上停下的人,千萬別在騎車的時候背喔。甚至與朋友聚餐無聊時,都可以不斷的複習。有時遇到相同的情境,還可以想起文言文,說上幾句。身旁的朋友,都認為我好有深度,可以常說出文言文句子,還認為我國文造

詣很好。但……誰知道我國文一直以來都是低空飛過，以前的我常感到愧對「中華文化」這名詞。

現在我才明白，我不是不會唸書，是沒有找對讀書的方法。

嘉芳經過幾次的練習後，故意找從小就很會背書的小妹來競賽，看誰背書背得快又好，當她贏了小妹時，小妹感到驚訝，一直問：「你是怎麼辦到的？」正因如此，小妹現在也好好地學習使用心智圖。

嘉芳現正在準備證照考試，希望讀完第一次之後，第二次只要花很少的時間去複習容易忘掉的部分。她說：

以前的我一定會有這樣的疑惑：「容易忘掉的部分，光要找出來就要花時間了，找出來之後再去複習它，其它記得的部分，下一次會不會也忘記了呢？」

現在的我沒有這問題了，因為用「心智圖」一定辦得到。古云：「工欲善其事，必先利其器。」如果有人還是找不到唸書的方式，可以試試看心智圖這項工具。現在只要遇到朋友說小孩不會讀書時，我都會建議他們讓小孩去學習心智圖。

我跟嘉芳的心路歷程很接近。當年我在電視上看到英國警政系統的心智圖介紹時，有種相見恨晚的悔恨，覺得自己怎麼不是用這種思考方式，否則應該是輕輕鬆鬆就能考取高分，有了高分想要讀什麼科系就能讀什麼科系。這對記憶力也很有幫助，不會因為背不起來歷史、地理、三民主義、國文、英文等科目，而在求學時代一直覺得自己就是比別人笨。

現在的工作也必須對教學內容熟稔，用心智圖來整理上課步驟很方便，同一套的上課步驟，我能因應不同的成人學生背景，而以不同的用字遣詞表達跟舉例，這都是拜心智圖所賜，才讓我說話的豐富性增強。

❻ 工作不再心有餘而力不足

這十年來,我遇到很多來自桃園、新竹一帶的電子科技業學員,其中有幾位學員的上課精神與態度,十足展現出科技人的追根究柢精神。來自凌巨科技 CELL 工程二部的主管黃聰賢正是其中一位,以下是他為了激勵初學心智圖的人,或是看過很多本心智圖的書後卻還是做不好的人,特別寫下的一段話:

自從學會使用心智圖來面對工作,我變得能夠更快且更有效的掌握重點!

在學習心智圖前,常常因為每天要面臨大量的工作資訊而心煩,總是感到心有餘而力不足。為了希望能改善工作的效率,我開始研究不少種改善工作效率的書籍,只是很多時候都是看作者做很有道理,換成自己做就會卡住。

於是開始納悶:為什麼?到底是哪裡出錯?在上述自我探討過程中,我開始發現原來是記憶術的方法錯誤所導致,所以吸收到一堆錯誤資訊。其中我也自己購買過多本介紹心智圖的書籍,但還是出現一樣的問題:有看、有懂、不會用。

就在感到學習膠著時,我努力上網搜尋是否有相關的訓練機構,結果找到在台北的 ESI 廣翰思惟教育機構,欣喜若狂的我趕快報名整個學習套餐,做完整的學習!透過胡老師的教學演練,還有耐心的分析教導,我知道了自己的學習盲點,也學到了有效的學習方法。

從以前對於學習記憶的懼怕,變成現在「只要有心記憶的事,就一定能記住」的自信,這都有賴於老師的細心調教。

當然,或許有人會說:「這是真的嗎?」我可以很大聲的回說:「這是真

的，但這是要花時間去演練才能擁有的，是必須不斷演練。」所謂的：「師傅引進門，收穫在個人。」既使是再好的方法，有人會學得很好，也有人學不會，差別就在於是否願意積極主動的發掘問題並改正。

我現在雖然已經過了需要不斷考試的年紀，但仍希望擁有能夠隨時應對考試的智慧，能利用圖像及關鍵字來組合我所需要的資訊。

學生唸書運用心智圖，會在考試時呈現好效果，腦力跟肌力一樣都是越用越好，成年人若能持續運用心智圖，不管是工作或生活上的更進一步，都將變得越來越輕鬆。

❼ 安心準備國考，更有效率

國立大學畢業生芳瑜，正在準備國考考試，在閱讀了坊間書籍後跟聰賢一樣「有看、有懂、不會用」。這個問題絕對不是因為你的頭腦不好，這是很常見的情況，就跟學英文一樣，台灣市面上有超過萬本講如何學英文的書，但還是有滿街的英文補習班。

芳瑜看完書後，發現自己依然不會畫心智圖，立刻就決定去上心智圖的課程，因為她沒有時間再自我摸索下去了，需要快速精準地掌握心智圖技巧，才能趕緊運用在國考準備上。

上完課後，她很開心地對大家分享這個經驗。

為了準備考試，我想要學會心智圖，但是看完考試專用的心智圖參考書後，我依然不知道該怎麼動手畫出一張心智圖。於是我搜尋心智圖的課程，很幸運地立刻就讓我找到。

就像老師說的一樣，我是那種要花很多時間念書才能拿到高分的人，念書很沒有效率。

經過老師的講解，我才知道應該如何抓重點，對於如何畫出一張心智圖有很好的掌握，也明白自己該如何改進念書方法，我真的很感謝能遇到這麼好的學習方法。現在也比較不會心慌茫然了。回去我會好好地準備國考內容。

根據過去某國考補習班的統計，平均要準備 3.5 年才能考上國考，這不是因為題目困難，而是有很多人準備考試的讀書方式錯誤，拉低了平均標準。心智圖最重要的效果正是化繁為簡，運用在考試方面相當適合，可以避開被考試大敵——心慌意亂——影響的機率。

第 3 章

手繪心智圖法
基本步驟圖解

有些心智圖學員過去對「圖像」、「圖解」因誤會而遠離，上完心智圖課程後因了解而越來越愛進行圖像思考或圖解思考。

因此我要先告訴你：

（1）圖像絕對不是比誰畫得漂亮

我常在網路上看到美術功力了得，但是細看邏輯觀念亂七八糟的心智圖。

（2）圖像絕對不是比誰畫得多

若無法精準地表達邏輯觀念，或是畫成最簡化的圖解，圖像越多只是越雜亂。

（3）圖像絕對不是某些人的專屬條件

有些大人會說：「只有中小學生才用得到心智圖。」

有些上班族會說：「只有主管才用得到心智圖。」

有些主管會說：「只有下屬才用得到心智圖。」

從以上提出的問題來看就可知道，心智圖是任何人都可以用、也都需要用的。

（4）圖像絕對不是面對複雜問題時才派得上用場

即使是簡單的生活中，你也能透過圖像讓生活更加輕鬆自在喔！

一、準備的東西只有 3+1 樣！

❶ 白紙一張

畫心智圖時，請想像你是農夫，要先把土壤（紙張）準備好，才能全神貫注在你的土地上種出你的想法。

農夫種植要先把土壤中的雜質都清除，才能種出好作物。畫心智圖也是一樣，不能用一般常見的橫條紋紙張或是有底圖的紙張，最好是一張空白白紙。

最萬用的尺寸就是 A4，如果你有高普考與證照考試類的需求，建議採用

A3 尺寸。一張 A3 等於是兩張 A4，一張 A4 等於是兩張 A5；一張 B4 等於是兩張 B5。

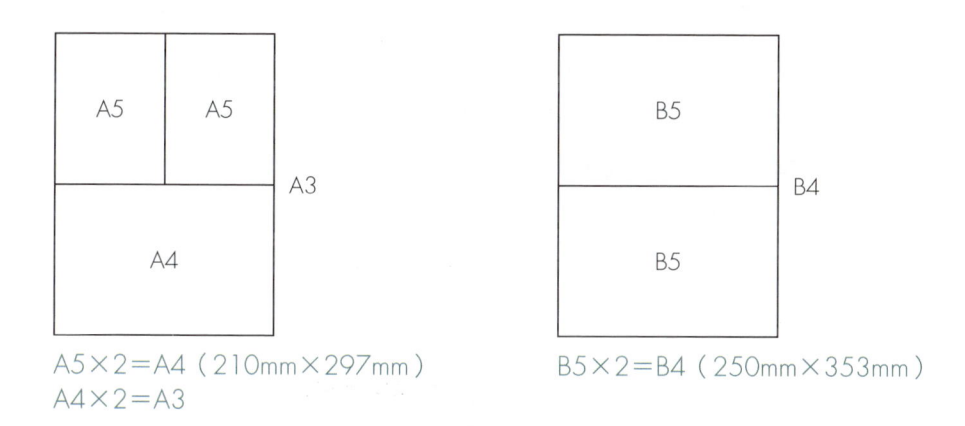

A5×2＝A4（210mm×297mm）
A4×2＝A3

B5×2＝B4（250mm×353mm）

可以裝得下 A4 尺寸的女性包包種類很少，如果不方便攜帶 A4 紙張外出，你可以選 25K 的筆記本，打開後的跨頁尺寸就相當於 A4 大小。

尺寸不能小於 A5 或是 25K 的筆記本。畫面太小，就缺乏延伸思考的空間。若是太小尺寸的筆記本，我會把整個攤開的畫面當成一頁來使用。詳細用法請見第 7 章第二節。

↻ 25K 筆記本攤開來差不多是 A4 尺寸

❷ 至少三種顏色以上的筆

　　根據紙張的大小來選擇色筆的粗細程度，筆頭不能太細，太細的筆頭無法顯色，會無法利用色彩來強化腦中的印象。以 A3 尺寸來說，用細彩色筆、奇異筆和馬克筆為佳。如果是四開以上的海報紙，用粗的彩色筆（大陸稱之為水彩筆）、奇異筆和馬克筆為佳。只有一個顏色不要用來寫字，那就是黃色，因為寫出來的字辨識度太低，會增加閱讀上的困擾，但可以用黃色來畫插圖。

　　外出不方便攜帶彩色筆時，我比較喜歡用 0.7mm 以上的原子筆，依然要選色彩濃烈的，三色或四色原子筆是我最方便的選擇。

　　我不喜歡用可以把字擦掉的擦擦筆或魔擦筆，因為它是利用磨擦生熱的方式來讓顏色退掉，台灣夏天很熱，一旦氣溫超過 32℃，字的顏色就會漸漸消失。雖然可以放在冰箱冷凍庫中讓文字還原回來，不過只要是你曾經書寫過的部分，連寫錯的字也會還原回來。

　　水性筆很怕碰到水，字會糊掉。所以我都選擇油性筆或中性筆。

❸ 網路

　　如果你跟我一樣超級不會畫圖，那麼網路就是你的必備工具，先上網搜尋相關圖片，再把大致的畫面描繪下來。「Google 圖片」是很好用的功能。

第 3 章｜手繪心智圖法基本步驟圖解　▶ 105

- 2008 北京奧運運動項目圖標──游泳。雖然當年我覺得這種抽象的圖片很像溺水時求救的畫面，不過也算是看得出是在水面上游泳。

- 2008 北京奧運運動項目圖標──花式游泳。

- 2012 倫敦奧運運動項目圖標──游泳，圖像較為具體。

- 2012 倫敦奧運運動項目圖標──花式游泳。我邊看著電腦螢幕，邊畫這張圖時，也覺得有點難畫，但是畫完後覺得挺有成就感的，反正熟能生巧嘛。不過，依照我的懶惰個性，以後還是會畫北京奧運的圖標。

❹ 手寫板

常聽到學員問：「我覺得 A4 白紙真的很好用，但是帶出去時要怎麼保持白紙的乾淨？遇到沒有桌子的時候，我要怎麼把紙攤開來畫心智圖呢？」

其實，外出最好的心智圖畫圖工具，就是附有封面的手寫板。

↓ 附封面的手寫板攤開圖　　↓ 手寫板闔上圖

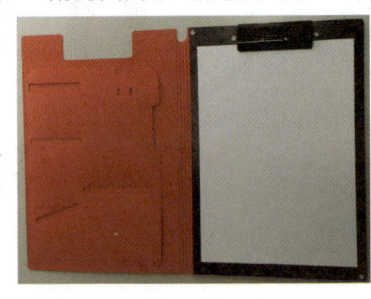

用沒有封面的手寫板也沒有關係，寫完內容後，就把紙張放入 L 夾或資料夾中，紙張就能得到保護。

如果買不到附封面的手寫板，我們也可以自行加工製作。

下圖左側是一般的透明文件夾，我比較建議走環保路線，用舊的文件夾包上你喜歡的紙，或是塑膠材質的壁貼紙。最後只要用手寫板把文件夾跟紙張一起夾起來，你就可以獲得像上一頁那樣附有封面的手寫板啦！

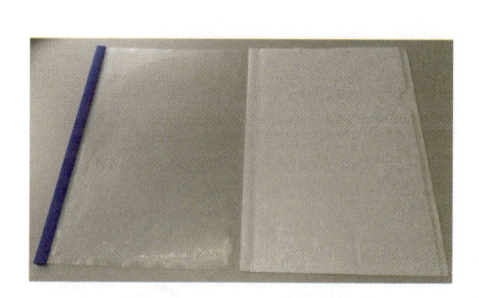

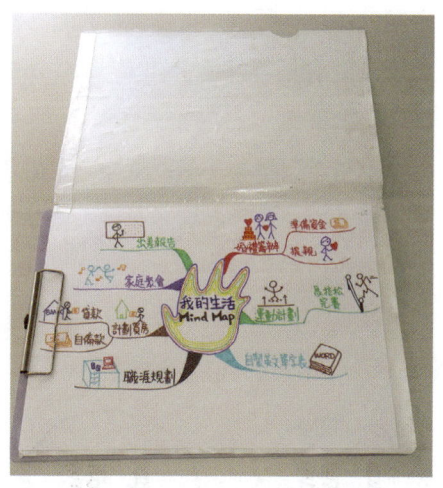

二、心智圖的「13 個規則」

❶ 空白紙張橫放，從中央開始寫上主題，線條呈現放射狀

紙張一定要橫放，道理很簡單，就像是家裡的電視跟電腦螢幕都是橫放一樣，我們的眼睛長成左右兩邊，所以橫向閱讀是視覺吸收量最大的方式。

剛開始畫心智圖，不是把主題畫太小，就是畫太大。畫太小，小到某種程度，大腦對於整張圖的內容會不容易記住。畫太大，紙張變成不夠寫下所有內容。我的建議是不論紙張大小，用手指頭在整個版面上比一下，畫出九宮格，中心主題就寫在九宮格的正中央區塊中，把整個區塊填滿，這種比例畫出來的心智圖最好看。以 A3 來說，中間格子大約是 9cm×7cm 的大小，不要超過

這個範圍喔。但不用真的拿鉛筆在紙張上畫出九宮格，多用手指比個幾次，你就能抓出那種尺寸的感覺。

主題要用關鍵字詞（keyword）或是關鍵句的方式來填寫。<u>切記！心智圖上絕對不可以寫句子，寫句子表示我們不會濃縮思緒、不會抓重點。</u>

<u>主題不可以太籠統，一定要越具體、越明確越好，這樣才能讓大腦聚焦。</u>主題就像是一顆種子，<u>主題訂得好，這張類似大樹樹枝一樣無限放射狀延伸的心智圖就會長得好</u>。例如：「原住民的集村聚落形式」就會比「原住民聚落」來得更為聚焦。

<u>主題可以寫在一個框框中，最好不要方框或是圓框，因為這種框框太死板了</u>，請讓你自己的心智不受過去慣常習慣所侷限，最好是隨意線條構成的框。<u>主題也可以用一張圖片來代表。</u>

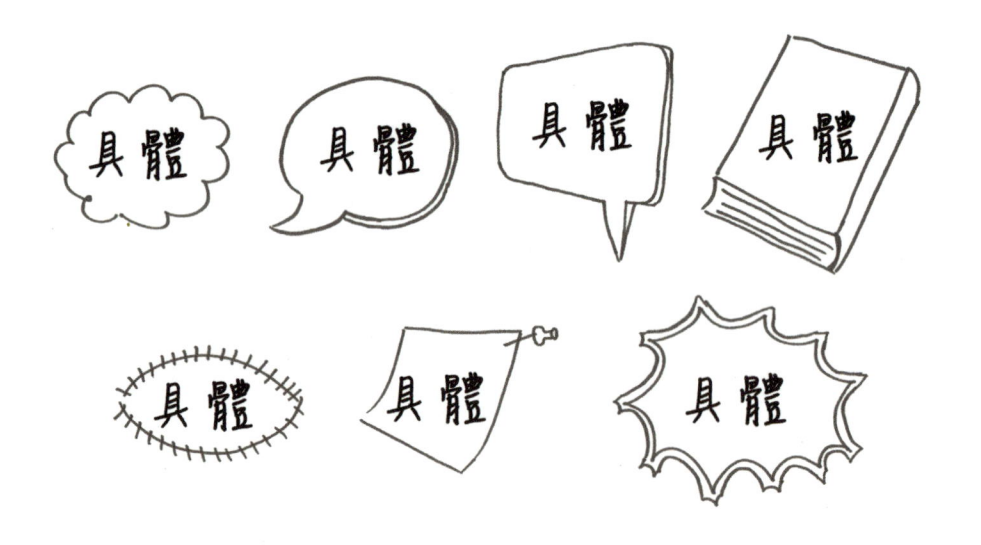

❷ 主脈由粗到細，關鍵字詞要寫在線條的上方。

種子（主題）有了，我們要像個農夫一樣，不斷地把水（思緒）澆灌在這顆種子上，讓種子漸漸地成長，線條要像樹枝般由粗到細地無限延伸出去。

想像一下，你搭著直升機，從空中俯視這株大樹，從中心延伸出的主幹稱之為「主脈」（main-branch）。從主脈延伸出去的樹枝不管屬於第幾個層次，

通通稱之為「支脈」（sub-branch）。

不管是主脈或支脈上方的文字，最好要一律保持水平，所有的文字維持同一方向，不要有些脈絡文字是橫的，有些脈絡文字是直的，這樣才能方便眼睛快速閱讀，頭或是紙張也不必轉來轉去。

關鍵字的長度有多長，線條長度最好就跟它一樣長。每一個關鍵字詞就像是每一顆種子，請好好思考一下你的關鍵字詞要寫什麼。請要求自己不要寫長長的句子，否則就又回到了線性思考的文字處理方式。

初學者一定要養成一個新習慣：先寫字再畫線，才不會畫出線條雜亂無序的心智圖，文字與線條間的布局與比例也會很工整漂亮。

因為「眼腦直映」的視覺效果，關鍵字一定要寫在線條的上方，不可以寫在線條的末端，或是線條的下方，這樣才有提升記憶力的效果。

以下是大家都讀過的國中國文經典課文——梁實秋〈鳥〉，閱讀後試著用心智圖來寫心得筆記。

（1）因為整篇文章都在描述梁實秋有多喜歡鳥類，故中心主題寫上「我愛鳥」。並加註這是個人的心得筆記

（2）梁實秋欣賞在鄉間自由自在的鳥類，每種鳥類都有其獨特吸引人的特點。先寫上「鄉間鳥」，文字底下再畫線，這樣就能保持文字一定在線上，且整個版面會是工整的。

主脈線條要像大樹伸展出枝條一樣由粗到細。如果有時間的話，可以在主脈上做一些美化。

依序寫上第二個層次的文字，一律是先寫字再於下方畫上線條。記得線條要連接好，不可中斷。

「自由自在」跟「風姿各異」都是用來說明「鄉間鳥」的特色，所以都要放在「鄉間鳥」文字的後面。分支只能有一個點喔。

（3）依照梁實秋寫作的順序，再寫上「人」的「優閒」。

（4）作者接著描述「城市鳥」有些是不具美感的，有些是被關在籠子裡的。「籠中鳥」部分更是與「人」形成對比。

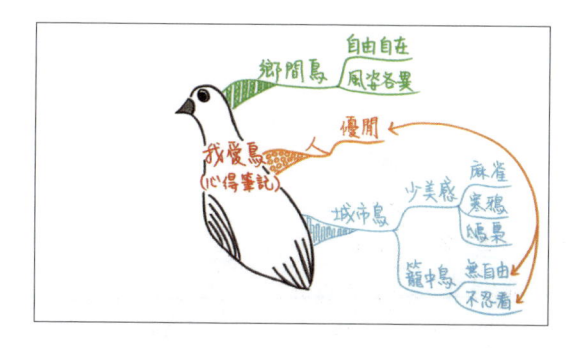

（5）最後此脈為個人的讀後想法。擁有「自由」時，一切都會覺得「順心」，臉上也會「神采好」，同時能夠盡情地「發揮天生優勢」。

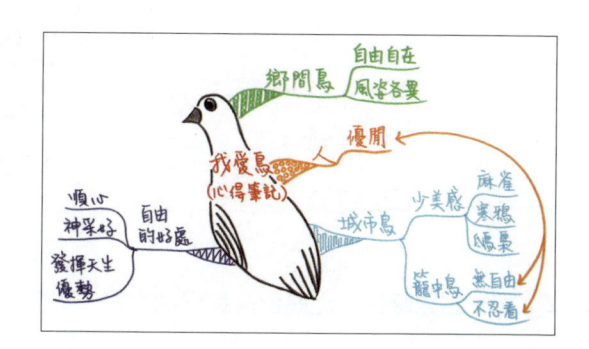

下圖則是常見的心智圖錯誤畫法，絕對不可以像這樣直接寫上一整句話在心智圖上，因為這表示你可能不是真的理解內容，所以無法抓到正確的關鍵字詞，只好把一整句話放上去。

　　這張心智圖還有第二個嚴重的問題。我們只能用「人、事、時、地、物」這樣的概念去抓關鍵字詞，但絕不可以直接用「人事時地物」當主脈。（這是小學低年級生程度的心智圖畫法）這種畫法無法呈現出人與每一件事情之間的關係，或是事情與時間之間的關係。關於如何挑選關鍵字，詳細說明請見本章第六節。

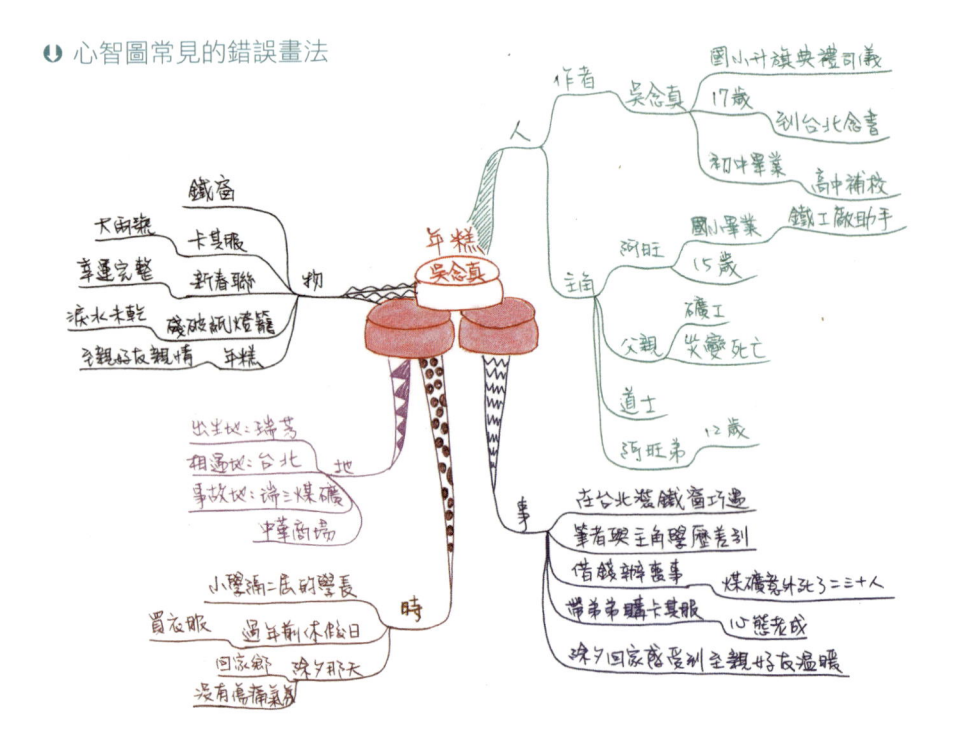

◆ 心智圖常見的錯誤畫法

❸ 同一主題脈絡，從頭到尾都只能用同一種顏色

　　顏色不僅是一種美化，還具備有提升記憶力的效果喔！

　　心理學的研究表示，心情愉快時，吸收效果就會更好。教課時我愛拿著一張用黑筆畫的心智圖，跟一張至少有四、五種顏色以上的心智圖給同學票選，

100%學員都選擇要看豐富多彩的心智圖，理由是看起來比較有趣好玩，如果你想要提升自己的記憶力，從今天開始，請用各種不同顏色的筆來做筆記吧！

下面的錯誤示範犯了最容易出現的一種錯誤：所有的主脈都用 A 色，第一層次的所有支脈用 B 色，第二層次的所有支脈用 C 色。記住！心智圖是用「脈絡」（或是說概念）分顏色，不是用「層次」分顏色。

◑ 錯誤的畫法

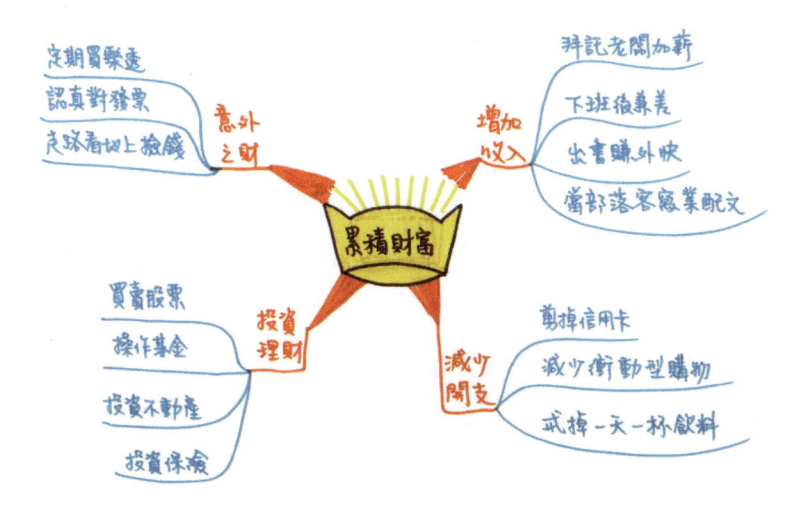

◑ 正確的畫法

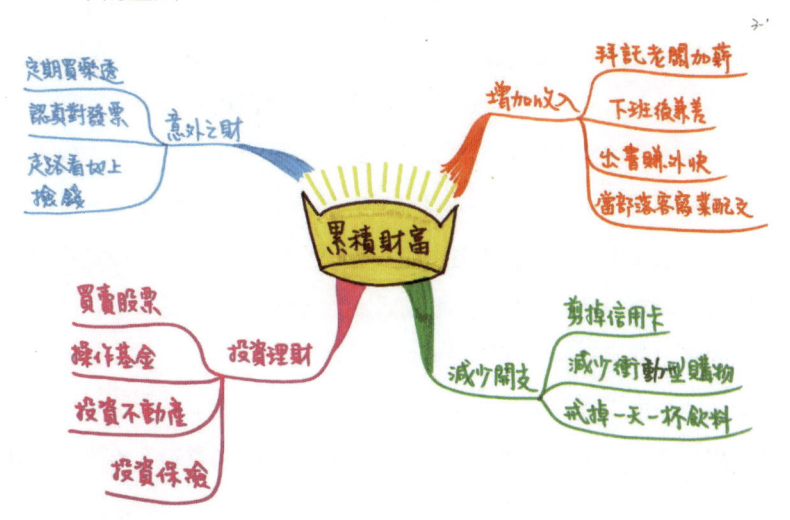

有些人寫字用的筆有自己的偏好，於是使用慣用筆來書寫所有的文字，最後再用色筆把每條脈絡圈起來。下圖我刻意在左右兩半部畫出不同的圈法，讓你理解不管是哪種圈法，對大腦來說這些彩色線條反而把整個版面切割成一塊塊的，會削弱大腦對文字的印象深刻度。

◑ 錯誤的畫法。

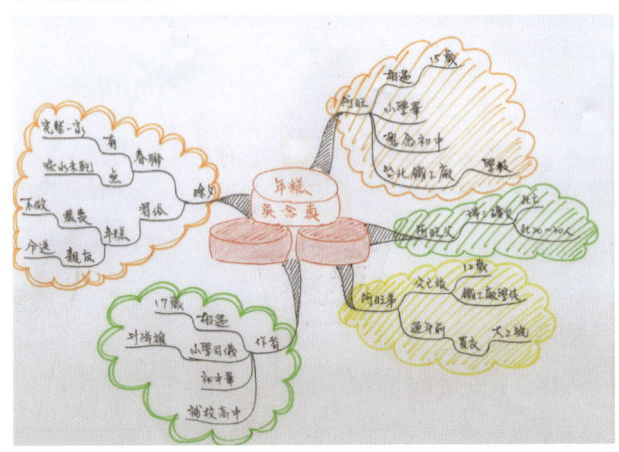

在這裡我要講一件非常好笑的糗事。告訴大家這件糗事，是要讓各位知道，初學者犯錯是正常的，是應該的。不管你覺得自己的智商高不高，每個人都會有腦筋一時卡住，走錯路的時候。犯錯並不可恥，因為犯錯會教我們非常多的東西，也讓我們知道自己思考的盲點在哪裡。犯錯不要死要面子，只要承認自己錯了，馬上修正回來就好，至少你不會一錯再錯下去。

剛開始在學習繪製心智圖時，跟我同班的有多位電子科技業大公司的大主管，我們這一群理工人十足發揮理工人的「死毛病」，因為教育背景的關係，理工人很愛找出規則，很希望能建立 SOP（標準作業流程），希望能透過顏色給人的感覺，建立一套用色標準，例如：紅色有熱情的感覺，以後只要是跟熱情有關的內容，就用紅色來寫字跟畫線條。

當年，我們都看過《六頂思考帽》跟《六雙行動鞋》，這是義大利人愛德華‧狄波諾在 Tony Buzan 發明心智圖後所提出來的創意思考角度，強調透過

顏色來引導我們六種激發創意的思考角度，與六種行動策略的思考角度。認知心理學研究出短期記憶的寬度是 7±2，這是指在我們不使用任何記憶技巧時，大腦的短期記憶一次能記住的數量不超過 5～9 個組塊。❶

當時我們這群理工人決定採用大自然的彩紅七色，加上黑白兩色來做為分類的標準。花了一小時的時間討論，集思廣益下終於把彩虹的七種顏色都下了定義，大家都相當開心，覺得這下子萬無一失了：

白色：純潔，延伸出「簡潔」的角度

黑色：死亡，延伸出負面「悲觀」的角度

紅色：熱情，延伸出「情緒」感覺的角度

橙色：收成、收獲，延伸出最後「結論」的角度

黃色：陽光，延伸出正面「樂觀」的角度

綠色：生意盎然，延伸出「創意」自由的角度

藍色：憂鬱、海洋，延伸出負面「預防」的角度

靛色：冰冷色調，延伸出冷靜沉澱「理性分析」的角度

紫色：皇家的顏色，延伸出位高權重「專業知識」專家的角度

後來老師拿了一篇文章讓大家練習畫成心智圖，大家相當興奮，因為我們的分類可以立刻派上用場了。但是一看到文章後，大家就傻住了，霎時發現我們剛剛一同做了一件很蠢的事情。

我用這篇文章讓各位理解，當時我們有多蠢。你也可以一起想想共有七節的徐志摩〈再別康橋〉，每一節應該要用什麼顏色呢？

---

❶ 以下摘錄自李賢輝於「多媒體藝術導論」課程中所述：「心智歷程」和「心智結構」是認知心理學所探討的兩大內容。「心智結構」是探討知識在我們的記憶中是如何貯存的，以及貯存什麼的記憶內容問題。「心智歷程」是探討知識是如何被使用或處理的歷程問題。早期，有許多關於視覺訊息處理的研究，想要了解人類一次可看多少。一般受試者能正確報告 3 到 5 項，最多 9 項。這種短暫的視像儲存又稱視像記憶（iconic memory）。

1. 輕輕的我走了，正如我輕輕的來；我輕輕的招手，作別西天的雲彩。（紅色、橙色或黑色）

2. 那河畔的金柳，是夕陽中的新娘；波光裡的艷影，在我的心頭蕩漾。（紅色或綠色）

3. 軟泥上的青荇，油油的在水底招搖：在康河的柔波裡，我甘心做一條水草！（紅色或綠色）

4. 那榆蔭下的一潭，不是清泉，是天上虹，揉碎在浮藻間，沉澱著彩虹似的夢。（紅色或綠色）

5. 尋夢？撐一支長篙，向青草更青處漫溯，滿載一船星輝，在星輝斑斕裡放歌。（紅色）

6. 但我不能放歌，悄悄是別離的笙簫；夏蟲也為我沉默，沉默是今晚的康橋！（紅色、黑色、靛色或綠色）

7. 悄悄的我走了，正如我悄悄的來；我揮一揮衣袖，不帶走一片雲彩。（紅色、橙色或黑色）

你發現了嗎？整首新詩有七節，正確做法應該是七條脈，但是這七條脈的用色，很難做到「相鄰的兩條脈顏色不要一樣」這項原則。整首新詩都在講離愁，如果只從情緒角度出發，也可以從頭到尾只能用紅色來畫。

再舉一個例子，「時間管理的最佳方法」這句話，你覺得應該是用靛色、紫色還是橙色？

透過這兩個例子，我就是要直接告訴各位，當年我們這群初學心智圖的人通通掉入了兩項思考上的盲點：

1. 畫心智圖的目標之一正是要拋掉各種思考框架，結果我們這群「思考上的迷途羔羊」，居然拼命去建立了自己的思考框架。
2. 所有的思考都是有「前提」的，前提是錯的，即使中間的思考過程吻合所有邏輯思考的規則，最後得到的結果還是錯的。我們當時這麼做的思考前提是「建立思考的 SOP」，這個念頭就違背了上面的第 1 點。

總之，畫心智圖時，你愛用什麼顏色，就用什麼顏色。不要被某些用色角度把你給框住了。

④ 主要概念離主題越近，次要概念離主題越遠

也就是說，靠近主題的關鍵字詞是越大範圍的概念，後面的關鍵字詞是這個觀念中的局部細節，後面的關鍵字詞是用來補充說明前面的關鍵字詞。

以下圖為例，主脈上的「經濟作物」是大範圍概念的集合名詞，其中有四種世界最主要的經濟作物：甘蔗、咖啡、可可、橡膠。換個方式來說，「經濟作物這個詞彙包含甘蔗、咖啡、可可、橡膠四個名詞。

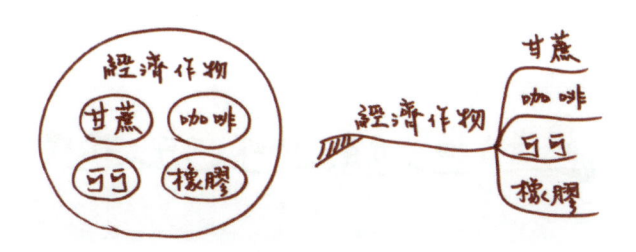

⑤ 一個線段上只能放一個關鍵字詞或關鍵圖

心智圖上絕對不可以放上一整句話，如果這麼做，就表示我們對於這段語詞的理解力不夠，或是根本就不會抓關鍵字。

以中文來說，扣除專有名詞外，一般關鍵字詞不會超過四到五個字，超過的話就會形成句子。以英文來說，只能放單字或片語。

如果你沒有辦法把對方表達的內容，換成自己的用語表達出來，那就表示

你還是一知半解的狀態，並非徹底懂了。下圖是不好的畫法，雖無邏輯上的錯誤，但等於是用一整句話的方式呈現。

❻ 線條是用來呈現關鍵字詞間的邏輯關係

來自宜蘭的學員，在上完心智圖課程後，私下告訴我這個故事。某位心智圖老師到他所參加的扶輪社去演講，演講結束後已退休的教育局長跟這個學員說：「如果照他這樣教小孩，小孩應該會變笨吧。」

原來是那位心智圖老師只教了一半，他教的正是下面的錯誤畫法。文章內容是：「經濟作物有甘蔗、咖啡、可可、橡膠。」這個老師就教大家，直接把書上的「一個句子」拆開「一個個的語詞」，照書上出現的順序，寫下來就好。

關鍵字詞的擺放為前後關係的話，表示兩者之間是絕對的「因果關係」，或是絕對的「順序關係」。因此這樣的畫法，會產生邏輯上的錯誤，變成「咖啡」跟「甘蔗」兩者間有絕對的因果關係。這裡若解釋成咖啡跟甘蔗兩者本身有絕對的順序關係，也是無法說得通的。

🚫 錯誤畫法

有時會遇到一些很線性思考的學員問：「這些抓關鍵字的方法❷，可以用在英文上嗎？」

呵呵呵，心智圖本來就是從英國傳來的學習方法，當然可以用在英文上。

教英文閱讀的老師都會說要先找出主詞，再找出動詞，中文也是一樣。其實你只要用中文意義來思考，就能抓出英文中的關鍵字了。

---

❷ 最基礎的抓關鍵字技巧是 5W2H，見本章第六節。

【例 1】She works hard for the money.
　　　她為錢而努力工作。

　　🔸 不會抓關鍵字的畫法。等於只是把整句話拆解成一個個的單字後，再放上心智圖

　　　　she　works hard　for　the money

　　🔸 正確畫法

　　　　she　works　hard　money

【例 2】She didn't spend enough time with her children.
　　　她沒有足夠時間跟孩子相處。

　　🔸 正確畫法

　　　　she　didn't spend　enough time　children

　　🔸 把例 1 和例 2 兩句英文合併起來

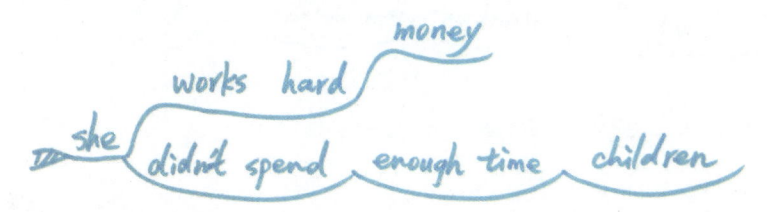

　　　　　　　　works hard　money
　　　　she
　　　　　　didn't spend　enough time　children

【例3】I went for fishing yesterday.
我昨天去釣魚。

◯ 錯誤畫法

㊌ I　went for　fishing　yesterday
　 我　昨天　去　釣魚

◯ 正確畫法

㊐ I　went　fishing　yesterday
　 我　昨天　釣魚

【例4】I went for fishing, drinking, and window shopping yesterday.
我昨天去釣魚、喝酒、逛街。

◯ 強調這三件事情的發生順序，依序是釣魚、喝酒、逛街。

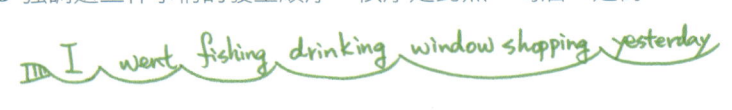

I　went　fishing　drinking　window shopping　yesterday
我昨天　釣魚　喝酒　逛街

> 這裡僅陳述做了三件事,並非表達做這三件事情的順序。「我」放主脈,強調的是由誰來做;「昨天」放主脈,強調發生的時間。

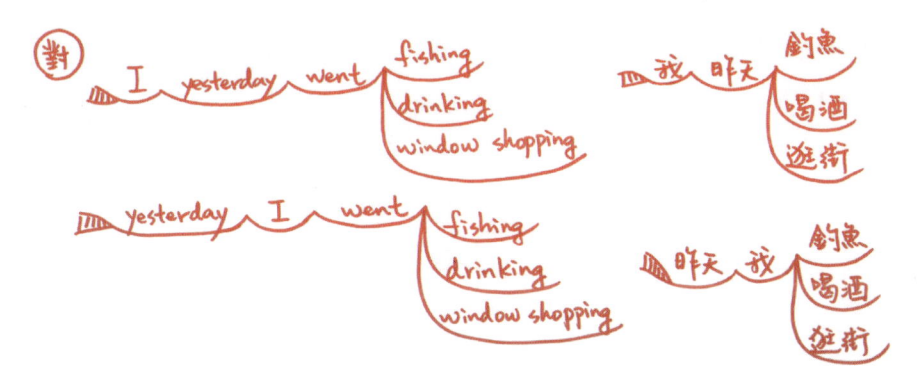

❼ **如果沒有辦法濃縮成關鍵字詞,請放「關鍵句」,而不是照抄整句話。**

注意!確定你的句子沒有辦法以「關鍵字詞」呈現時,才使用關鍵句喔!

曾經有學員聽過了其他的心智圖課程後,覺得有所不足,經過別人的推薦後才來上我的課程。當她學習到這裡時卡住了,她說:「以前我以為心智圖很簡單,但是就是覺得缺少了什麼。上了課程後,我覺得心智圖是要思考很多邏輯觀念才行,不是隨便畫畫就好,我覺得你教的心智圖好難喔!」

當時,我笑笑地反問她:「那妳覺得你要怎麼做比較好呢?」

她說:「我要好好地想想,應該是要畫出正確邏輯的心智圖才對,不然畫得很快,邏輯卻有問題,這樣是不對的。我回家要好好的練習怎麼濃縮關鍵字詞。老師,你建議我應該怎麼練習呢?」

第一步,我教大家一個超簡單的方法,我叫它「縮句」。顧名思義,在句子意思不能改變的前提下,把句子濃縮到不能再濃縮為止。

我建議用刪去法最快,你想想看把哪些字刪掉,句子的意思並不會改變,就盡量把那些字刪掉。

第二步,用「換句話說」。用你自己的習慣用語與說話方式,把作者的意思表達出來。

【例1】閱讀對自己來說「輕鬆、簡單」的書籍，只會讓閱讀理解力越來越差。
→閱讀輕鬆、簡單的書，只會讓理解力變差。
→輕鬆簡單的書，讓理解力變差。
→書輕鬆簡單，讓理解力差。

【例2】閱讀的終極目的，是能自由運用在自己身上，對自己的需求有所助益。
→閱讀的目的，是能自由運用在己身，對自己需求有助益。
→閱讀的目的在能自由運用，有助自己需求。
→閱讀目的在能自由運用與有助需求。

　　上述兩例，濃縮成「縮句」後，你應該就能發現，我們再把它濃縮成關鍵字詞就不難了。

⑧ 放射狀排列較易刺激水平思考

　　在第 1 章第四節「一張紙讓聯想無限延伸！」中已經說明了水平思考強調的是「思考的廣度」，垂直思考強調的是「思考的深度」，而心智圖是同步結合水平思考與垂直思考的最佳思考工具。以下用兩張圖片來說明水平思考在心智圖上是如何呈現的。

◑ 第一條脈是單字的中文解釋與英文例句。第二到第四條脈都是延伸出的單字與中文解釋。

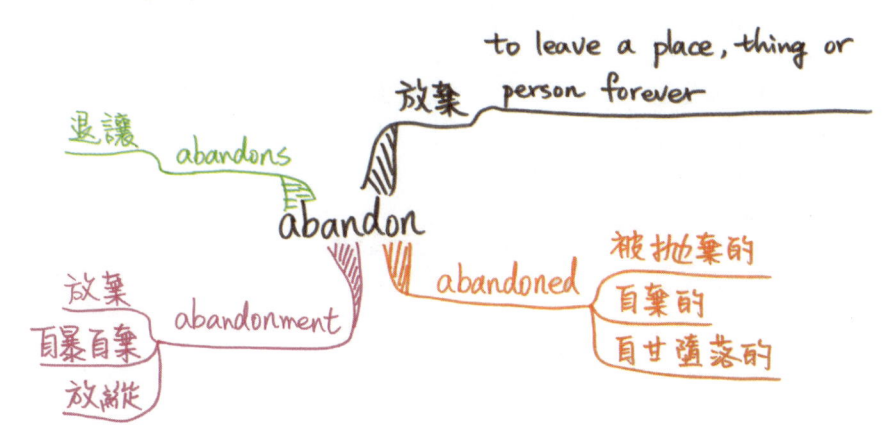

（abandon 心智圖：to leave a place, thing or person forever 放棄；abandons 退讓；abandoned 被拋棄的、自棄的、自甘墮落的；abandonment 放棄、自暴自棄、放縱）

◑ 這個單字有三種詞性，故利用顏色的區分，第一條脈到第三條脈是單字的詞性與中文解釋。第四到第五條脈都是延伸出的單字與中文解釋。

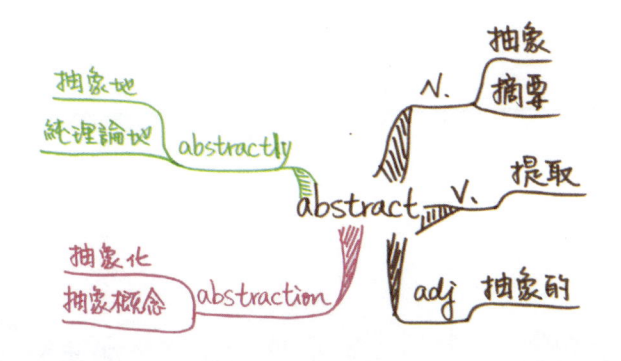

（abstract 心智圖：N. 抽象、摘要；V. 提取；adj. 抽象的；abstractly 抽象地、純理論地；abstraction 抽象化、抽象概念）

❾ 多彩多姿的顏色可提升 60％的記憶效果

　　人眼對於顏色的敏感度比對文字的敏感度大。

　　《Color for Impact》作者 Jan.V.White 提出顏色可以縮短82％的搜尋資訊時間，提升 70％的理解度，提升 60％記憶效果。

錯誤的畫法：文字和線條不同顏色

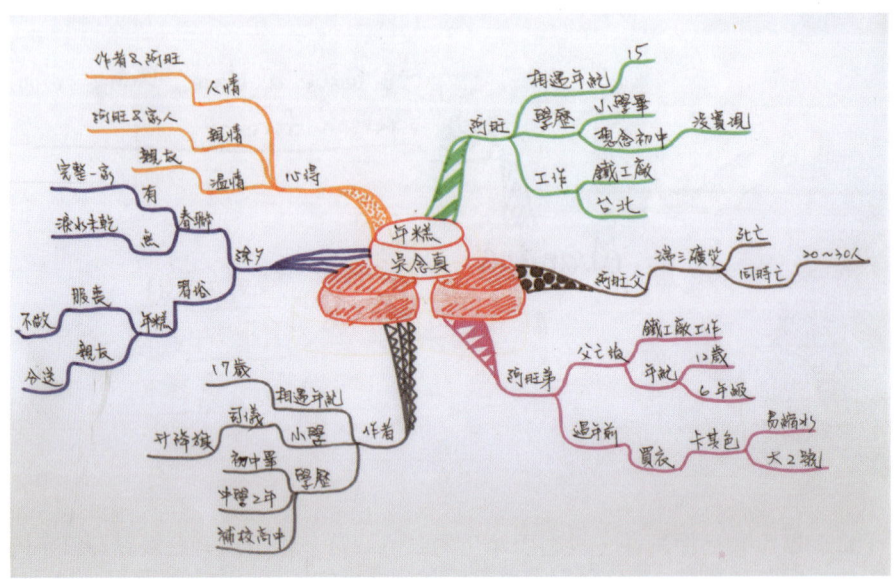

正確的畫法：文字和線條同顏色，加強記憶效果

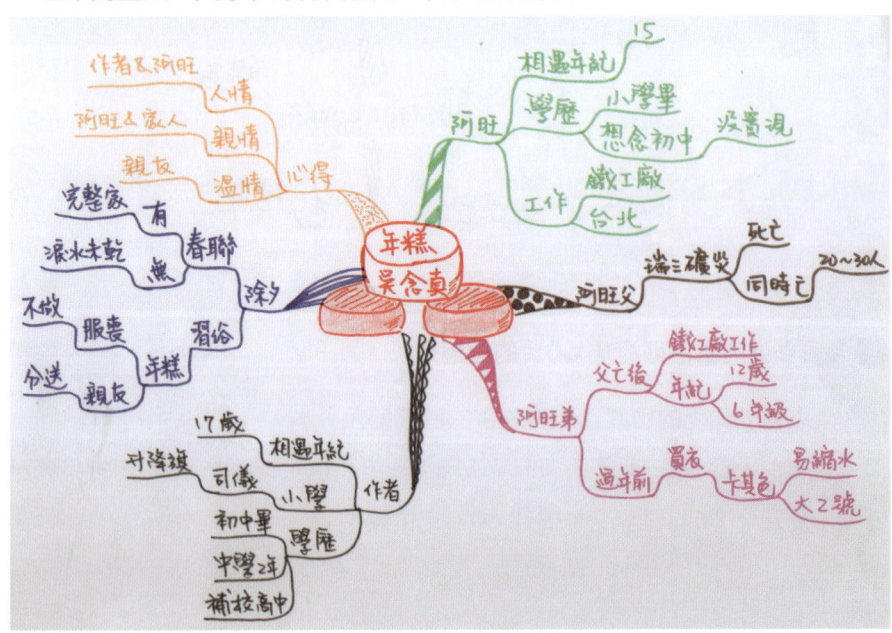

⑩ 條列式排列

　　若要畫給沒學過心智圖的人看,請使用所有支脈都統一畫在右邊的方式比較好,對方比較容易知道該「從何下眼」看圖。

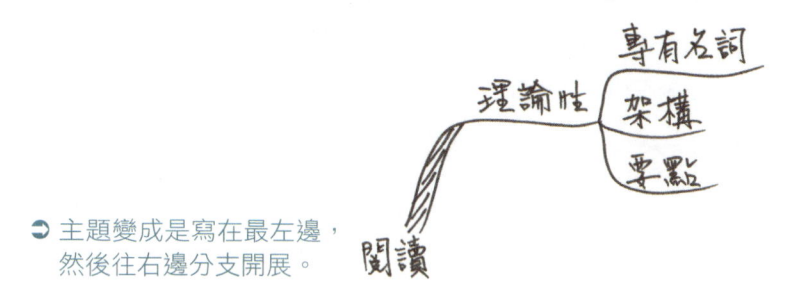

➲ 主題變成是寫在最左邊,然後往右邊分支開展。

➲ 因為是條列式排列,第二條主脈的文字要跟第一條主脈的文字齊頭,依此類推下去。

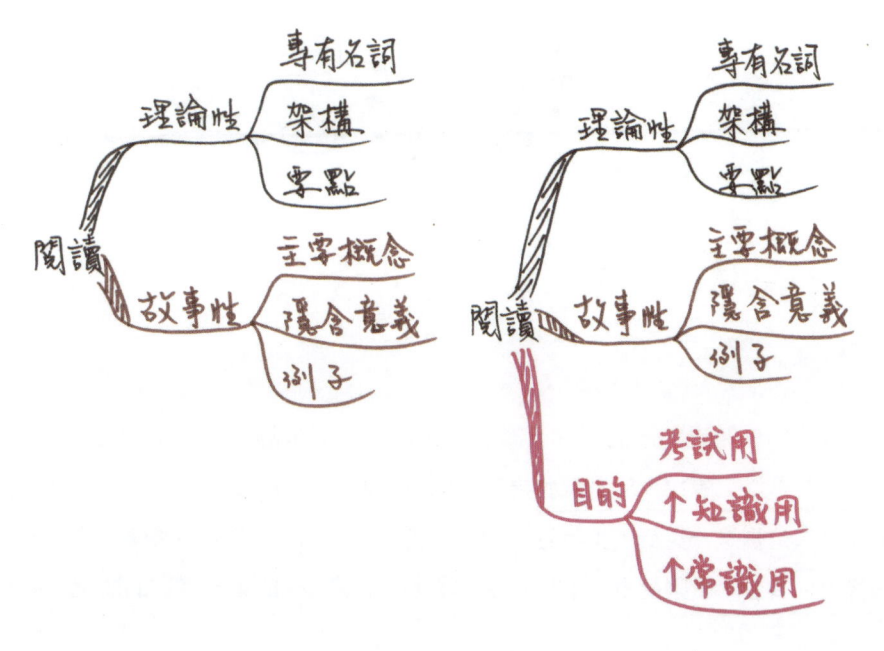

⑪ 不要把關鍵字詞圈起來

把關鍵字圈起來不容易刺激大腦延伸思考，反而容易造成思考上的侷限，也會長得很像一般性的概念圖。❸

畫心智圖的核心要素是「化繁為簡」，版面越簡潔越好。以視覺角度來看，這個版面直線與弧線的線條太多，如果你把書拿遠一點來看，會發覺眼睛都被一圈一圈的線條吸引住了，相較之下，反而不是文字在吸引你，但是心智圖上的關鍵字詞才是畫心智圖的重點啊！

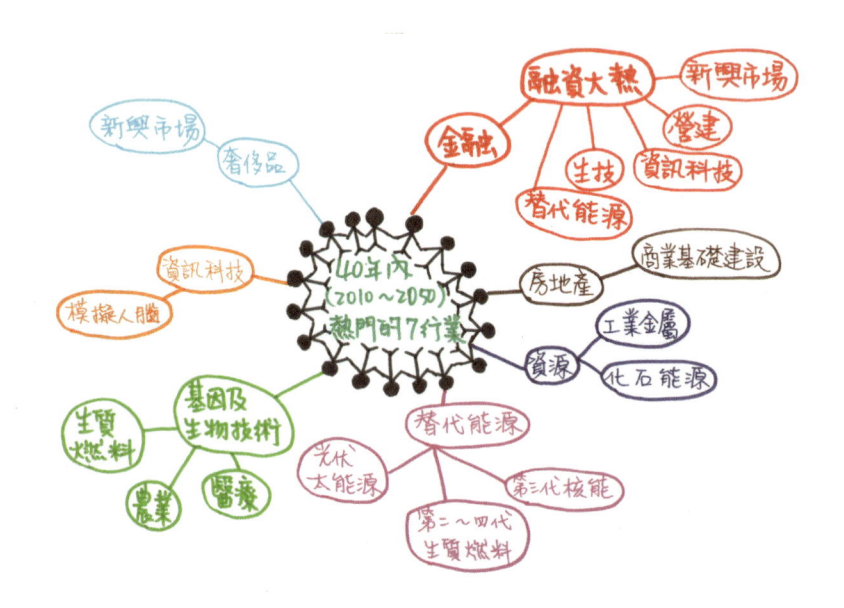

有些學員發現上圖的型式，讓整個版面看不出來哪些關鍵字詞是第一層次，哪些是第二層次，於是就會再花一點時間把第一層次的線條加粗。請看下頁圖 1，這真是一步錯，步步錯，他花了更多的時間在相對起來較為不重要的線條上。有些學員則會畫成下頁圖 2，好強調出最重要的第一層次的關鍵字詞。

---

❸ 將事物中抽象的概念或關係，以線條或符號繪製成簡單圖形，使其具像化呈現，即稱為「概念圖」。這個過程就是圖解，簡單說就是「用圖來解說」。心智圖與曼陀羅正是屬於圖解的其中兩種方式，也包含在「概念圖」這個名稱之中。

錯誤的畫法 1

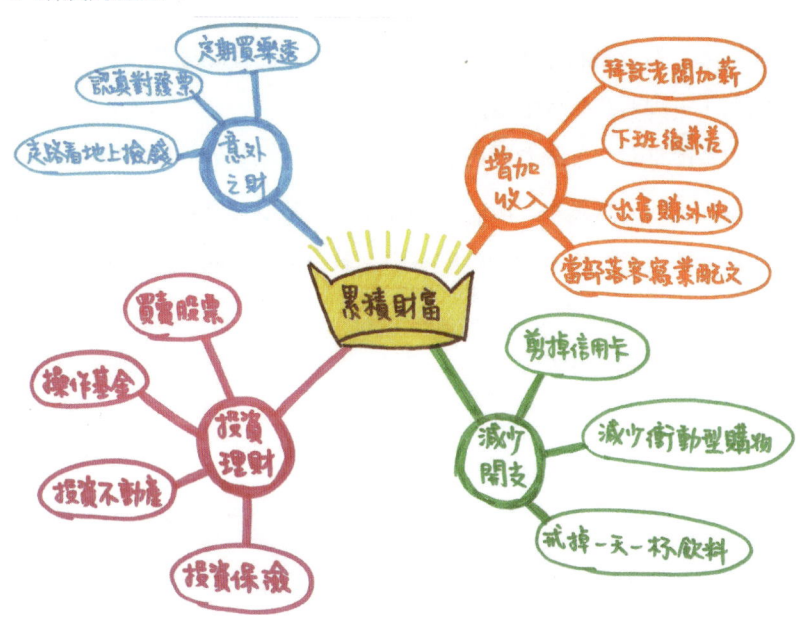

- 累積財富
  - 意外之財
    - 定期買樂透
    - 認真對發票
    - 走路看地上撿錢
  - 增加收入
    - 拜託老闆加薪
    - 下班後兼差
    - 出書賺外快
    - 當部落客寫業配文
  - 減少開支
    - 剪掉信用卡
    - 減少衝動型購物
    - 戒掉一天一杯飲料
  - 投資理財
    - 買賣股票
    - 操作基金
    - 投資不動產
    - 投資保險

錯誤的畫法 2

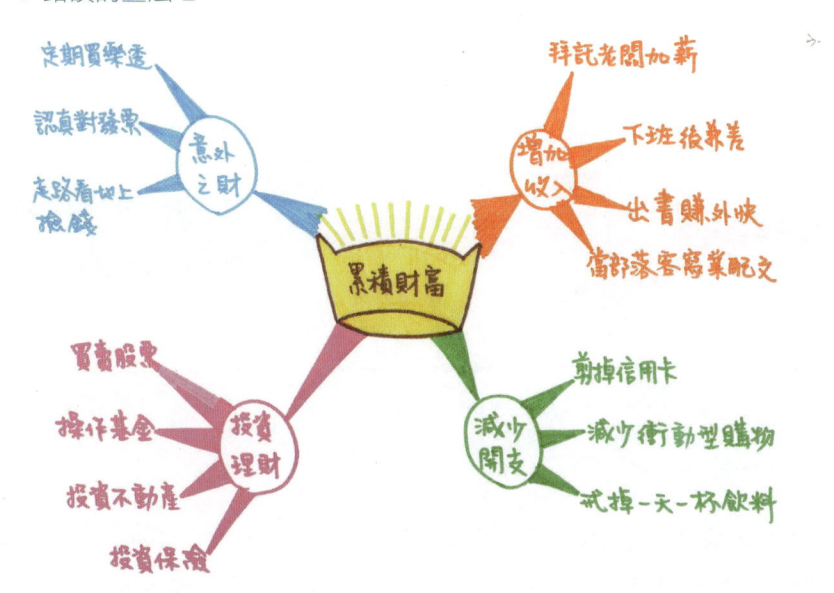

- 累積財富
  - 意外之財
    - 定期買樂透
    - 認真對發票
    - 走路看地上撿錢
  - 增加收入
    - 拜託老闆加薪
    - 下班後兼差
    - 出書賺外快
    - 當部落客寫業配文
  - 減少開支
    - 剪掉信用卡
    - 減少衝動型購物
    - 戒掉一天一杯飲料
  - 投資理財
    - 買賣股票
    - 操作基金
    - 投資不動產
    - 投資保險

⑫ 同一條主脈上線條要連續不中斷

線條中斷,不容易刺激大腦延伸思考,反而容易造成思考上的停頓。也不要使用箭頭,否則看起來會很像是箭線圖的樣式。

以視覺角度來看,下圖整個版面上的關鍵字詞相當的分散。別忘了,==大腦有「眼腦直映」的心智效果,眼睛看到什麼,大腦心智就會產生相同的反應。文字看起來分散,在回憶心智圖的內容時,就不容易把同一條脈絡的文字一起聯想起來。==

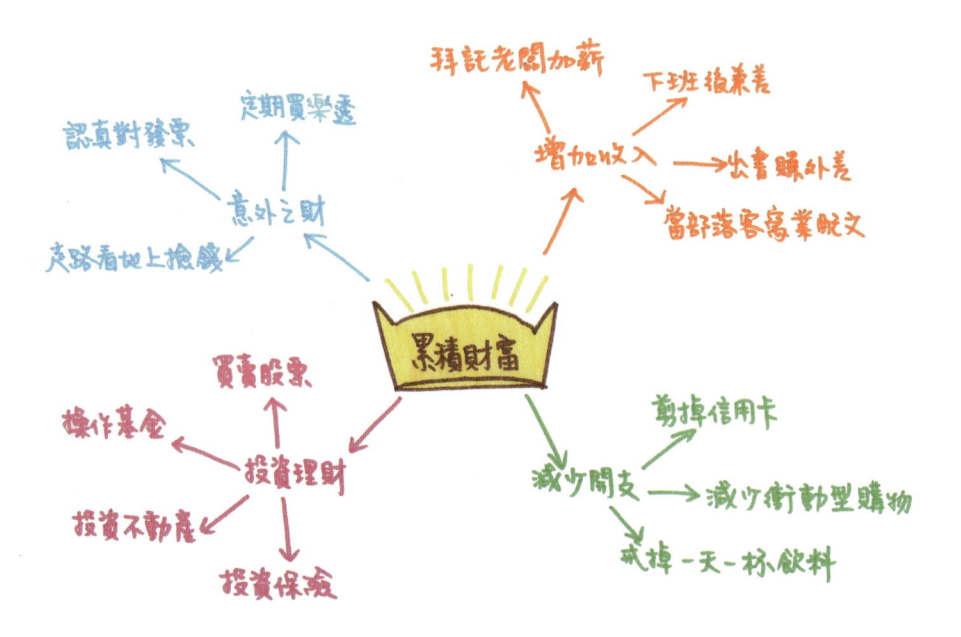

主脈線條要由粗到細,少數時候會在網路上發現有些心智圖不管是主脈或支脈通通畫成由粗到細。不過,只要主脈由粗到細就好,之後都是細線就可以,才不會喧賓奪主搶了文字的風采。

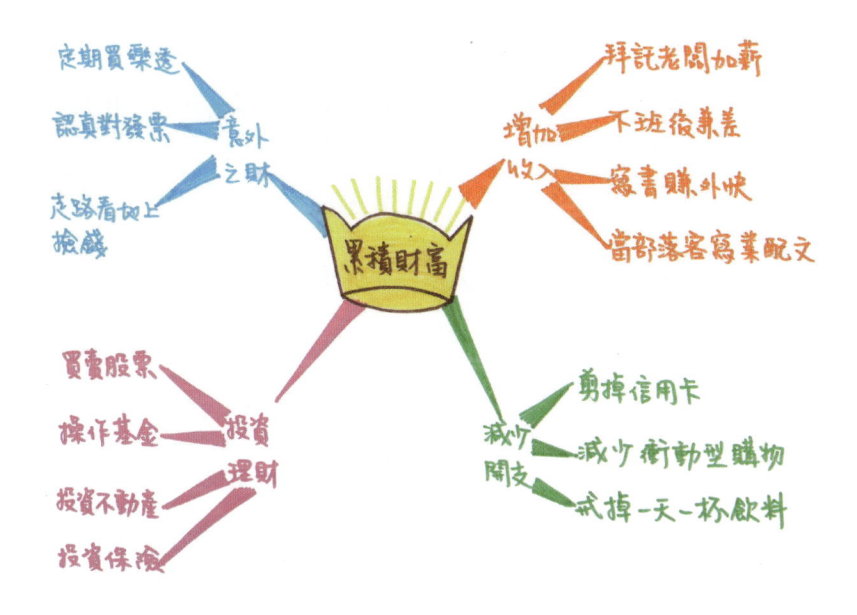

以視覺角度來看，只有主脈由粗到細是有意義的，因為這樣可以強調出最重要的第一層次關鍵字詞。類似上圖的概念，有些學員會畫成下圖，變成是由細到粗。

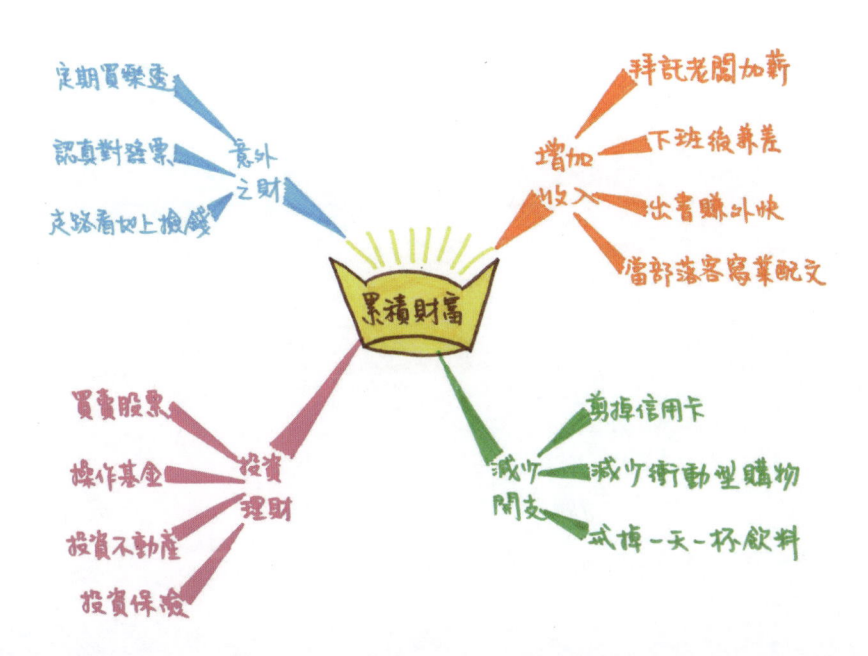

⓭ 不管主脈或支脈，分支都要簡潔不雜亂

心智圖的目標是化繁為簡，線條畫法會影響回憶時腦中記憶的正確性。

- 錯誤畫法 1：視覺效果上，支脈與主脈之間分支點太多，會削弱兩者間的關連性。記得，分支只能有一個點。

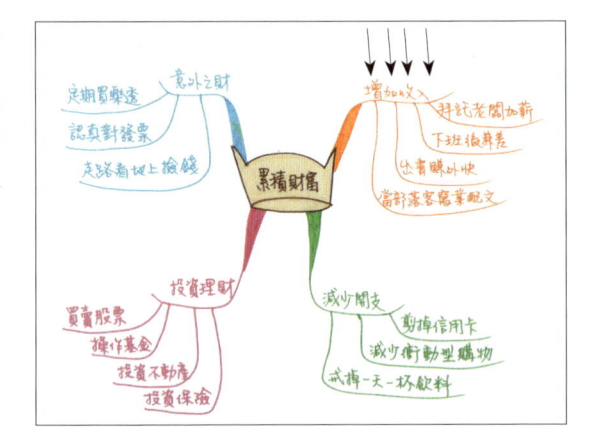

- 錯誤畫法 2：視覺效果上會容易讓回憶出問題，記錯成有四個層次以上。再次強調，分支只能有一個點。

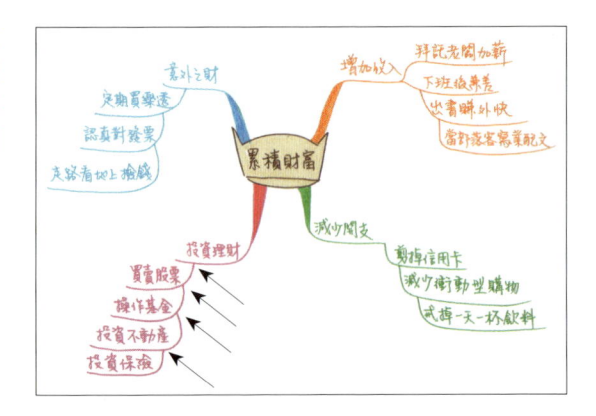

● 錯誤畫法 3：分支點從關鍵字的前方延伸，這樣容易產生回憶錯誤，層次不夠清楚。應該在文字結束處後方才延伸出分支。

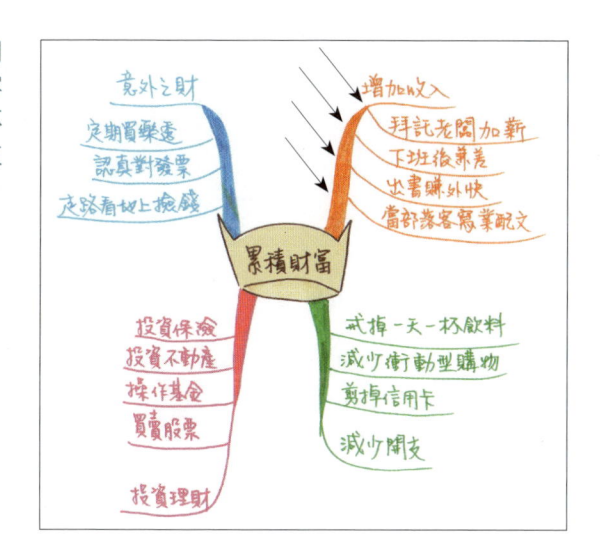

● 錯誤畫法 4：每線段的尾端不要刻意翹起來。除了會讓版面混亂，越混亂越容易回憶錯誤，也會讓視覺不容易快速掌握到有幾條支脈。

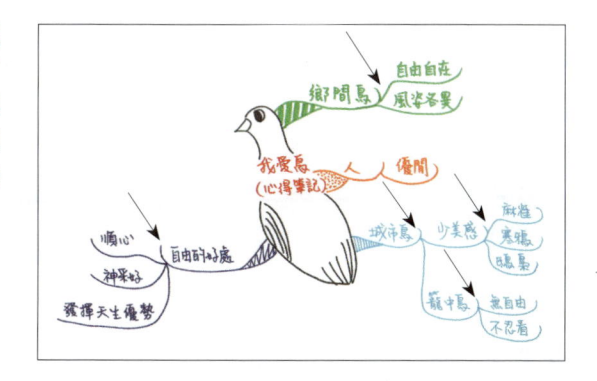

【注意】這些畫法不是心智圖

　　我常在網路上看到一些好心人分享他所畫的心智圖，偏偏好心壞了事，以下是在網站上常見的錯誤畫法，東西方皆有。

- 只有用顏色來分類，所有內容仍是條列式筆記的寫法。

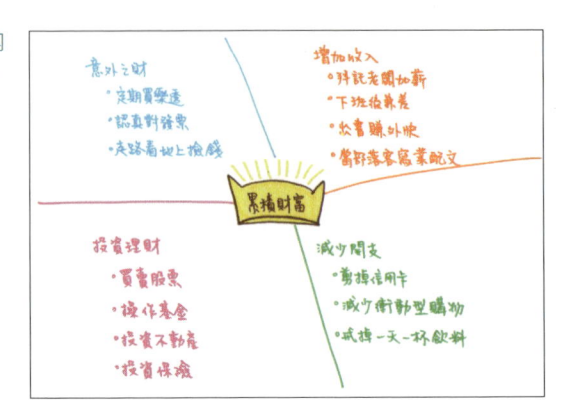

- 只有用顏色來分類，所有內容仍是條列式筆記的寫法。另外還有一項缺點，是文字內容缺乏與中心主題的關聯性。

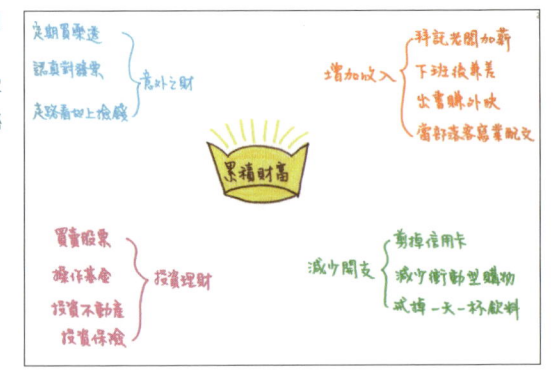

- 算是上圖的變形版，但是越改越錯。除了有上圖的所有缺點外，又多了一項分類不清楚的問題。

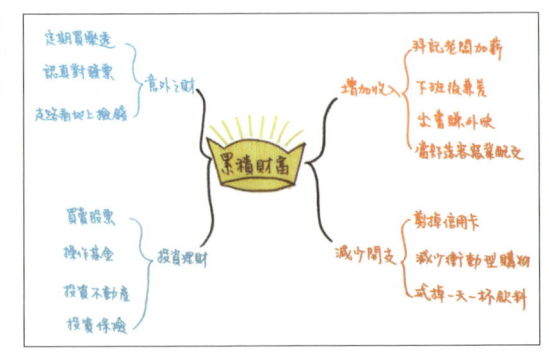

- 這張圖算是 127 頁上圖的變形版，第一項錯誤是用層次分顏色，而且第二層次的內容依舊是條列式筆記。

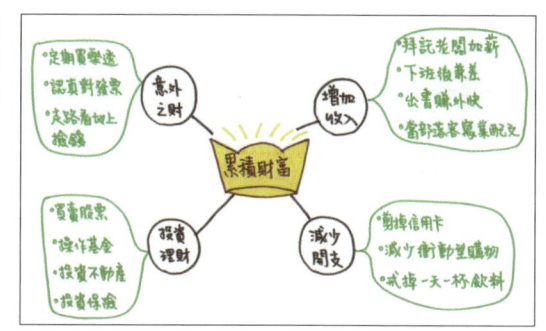

- 這張圖也是 127 頁上的變形版，第一項錯誤是層次分顏色，第二層次的內容依舊是條列式筆記。

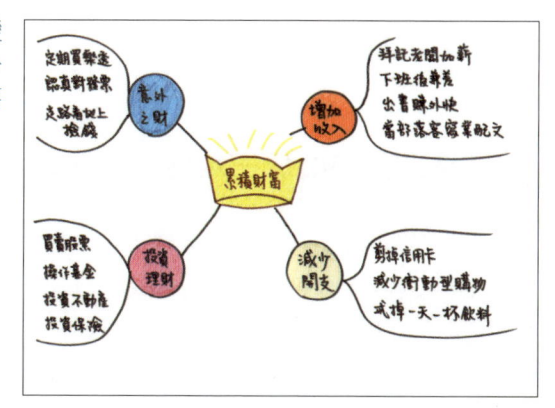

- 從頭到尾只有一條脈，代表沒有完成分類。雖有用顏色做區分，但是線條呈現的邏輯概念並非正確。

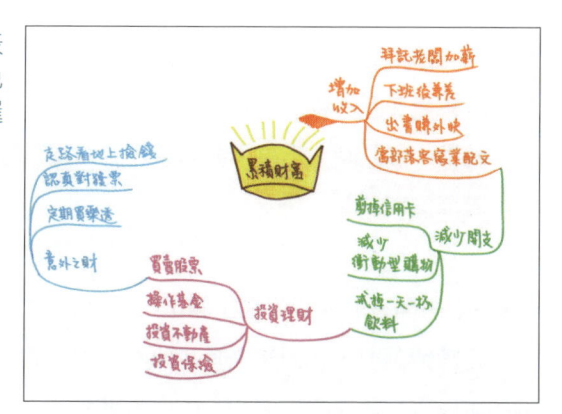

最後，我引述下面這段話來告訴你，依照本書的規則去畫心智圖，才能把心智圖變成是最有力量的思考工具。《有錢人想的和你不一樣》[4]的作者說：

習慣分成兩種：習慣了「去做」，跟習慣了「不去做」。一切你現在沒有在做的事，都是你習慣了不去做的事。要把不去做的習慣改掉，變成去做的習慣，唯一的方法就是去做它。閱讀跟實際行動是兩回事，如果你真的渴望成功，那麼就用行動來證明你的決心，把本書上所建議的行動都實現。

三、建立從中心放射延伸的「主題」

當你面對的問題，正處於資訊不足、情勢混沌未明、複雜糾結到連線頭都還找不到的狀態時，建議你一定要畫一張心智圖，有助於分析、釐清問題並找出對策。

有學員問我：「我現在腦中一團亂，不知道該怎麼畫心智圖。」

我的回答是：「正因為不知道該怎麼辦，所以更需要一邊想，一邊動手畫心智圖，藉由整個身心投入的繪製過程，一點一點地就能釐清思緒脈絡，同時也能產生一些新的創意。」

腦中一團亂時，千萬不要期望自己一次就畫出工整完美的心智圖喔，這是不切實際的期待。

【練習】將開會的決議畫在主題上

正常情況下，我們是先有想要討論的主題，才會召開會議，這時只要把討論的主題直接放在心智圖的正中央處就好。

但極少數時候，我們針對 A 進行討論，隨著時間過去，漸漸發現中央主

---

[4] T・哈福・艾克著，，陳佳伶譯，《有錢人想的和你不一樣》，大塊文化，2005.12。

題似乎該更改成 B。這種情況非常少見，但是你遇到時，千萬不要覺得喪氣，這是正常的，就大膽地把中央主題改成 B 吧

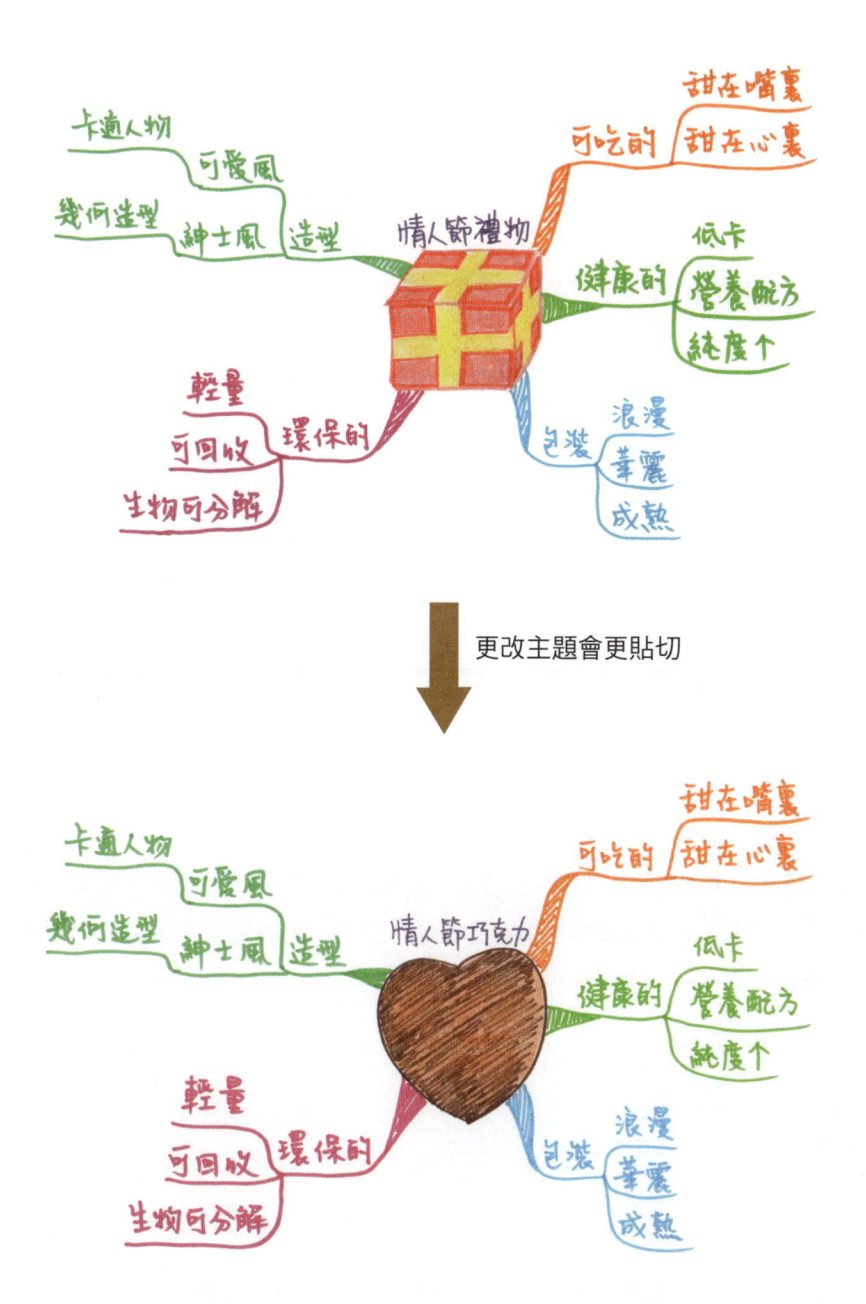

更改主題會更貼切

首先，先寫下中心主題，看著這個詞語，把腦中的想法一一寫下來。不論你想到什麼都先寫下來，記得要快速寫下來，就算是完全不分類，畫出十多條脈也沒有關係，若你想順便分類也可以。

操作步驟圖，可以參考本章後面第 144 頁到 146 頁的「台灣在地特色」心智圖。

四、讓聯想越來越寬廣的「關鍵字」

世界的詞語，我們可以分成兩大類：抽象與具象。❺

具象，簡言之，指的是眼睛看得到的。不一定是物品，也可能是你曾經見過的事件。具象詞語例如：車子、船、飛機，你可以很明確地想像出它們的模樣。車禍、船難、空難，你應該也能想像出兩台車子相撞、船身傾斜一半在海中、飛機斷成兩截落在草地上等畫面，大家的想像畫面大同小異，不會相去太遠。

大體來說，眼睛能夠看得到的名詞跟動詞，比較屬於這一類，大腦會比較聚焦在較窄的範圍上。當我們在整理資料、濃縮一本書的內容時，盡量選擇這一類的關鍵字，比較能幫助我們正確還原回原本的文意。

抽象就是眼睛看不到的。例如：交通、災難，大家想像的畫面差異度就會變得很大了。也就是說，抽象詞語的意涵涵蓋範圍比較大。大腦有著自由聯想的能力，見到這一類的詞語，很容易啟動聯想力，刺激產生天馬行空、無限制的想像力，發揮出文字的多向性。

---

❺ 推薦一本好書：細谷功著，黃玉寧譯，《具體與抽象》，晨星，2016.03。

⬤ 圖解說明抽象與具象的概念

概念描述　　　　　　舉例說明

抽象詞　　　　　　　交通

（具象A、具象B、具象C、具象D、具象E、具象F、具象G、具象H、具象I、具象J、具象K）

（車流量、塔台、車子、船、車禍、塞車、飛機、燈塔、船難、候機室、路標、碼頭、紅綠燈、空難、海難）

　　思考的方式可以是<u>開放式或封閉式</u>。「提問」可以幫助大腦更容易發揮聯想力。

　　例如開放式的思考方式是問問自己：「平埔族的集村聚落有什麼特色？」

　　封閉式的思考方式是問問自己：「要不要繼續維持平埔族集村聚落的形式？」開放性思考時我們可以先從五種感官角度發想一些廣泛且抽象的字詞，例如：材質、樣式、密集度、現存數量、時代的演變、風情、時代的意義、時代的價值、實用性、共同特色、大同小異之處等等。這時我們的用語盡量使用抽象的語詞，避免讓自己被具象語詞侷限住了。

　　認知心理學中的「遠距聯想」（remote associations）指出，創意是把不尋常、原創的想法相互連結的過程，越有創造力的人，越能夠將看似不相關的事物連結在一塊。<u>心智圖上不寫一整句話的原因是「不把話說死」，也就是避免引導自己的大腦思緒僅侷限在某一個狹隘範圍內。</u>

　　封閉式思考通常是二選一或是三選一的答案，選項有限，例如「要不要維持平埔族集村聚落形式？」這個例子，就可以分成兩條主脈：贊同、不贊同。贊同的這條主脈分別可再延伸出兩條支脈：優點、缺點，不贊同的主脈也是一樣作法。範例請見第 5 章頁 185。

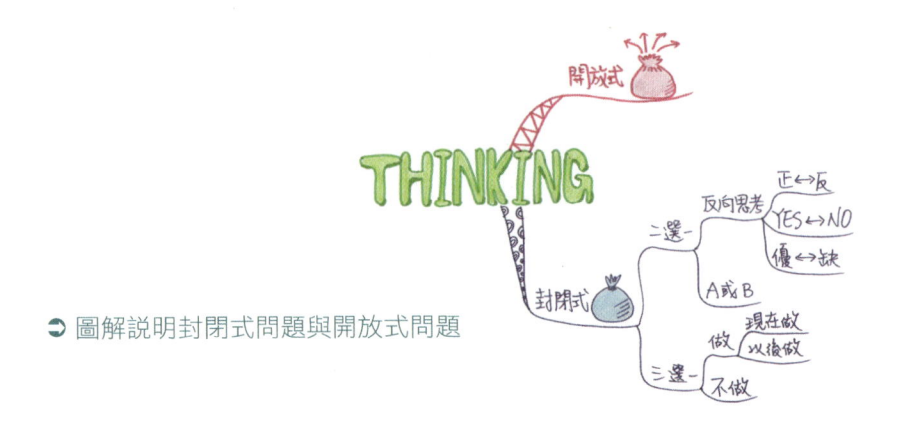

➲ 圖解說明封閉式問題與開放式問題

五、拓展聯想的提示：關鍵字階層化

「關鍵字階層化」指的是，讓一個關鍵字成為另一個關鍵字的聯想起點。Tony Buzan 在他的第一本著作《頭腦使用手冊》中，寫出一般人對寫筆記有著幾項錯誤的作法：

1. 浪費 80%時間抄寫下無法幫助回憶的文字。
2. 浪費 80%時間重讀沒有必要抄寫下來的文字。
3. 浪費時間在筆記上搜尋幫助記憶的「關鍵字」。
4. 關鍵字與關鍵字之間充滿許多不必要的文字，反而妨礙大腦去連結兩個關鍵字詞中間的邏輯關係。

前面的內容已經說過，從小學四年級以上開始就可以自行獨立製作出一張心智圖。繪製心智圖時會運用到多種感官，感官用得越多，大腦被活化的部位也越多。不管是 9 歲還是 99 歲的人，只要覺得不需要死記硬背、也不必費盡千辛萬苦就能輕鬆的把知識記住並回憶出來，大家的學習動力都會自然而然地提升起來。

我們常常聽到 9 到 99 歲的學員告訴我們，畫心智圖不僅好玩，最令人

訝異的是沒想到自己能在畫完心智圖後,把書中的內容也全部記起來了。這是因為:

1. 學會用正確方法畫心智圖,同時越常畫心智圖的人,==邏輯理解能力不僅越好,理解記憶能力也會隨之日益精進。==
2. ==關鍵字詞是自己選擇的==,不是被老師硬塞進頭腦中的,所以當你==看著關鍵字詞,就很容易透過自己的自由聯想能力,把完整內容回憶起來。==

【練習】將聽到的演講內容記憶在一張紙上

來自竹科的學員○鷲在上完課後向我表示:

上次聽講做筆記的練習對我來說非常重要,這些觀念改變了我很多。在開會時,照老師書說的觀念去做,我立刻就能掌握清楚老闆內心真正表達的訊息。用老師教導的方式去聽客戶說什麼,果然很快就抓到對方表達的重點了,跟同期進公司的人比起來,我這方面的能力比他們優秀很多。

學員這類的回饋對我就是最大的鼓勵。

心智圖初學者剛開始進行聽講做筆記時,可能會手忙腳亂,這很正常。這項能力是要經過一些時間練習的,我建議你先從閱讀筆記開始,等心智圖的繪製技巧與抓關鍵字技巧比較熟練了,再開始進行聽講做筆記的練習。

以下的心智圖整理自 TED Talk 的演講內容,你可以在 TED 網站上搜尋到這段影音。❻

如同前面說過的,我習慣一邊聽著演講,一邊動手畫心智圖,你可以一邊看著這張圖,一邊上網看影片,就能掌握當時我腦中的想法。

---

❻ https://goo.gl/fwGM3W,或在 TED 網站搜尋「Angela Lee Duckworth」和「Grit」。此研究已出版成書:安琪拉・達克沃斯著,洪慧芳譯,《恆毅力:人生成功的究極能力》,天下雜誌,2016.12。

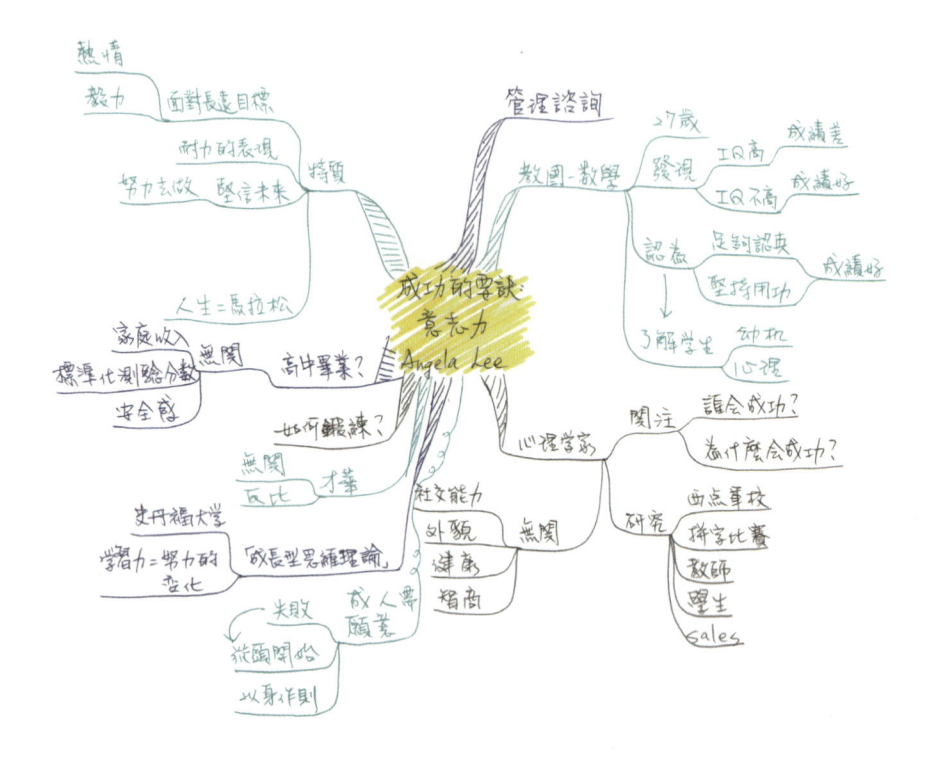

六、如何挑選關鍵字？

曾有學生問我：「我覺得自己不太會抓關鍵字詞，我是不是比較笨？」

我給他的答案是：「跟你的智力無關，我曾經教過很多台清交成等級的學生，他們很多人也不太會抓重點，他們會念台清交成是因為過去依靠現代養豬場的老師才獲得好成績。你不會抓重點表示你的練習不夠，或是你看的書太少。」

《每一次挫折，都是成功的練習》[7]書中提到：

判斷自己的知識、技巧、思想歷程、思想層次的能力，稱為「後設認

---

[7] 潔西卡・雷希著，郭貞伶譯，《每一次挫折，都是成功的練習》，天下文化，2016.04。

知」，這種能力讓我們可以掌握自己在某個主題的準備與理解夠不夠充分。後設認知好的人，更能掌握自我效能，或是相信自己的能力可以成功。這樣的信心是建立在某種技巧的經驗與反覆練習之上來的。

大學剛畢業是 22 歲，早期年代的氛圍是「每十歲就是截止日期」，例如聽別人說 30 歲前最好能結婚，否則女人就顯得太老了，於是 29 歲左右就有一堆人在趕進度地相親、聯誼、結婚。22 歲的我看 35 歲還沒結婚的女人，完全不能理解這些人怎麼還沒結婚。十年後 32 歲的我，看 45 歲還沒結婚的女人，已經不覺得 45 歲還沒結婚的女人有什麼好不能理解的。==以前不懂的，現在通通懂了，這就是進步==，就是經驗的累積，讓我不再大驚小怪，不再少不更事，而==閱讀是加速我比同年齡的人具備更為成熟心智的重要方法==。

中正大學歷史系楊維真系主任說：

量變帶動質變，當你讀的量夠多的時候，你對書的見解跟看法就會改變，你看不懂，其實是因為你看的不夠多。

歷史補教老師呂捷解釋楊維真老師的說法，其實就是朱熹的治學方法「格物致知」。

在我自己的工作經驗，與十多年來推廣閱讀的過程中，我跟名家朱熹與楊維真老師有一樣的想法：==閱讀確實可以讓人少走點冤枉路==。

==看書領域越廣泛，腦中的背景知識量越多。透過心智圖，就能加速達成整合腦中背景知識==。台灣少數會寫鳥蟲體書法的趙慕鶴爺爺，95 歲考上南華大學哲學研究所，98 歲碩士畢業，因此被列入金氏世界紀錄。趙慕鶴爺爺在 2015 年 105 歲時，在清大念中文系博士先修班，當蘋果日報記者採訪他時，趙慕鶴爺爺說：「多學一點，才不容易被騙。」趙爺爺不以年齡當阻力或是藉口，真正落實了「學無止境」。[8]

---

[8] 趙慕鶴口述，方雅惠撰稿，《悠遊 100 年：趙爺爺和你分享五顆歡喜心》，商周，2012.01。

🅾 閱讀讓你立足點提升，視野大開。

十多年的全腦式速讀課程教學經驗也告訴我，越雜學，閱讀領域越廣泛，速讀進步越快，而累積雜學所得知識的重要工具就是心智圖。運用雜學得來的知識能做到跨領域的運用，也能透過心智圖來協助達成此項目標：挑選關鍵字。

關鍵字是濃縮後的結果，挑選關鍵字詞要符合自己的需要，不要直接抄寫老師或是他人的關鍵字詞，因為不同的目的性下，選擇的關鍵字詞不一定是一樣的。你要自己去選擇，才能做出有效的腦力訓練。

從我閱讀經驗累積下來的心得，我用心智圖方式分享給各位，告訴大家一般來說關鍵字都會出現在哪裡。

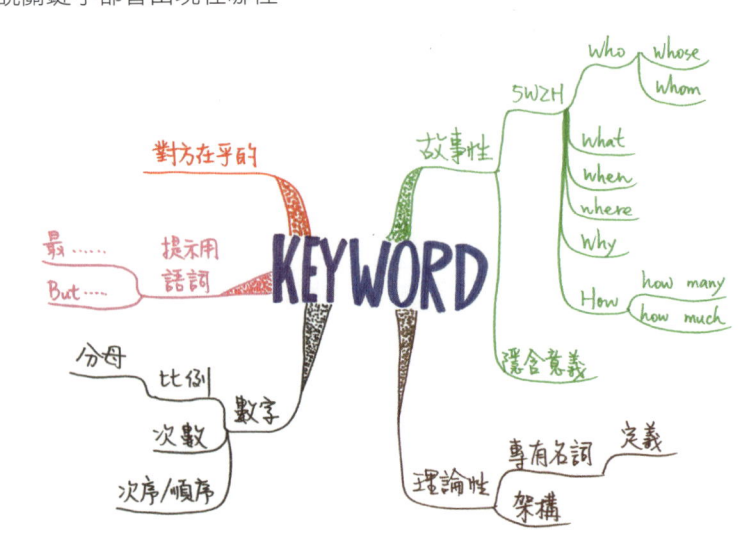

我們也可以用一些縮寫或符號來代替語詞。

商用英文常用這類的縮寫：

語詞	縮寫或符號	語詞	縮寫或符號
Thank you	THX（商用英文） TKS	Confirm	CFM
For your information	FYI		

我自己的用法：

語詞	縮寫或符號	語詞	縮寫或符號
雅婷（人名）	婷	俊興（人名）	俊
Monica（人名）	M	行銷	銷
業務	業	行政	行
疑問	?	驚訝	!
向上 越來越好 增多	↑	向下 越來越差 減少	↓

七、聯想不可只往單一方向發展

2015 年神經科學家庫尼歐斯說明，當潛意識的「遠距聯想」突然閃進表意識時，同時大腦右顳葉會突然活躍起來，就會產生洞見，故「遠距聯想」多數是在右腦進行處理。換言之，當潛意識中，文字邏輯概念突然與右腦圖像合作時，你就能產生洞見。

繪製心智圖的過程中，正是強迫大腦此時此刻要不斷取捨思考，去組合文字並做視覺化的呈現，跟產生洞見的過程是相當類似的。

「見多識廣」是兩個步驟，先「見多」了，加上自己的用心思考，就能知「識廣」博。中間最重要的環節就是用心思考。

運用大腦聯想力時，千萬不要自我設限，要避免自我批判，你有什麼樣的想法就寫下來，不要去批判這樣好不好，那樣好不好，我們要先寫下來後，最後再看著心智圖去想，關鍵字是否需要調整？關鍵字是否僅偏向某一個方向、角度？

在發想的過程中，不要太在意塗塗改改心智圖這個動作，這是自然且一定會發生的事情。透過心智圖的繪製過程，你會更加確立自己的想法，同時也會逐步組織你的想法。

透過心智圖的視覺化呈現，你會更加明白自己想法是否有所偏廢，或是有所缺口，你才能夠發現自己思考上的盲點。畢竟我們是人不是神，有盲點也是必然會發生的事情，知道自己的盲點，你就能開始往外尋求解答。

以下用台灣在地特色為例，一邊想一邊寫下你能想到的念頭，本圖以順時針方向閱讀，寫到十幾個答案後，看著自己的心智圖，你會發現自己的想法可以做一些分類。

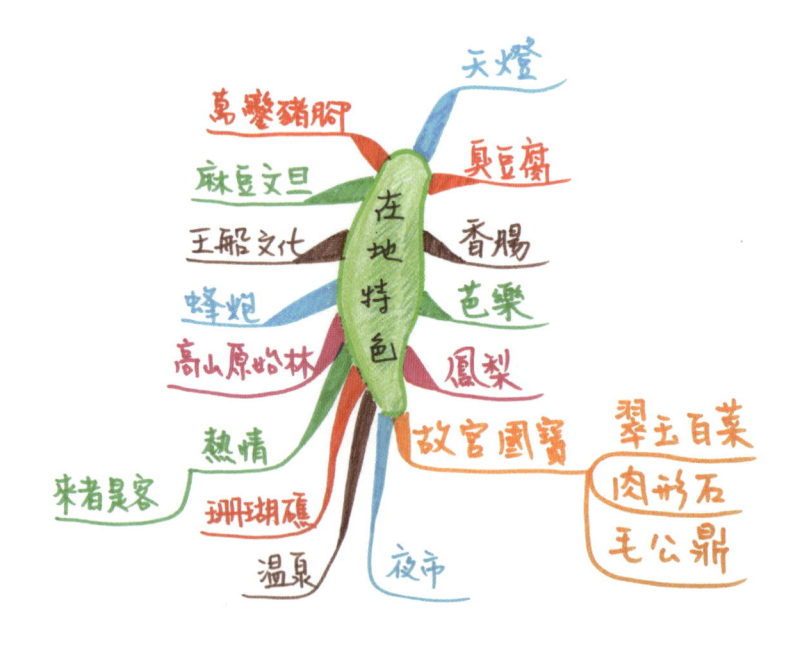

我們重新開始，再畫一張心智圖，以剛剛想到的分類為主脈，本圖以順時針方向閱讀，這時又有一些新想法就直接添加上去。看著自己的心智圖，你應該又發現自己的想法偏重在第四條脈絡：飲食方面。這時我們除了可以再細分第二層次的答案外，我希望你能盡量補齊另外三條脈絡，讓你的想法更加全面且完整。

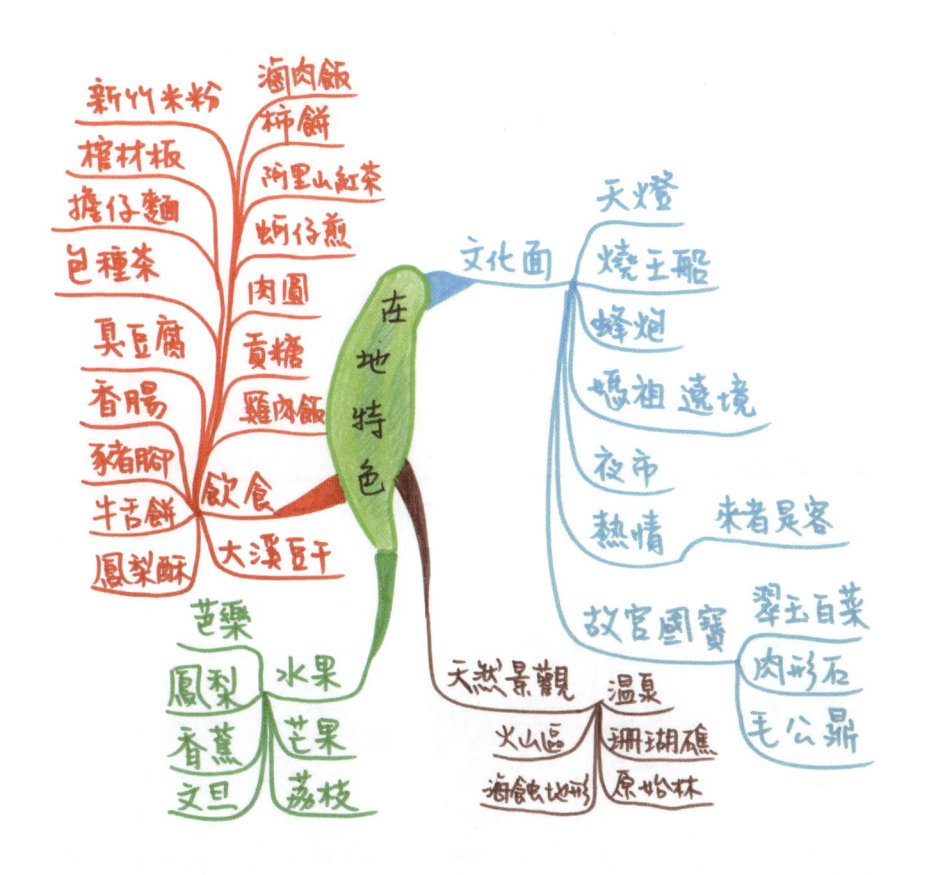

有時，你會決定要換一下主題，乾脆把主題由「台灣在地特色」換成「台灣在地飲食」，讓你的心智圖主題不要寫那麼廣的範圍，而是更聚焦一點。

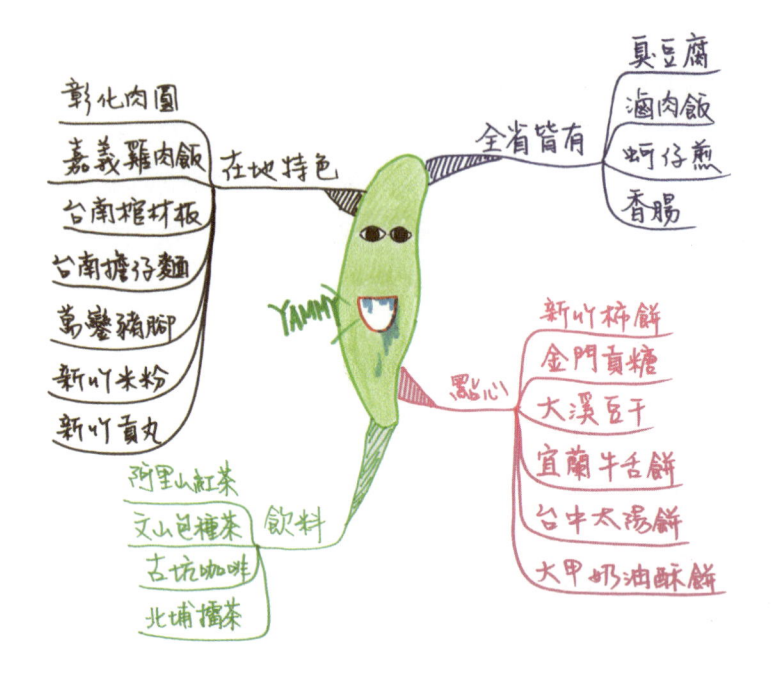

有時，你會決定把「台灣在地飲食」從「台灣在地特色」心智圖中抽離出來，做為一種補充說明。可另外形成另一個 Mini Mindmap，我稱之為「心智圖中的心智圖」。

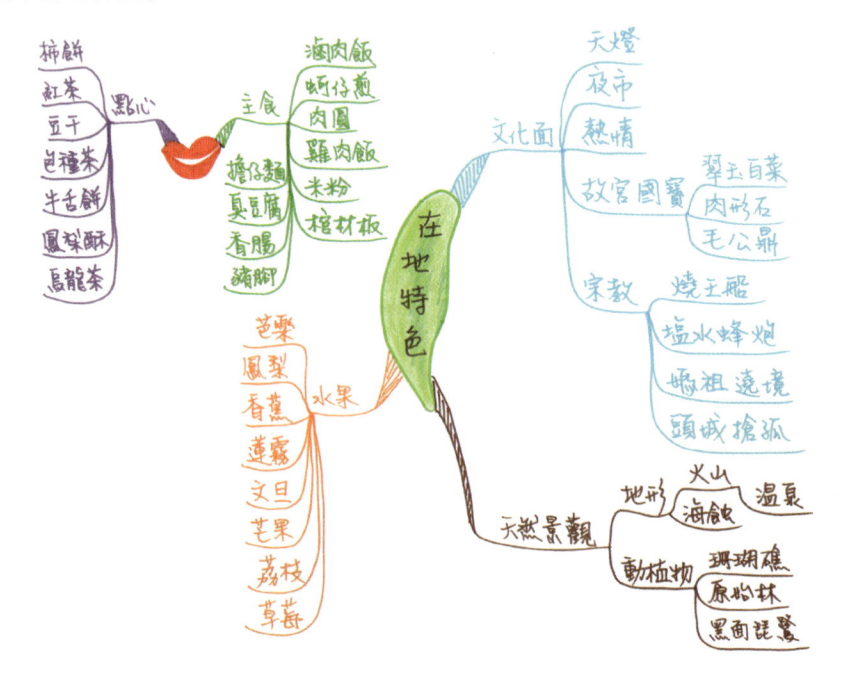

八、活用心智圖來進行腦力激盪，更快產生新創意

「腦力激盪」（brain storming），或稱「頭腦風暴」，是 1930 年代由廣告公司提出來的方法。談腦力激盪的書很多，尤其是教你如何發揮創意的書都會提到腦力激盪，無非就是用各種團體活動的方式，讓大家講出自己的想法。因此腦力激盪的基本原則就是：

1 寫出越多想法越好
2 不要用左腦的邏輯去思考：這個想法好不好？
3 追求想法的數量＞追求想法的品質

進行腦力激盪的過程，就如同進行討論型的會議一樣，大家你一言我一語的，要如何讓討論不失焦？要如何快速把大同小異、同中求異、異中求同的想法彙整起來？要如何快速濃縮長篇大論的意見？這些困難點都可以運用心智圖來快速改善。但本書不細談腦力激盪，會將重點放在如何運用 mind map 心智圖去呈現腦力激盪的結果。

【應用】心智圖即時活用法

利用心智圖的視覺圖像思考（視覺構圖）的特性，可以讓你很輕鬆地感受到這三大好處：

1. 提升聆聽能力

當你將大家互動溝通的過程以圖像記錄下來，自然對方能感受到自己的意見受到重視與注意，大家對討論溝通的投入程度也會大大提高。

2. 協助整體思考

透過視覺圖像的呈現，大家更容易地比較不同意見，找出聚焦與交集點，能引導大家不斷地用整體角度來看事情。

3.提升團體記憶

　　圖像對記憶力的提升原因，應該不用再贅述了，討論後，大家都會對今天的內容有深刻的印象，提升記憶力也是提升團體效能的關鍵因素。

　　在解決問題與討論規劃的討論型會議中，有時會有參加者心不在焉，沒有專心聽別人發言，心急的等著別人趕緊講完，好讓自己趕緊提出意見。這種缺少聆聽能力的情況，就讓許多好意見被大家忽略了，也無法達成「藉由別人的嘴巴來刺激自己的想法」的效果。最糟糕的情況是最後我們選擇了聲音最大的意見，而不是最好的意見。討論的進行方式可以參考第 6 章第八節「心智圖大幅縮短會議時間」。

第 **4** 章

加上色彩及圖像，
提昇大腦運作力

你寫筆記的習慣是什麼呢？

・一枝鉛筆從頭寫到尾
・一種顏色的筆從頭寫到尾（不管是什麼顏色）
・用不同顏色的筆來寫不同類型或領域的內容
・在文字旁邊，畫上與內容相關的插圖或圖解、圖表
・在文字空白處，畫上自己喜歡的插圖（插圖與筆記內容可能毫無關聯）

有些初學心智圖的人會沿用過去寫筆記的習慣，畫成這幾種心智圖：

1. 用鉛筆畫一遍文字型心智圖後，再用色筆描繪一遍，形成多彩的心智圖
2. 整張文字型的心智圖只有一種顏色
3. 整張文字型的心智圖至少有三種以上的顏色
4. 心智圖的文字旁有相關的插圖或圖解、圖表
5. 心智圖的空白處有與內容不相關的插圖

第 1 種做法，整體畫面是漂亮了，但太耗費時間，適合空閒時間比較多的人。

第 5 種做法只是為了畫圖好玩，插圖與文字內容無關有時會有反效果，對某些人的大腦來說是一種干擾。

以活化大腦的效果排序：第 4 種＞第 3 種、第 1 種＞第 2 種、第 5 種。

以提升記憶力的效果排序：第 4 種＞第 3 種、第 1 種＞第 2 種、第 5 種。

下面就以各種不同的角度來探討為什麼「幫心智圖加上色彩及圖像」，是很重要的觀念。

一、加強使用大腦迴路的視覺效果

隨著年紀增長，開始學習認識文字、運用文字，我們就越來越習慣看文字書。我們不習慣看圖畫書，因為會被笑，加上疏於常常畫圖，自覺畫出來的圖像見不得人，於是我們就開始傾向於不用圖像來思考了。

同時你應該早就發現了，我們喜歡看影像或圖片，較不喜歡看文字，這個道理很簡單，問問你周圍的人，看過好幾部《哈利波特》電影的人，絕對比看完一整本《哈利波特》小說的人數要多非常多。

視覺是大腦與外界接觸的第一重要感官，也是我們最為傾向的作法。甚至有學員說：「很奇怪，有時光聽電話中的人說話，會覺得比較不容易理解他在講什麼，但是同樣的內容變成了電子郵件或是見面當面說，就覺得比較容易理解。」

你可以站在馬路邊做個小實驗，看著對向來車的車牌，你會發現「看車牌」比「默讀車牌」的速度要快，也比較容易回憶車牌號碼。

光是在課本上用各種不同的顏色畫線，或是用各種不同的顏色寫筆記本，就足以讓學習讀書的過程變得比較快樂。

這些生活中的小事都在告訴我們，視覺是強化大腦思考迴路的重要方式。

國高中時，班上很會念書的同學們，至少都會用兩種顏色以上的原子筆來畫重點跟寫筆記，大家都不會只用一種顏色，同學們都有自己獨創的一套用色的定義。有人是讀第一次用藍色畫線、讀第二次用綠色、讀第三次用紅色；有人是自己抓的重點用綠色畫線、老師強調的重點用紅色畫線，寫筆記本時大標題用紅色寫、內容用藍色寫、補充說明的訊息用黑色寫；有人是上課老師講的重點用紅色畫線、補習班老師講的重點用螢光筆；有人是課本永遠只用黃色螢光筆畫線，參考書上用橘色螢光筆畫線。

班上同學幾乎沒有人是用同樣的用色原則，大家會參考一下別人的想法，然後再改成自己喜歡的用色原則。

你也可以參考一下這些書籍：

❶ **《6 色學習法：6 隻螢光筆，輕鬆學好經濟學》**❶

　　作者提出關於定義（或人名、書名）用粉紅色螢光筆註記；假設（或條件）用藍色螢光筆；分析（或其他）用黃色螢光筆；結論（或重點）用橘色螢光筆；優點用綠色螢光筆；缺點用紫色螢光筆。

❷ **《Google 時代一定要會的整理術》**❷

　　作者的用色定義是先在感興趣的地方用原子筆畫上星號；新名詞的定義與原理用黃色螢光筆；公式與算式用粉紅色螢光筆；看不懂的部分用藍色螢光筆；例題解答用綠色螢光筆。

❸ **《一寫就成真！神奇高效手帳筆記術》**❸

　　作者的用色定義是：工作方面的用藍色原子筆；私人預定行程用綠色原子筆；健康、保險方面用紅色原子筆；生活瑣事用黑色原子筆。

　　心智圖是一種結合左腦邏輯語言跟右腦圖像創意的筆記工具，也是一種思考工具，若想要加速提升並加速活化大腦的各項能力，千萬記得「手繪心智圖」與「心智圖一定要有色彩跟圖像」這兩大重點。

二、色彩對心智圖的重要性？

　　色彩除了讓學習讀書過程變得愉快外，色彩還可讓你比較能在某件事情上持續下去。道理很簡單，我若要求你這輩子天天都只能看某一種電視機，但是你可以選擇一台黑白電視，或是一台彩色電視，你絕對會選彩色電視。

　　這是雞生蛋，蛋生雞的問題。因為某事的過程有樂趣，所以你更能持續做

---

❶ 石川秀樹著，楊潔譯，晨星出版，2005.03。
❷ 梅瑞爾、馬丁著，胡琦君譯，天下文化，2010.11。
❸ 佐藤惠著，蔡麗蓉譯，核果文化，2014.12。

下去，因為持續做下去，會自動發掘出樂趣所在。

如果你愛購物的話，也會在街道上的店家裡發現這個道理。我畢業於輔仁大學織品服裝學系，主修布料設計，雖然離開紡織業已經十多年，現在走在街頭上時，不管是服裝、飾品、裝潢，這些依然都是我的觀察領域。我本人不愛跟隨流行，但是我愛觀察流行。二十多年的觀察下來，幾乎沒有一家店或是服飾公司品牌可以維持超過三年的純黑與純白的設計。視覺一直只有黑與白，人生多無趣啊！

心智圖正是擅用這項大腦的特點。色彩可以帶來樂趣！色彩帶來的感官刺激讓人印象深刻！換句話說，就是記憶印象會更加深刻。

色彩的彩度會影響記憶的深刻度❹，彩度越高，就是顏色越鮮豔，記憶越深刻。你若打開兒童卡通頻道看個十分鐘，絕對會發現，所有畫面幾乎都是高彩度用色，大紅、深藍、亮黃、翠綠鮮綠、豔橘、深紫等等顏色。鮮豔色調（vivid）會給人亮麗、鮮豔、醒目、耀眼、活潑的感覺。

三、色彩可以縮短 82% 的資訊搜尋時間

美國暢銷書《Color for Impact》提出使用顏色可以縮短 82% 的資訊搜尋時間、提升 70% 的理解力、60% 的記憶力。3M 與 Xerox 全錄公司的簡報通通都是彩色的。

智慧型手機吸引人的地方非常多，其中有一點是智慧型手機通通都是彩色畫面，我們都被它迷住了，就跟過去我們被電視迷住了一樣。

五年前有個在金融業工作的學員告訴我，她現在買書都只買有圖像跟彩色印刷的書。只要是純黑白印刷，或是整本書都是滿滿的字，她一點都不想買。

---

❹ 明度（Value），是色彩明暗的程度，明度越高顏色越亮，明度越低顏色越暗沉。彩度（Chroma），是色彩的純粹度或飽和度，亦可說是區分色彩鮮濁的程度。彩度越高則越鮮豔，越低則呈沉穩暗濁的顏色，彩度最高者為純色。混入無彩色則會使彩度降低：混入白色，明度越高，彩度越低；混入黑色，則明度、彩度均降低。可依彩度和明度的組合，產生各種色調（Tone）。

當時我跟出版界的朋友分享這個學生的意見時，出版界朋友告訴我，台灣很極端，還是有一群人是喜歡看厚厚的、密密麻麻都是字的人。

　　近三年來，台灣的臉書上的資訊，圖片量遠遠大於文字量，寫太多字的文章沒什麼人想看下去，也不太有人按讚。只要有一張圖片加個兩三句話，就能輕鬆獲得好多個讚。你肯定想到那句老話：一張圖片勝過千言萬語。

　　我舉以上的例子，並非告訴各位以上這些人的想法跟做法一定是對的。只是單純地告訴你，現在的世界就是有這種沒辦法看很多文字的人啊，這跟當年《蘋果日報》帶來的報紙版面設計改變的道理一樣。

　　我們如果能夠具備雙重能力，既能寫滿滿的文字筆記，也能畫出彩色的圖像筆記，這不是很好嗎？不管對方喜歡什麼方式，我們都能滿足他。

四、輕鬆賦予心智圖色彩的 5 個方法

　　色彩帶給我們豐富的視覺饗宴。

1. **至少三色以上的濃烈色彩的色筆**。已經養成平時畫心智圖習慣的人，一定會在包包內放置至少三色以上的色筆。我對筆的要求只有一點，色彩越濃烈越好。

現在有可以擦掉文字的色筆與螢光筆，在修改心智圖時更加方便。但我個人不使用這類的色筆，因為會養成思考上的惰性。當年我對自己的要求是鍛練到「一次畫到好，不用塗改」的水準，只要你下定這種決心，你也可以跟我們的學員一樣，大概畫 20 張左右，就能達成這項目標。

2. **白紙最好，有底色的紙會吃掉色筆的顏色。**

3. **若有八條主脈，能用八種顏色最好。**不能的話，也無妨，別降低標準去使用色彩不濃烈的色筆喔。我最喜歡用 12 色的細彩色筆，每一種色彩濃度都夠

強。其中的黃色跟灰色，我一般是不用來寫字跟畫線的，原因就是色彩濃烈度不夠，辨識上會比較吃力，增加閱讀上的困擾，但你可以用黃色跟灰色來畫插圖。

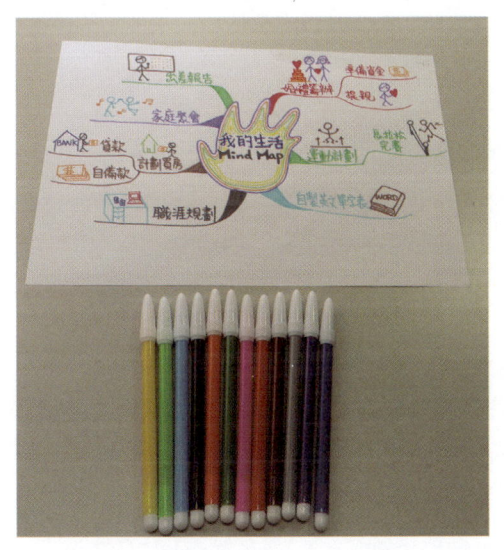

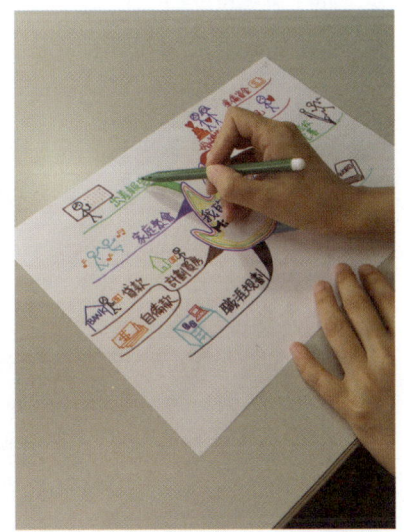

4. 心智圖是要呈現邏輯用的，不管你想要用多豐富的色彩來讓整張圖美美的，都不能忽略邏輯喔。

5. 同一脈絡中，想要特別強調的關鍵字詞可以適度的換一下顏色，但是不能濫用這個方法。否則當處處都是強調的重點時，就會顯得通通都不是重點了。

- 每一個字都是不同顏色，雖然色彩豐富，但是這些色彩並無輔助邏輯理解的效果。

- 每一段分支都是不同顏色

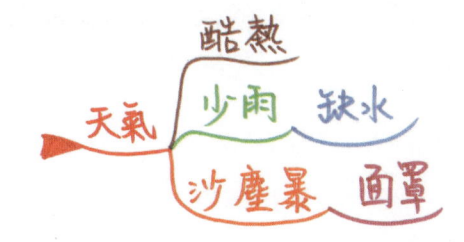

五、調和色彩的 5 大重點

喜歡用什麼顏色，你就用吧，因為心智圖本來就是為自己而畫的。用得開心，你才會畫得開心。

但是，我要提醒你以下重點：

1. 千萬不可用螢光筆來寫字喔！因為明度太高或彩度太低，寫出來的字很難辨認，會增加閱讀上的困擾，對記憶力也毫無幫助。螢光筆只能用在圖案填色使用。以此類推，亮黃色或淺綠色色筆也不用。

2. 相鄰的兩條脈絡，顏色差異度越大越好。顏色差異度拉大，對大腦的刺激強度會加大，最好方式是暖色系與冷色系交錯運用。即使你出門時，身上只帶著藍色與黑色兩枝筆，只要兩色交錯使用，就能達到色彩對大腦的刺激效果。

3. 不能只用一種顏色來畫整張心智圖。不管你用什麼顏色，效果就跟黑白印刷效果一樣。整個版面最少使用三種以上的顏色，版面的色彩越豐富，樂趣與記憶效果就越強。

4. 脈絡上的文字跟線條的顏色一定要一樣。否則顏色非但無助於加強理解與記憶「兩個關鍵字詞之間的邏輯關係」，顏色還會讓整個版面會看起來雜亂，更不利於記憶內容。

5. 插圖或圖像的顏色可以跟線條的顏色不一樣。（見 155 頁上方圖片）

六、基本配色原則

　　心智圖的顏色可以加強對大腦的活化效果，但是也不必要在配色上花太多的研究時間，畢竟我們不是在上美術課啊！我個人推薦前三種配色原則：

1 互補色

　　以暖色系與冷色系的兩種顏色，來強調對比度以及提升鮮豔、突出的效果。我最推薦這種配色。色相環上，180°角的兩種顏色，例如綠配紫，紅配藍。

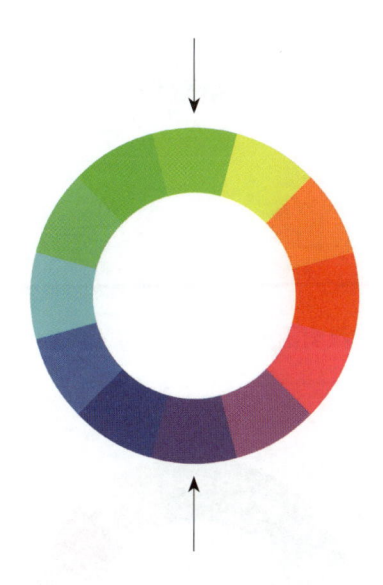

❷ 三等配色

　　色相環上 120° 隔開的三種顏色，雖然整體色彩的飽和度不會太高，但一樣給人生氣勃勃之感。

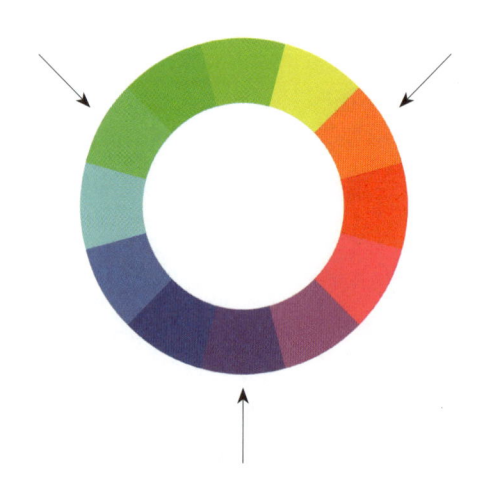

❸ 矩形配色

　　用兩組互補色，通常具有五光十色之繽紛感。

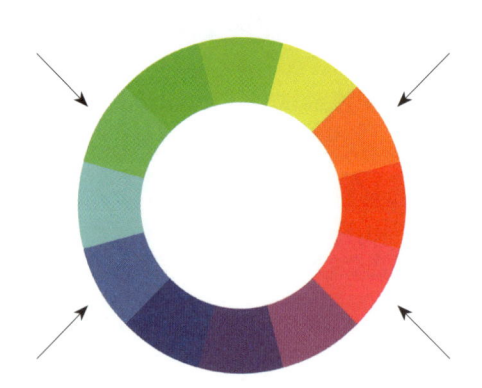

❹ 相似色

　　色相環上鄰近的顏色。心智圖發明人 Tony Buzan 在日本的分公司名為「Buzan Japan」，Buzan Japan 負責人 William Reed 強調用色要和諧，正是色彩學中所說的相似色。我是不同意他的配色看法的，我要的是心智圖用色帶給大腦的刺激效果。相似色的配色並不會表現出像互補色那樣強烈張力的效果，張力不夠，記憶效果不強。

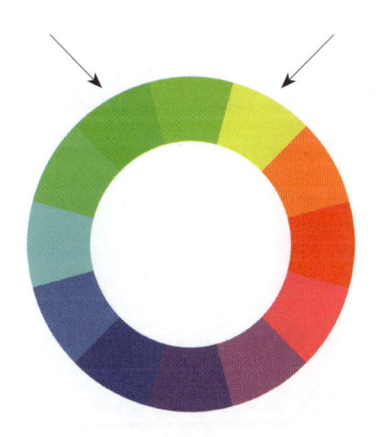

　　色相環會因為印刷關係而產生色差，若您對顏色要求嚴格的話，請自行上網查詢色相環的標準色。❺

---

❺ 也可以參考色彩學網站提供的這三種配色範例。
　http://bit.ly/2mzMjud　夏的色系
　http://bit.ly/2nsSLAN　快樂的、熱鬧的色系
　http://bit.ly/2mzHpNE　充滿活力的色系

七、圖像讓聯想進入大腦

　　2016 年加拿大滑鐵盧大學研究發現，如果用畫圖的方式將重要的事情記錄下來，事後將更容易回想（recall）起來。就算只花短短 4 秒的時間來畫圖記錄東西，都能夠提升記憶力。

　　因為在畫圖時，能夠創造出一個記憶痕跡（memory trace），將視覺和文字語意連結起來，因此更容易讓人回憶。

　　2015 年英國也有類似的研究出爐，薩塞克斯大學的柏德研究出，只需將重要事情用自己的方式描述一遍，並且有意識地選出當中最生動的細節，就可以在 1 週或更長的時間內大幅提升記住這件事的機率。

　　Mary Liao 正在研讀邊沁的「功利主義」，這是她最近寫給我的信件，我用她的信件內容讓你明白「什麼是用自己的方式描述一遍。」

　　最近兩個多月一直使用心智圖做筆記，雖無法如同老師一樣熟練，也還是有問題存在，但在思考及記憶上卻有大進步。

　　若以考試結果論來看，個人佔成敗的大部分因素，失敗的話，個人認為是自己努力不夠，但同時是否也會去否定老師之前的教導幫忙呢？

　　功利主義的人是會這樣做的，即便此課程對他真有實質上幫助，但是結果上來看，他確實沒有達成他想要的目標，功利主義者認為行為的結果能增加最大快樂值的即是善；反之即為惡。意即行為的結果沒有帶給他快樂，這中間的行為過程會被功利主義者一同否定掉。

　　在我們用自己的方式描述一遍時，大腦會想像出很多細節，並且能透過自由聯想的能力，把這次的訊息與其他記憶連結起來，這樣就成為很難忘掉的回憶。換言之，這些描述畫面，就是一種圖像的創造。創造圖像的過程，正是聯想力的發揮結果。有了圖像，就能夠提升記憶力。

現在網路科技很發達，你可以直接上網使用 Google 圖片的功能。輸入關鍵字後，就能挑一張你喜歡的圖片，看著圖片簡單描繪一下就好。

如果找不到你喜歡的圖片，要懂得運用「換句話說」的方式來轉換成具體圖像。例如：吵架，讓我聯想到有人怒氣沖沖、大吼大叫、指責對方、潑婦罵街、抓狂的詞彙。你可以上網輸入關鍵字：怒氣沖沖、大吼大叫、指責對方、潑婦罵街、抓狂，就能找到很多畫面。

符號也算是一種圖像喔，口譯者的筆記中也常使用符號來代替文字。常見的有：⊖代表世界（圓圈＋橫線＝地球＋赤道）。口代表國家。口→代表出口。口←進口。

一切事物在剛開始做的時候都是不順手的，但如果你堅持下去，最後你會穿越不順手的領域，達到精熟，然後就會擁有一項更專業的能力。也就是說，你會變成一個能力更大的人。

每當你做得不順手的時候，反而要對自己說：「我現在一定是在成長。」然後繼續照我說的方法做下去。

八、給大腦刺激，從畫圖開始！

常有 A 學員問：「我不會畫圖，是不是我就不適合學心智圖了？」
B 學員問：「我真的不會畫圖，所以我的心智圖畫得很不好耶！」
C 學員問：「我不會畫圖，心智圖一定要畫圖嗎？」

以上學員提出的三個問題，皆是表面的問題。通通是源自同一個核心問題：「心智圖一定要畫圖嗎？」

我的回答是：「心智圖本身就是一張圖像，不論是插圖、圖表、圖解，都是額外加分的。」

我常在網路上看到一些擅長畫圖的好心人分享的心智圖，美術功力一流，

但畫出來的是無意義或是無效果的心智圖。只要缺乏心智圖的核心能力：邏輯力，這張心智圖就是不及格的心智圖，例如：

1. 寫的根本不是關鍵字：不會抓重點
2. 邏輯關係呈現錯誤：理解力不好
3. 分類龐雜：不會濃縮、不會化繁為簡，表示不會抓重點
4. 層次繁雜：不會濃縮、不會化繁為簡、不會分類

抽象詞彙具有很大的自由解釋空間，根據每個人的理解認知不同、背景知識不同、生活經驗不同，對某個抽象詞彙所做出的解釋可能會有很大的差異性。不過，這正是抽象詞彙帶來的優勢，因為自由解釋的空間越大，我們看著這個詞彙所延伸應用的可能性越高。因為抽象詞彙沒有標準化的圖像，只要你自己看著這張圖像，能理解背後代表的抽象詞彙是什麼，那麼這張圖像對你而言，就是最好的圖像。

這裡讓我來獻醜一下。例如我想呈現「俏皮」這個字眼，「俏皮」讓我聯想到「吐舌頭」。大家要善用網路這項工具，只要你輸入關鍵字，可以在網路上找到很多別人的圖像可供你參考。

於是我上網搜尋了愛因斯坦吐舌頭的畫面，看著電腦，把模樣大概畫出來。我沒學過畫畫，畫得好不好不是重點，重點是我已經把「俏皮」圖像化了。

國內外有些美術技巧很好的人，會用「把文字變立體」的塗鴉文字來展現。像美國 SOHO 區街頭就有很多牆面塗鴉。

你只要上網到 Google 圖片中輸入「塗鴉」這兩個字，就能找到一大堆的英文字母範例。但請切記，塗鴉很花時間，塗鴉文字看久了，你的大腦會習慣這種長相的文字，大腦反而會又把這些塗鴉文字當成純文字看待。

◉ 英文塗鴉文字　　　　　　　　　◉ 中文塗鴉文字

「一張圖勝過千言萬語」。這些插圖和文字同等重要，它本身也是一種提示。

看到文字，腦中出現了畫面，運用到視覺記憶能力；思考文字或是思考用什麼樣的圖像時，我們會在內心出現一些自我對話的聲音，運用到聽覺記憶能力；動手寫字跟畫圖，運用到動覺記憶能力。畫心智圖時需要用到我們的情緒和感官，越多種感官加入，輔助記憶的效果越好。

工作記憶是短期記憶之一。是為了採取行動所使用的記憶。例如為了找剪刀，我們會先在心中出現「剪刀……剪刀……」的聲音，稱之為心讀或默讀，這個聲音就是工作記憶的功能。

工作記憶的功用是暫時儲存「外在資訊」、「預定記憶」、「過去記憶」等資訊，經由「選擇性注意」，會挑選出對目前有意義的資訊，然後組合，再適度調整行為與情緒。

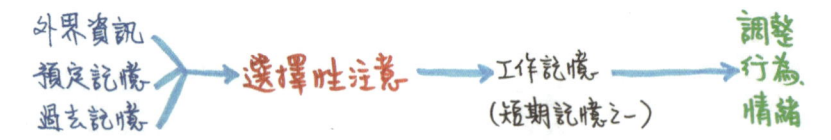

畫圖前，要先想清楚，這些圖像是自己看懂就好，還是要畫給別人也能看懂的？

　　如果是希望別人看到這個圖像也能跟我們一樣，大家都能聯想出相同的關鍵字詞意義，那麼圖像本身要符合一般人的共同想法才行。平時我會觀察街頭上的圖標或是標誌 icon，因為這些圖標的設計原則正是「可以讓人一眼就懂」，這一點正是心智圖的圖像要求。多用心留意觀察且思考一下：「為什麼設計師要這麼畫？」你就會產生源源不絕的豐富靈感。

　　但我們沒必要像美術家或是插畫家那麼厲害，只要畫一些符合關鍵字詞意義的簡單小圖示，能讓我們輕鬆聯想起這個關鍵詞語即可。

右圖從左到右來看，是繪圖步驟。即使我畫得如此這般抽象，省略了部份五官，僅畫出頭跟四肢，我相信你也能看懂第一排是人，中間排是男人，最下排是女人。同時我用藍筆畫短髮男人，紅筆畫短髮女人，就跟公廁上的男女標誌用色是一樣的。

把線條再精簡一下，畫得更加抽象，即使沒有五官，我相信你仍然可以分出來男人跟女人。右上角省略了腳，但你應該能發現男人用肩膀較寬的倒三角型符號，女人用穿裙子的概念來呈現。右下角的圖形是以男人短髮，女人長髮表示。

你應該能看出這是一個矮個子的女人，兩邊各牽一位高個子的男人，你猜她們是什麼關係？是母子還是朋友，哪一種可能性最大，那個就是答案了。左側還用了顏色來強調男女性別。

千萬不要為了畫插圖而畫插圖，在心智圖上畫一些不相干的圖像。插圖是要輔助文字記憶用的，並不只是為了美化版面。

只有吻合文字內容或是文字意義的圖畫，才是有效的心智圖圖像。這個圖像，你也可以稱之為「關鍵圖」或「關鍵畫」。有了有效的心智圖圖像，甚至不寫字只畫圖，你也照常能理解並記憶圖像所代表的文字意義。

初學轉圖像者，遇到一些比較複雜的事物，可能還不太熟悉如何簡化圖像（簡筆畫法），可以直接用剪貼的方式來解決。

我用圖解的方式來說明 2015 年台北紅點設計展的得獎作品，其中有三項特別引起我的注意，分別是可以從 0 歲使用到 6 歲的兒童安全椅、運用宋代美學概念設計出來的床、使用回收的水泥袋來製作的後背包。

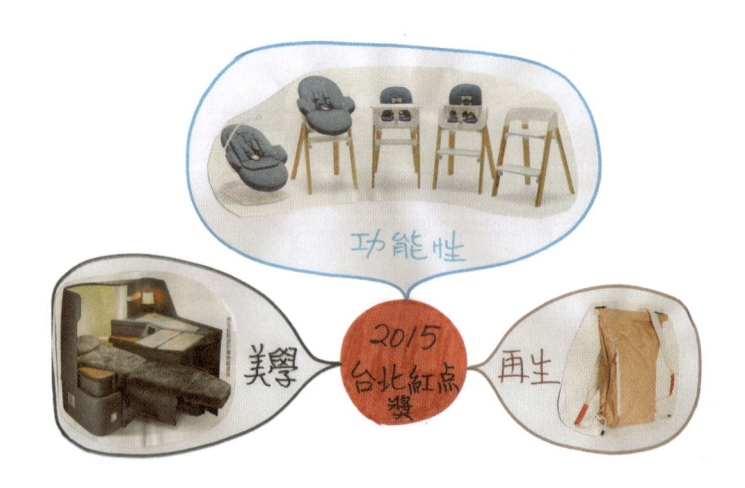

◐ 把想法轉成圖像的步驟

理解
↓
關鍵字
↓
轉圖像

九、視覺性思考的 9 個方法

大家千萬不要被「圖像」這個字詞把你的想法限制住了，若你認為圖像就是畫插圖的話，表示思考已經被固定了，可說是已經僵化了。

你有沒有想過，為什麼上了學校的美術課後，你就不再畫圖了呢？那是因為你的思考內容是：「圖，一定要畫得美美的。」如果畫不漂亮，你會害怕丟臉，不想把圖拿出去給人看後被人家笑、被別人說醜，所以你不再畫圖了。換句話說，你不再於畫圖技巧上精進了。

經過這麼多年來，你都沒有動手畫過圖，突然被要求開始動手畫圖，一定覺得很害怕，不敢下筆，因為你依然覺得自己的圖一定很醜，畫出來會很丟臉。你的心態我完全了解，因為初學心智圖時的我，也跟你有著相同的念頭。

即使我先畫出我那幼稚園水準的插圖給學員看了，在課堂練習中，我一走到他的旁邊，他還是會用手或東西立刻把自己的心智圖遮起來，不想讓我看見他畫的圖像。

拜託！我才不在乎你的插圖漂不漂亮，像不像樣哩！==心智圖本身就是一種圖像了==，不管你有沒有畫插圖，整張心智圖就已經是視覺性思考的結果了。相反的，我常跟學員說，==別浪費你的時間在美化插圖上==，因為畫圖很耗費時間。

以下這四點，比有沒有畫插圖、插圖美不美還要重要：

1. 是否抓到正確的關鍵字詞？
2. 是否用線條去呈現正確的邏輯？
3. 是否整張心智圖的內容吻合你畫心智圖的目的性？
4. 是否整張心智圖已經濃縮到不能再濃縮；是否你可以看著最精簡的心智圖內容，然後回憶起最大量的資訊？

我非常在乎來上課的學員能不能正確做到這四點，「要不要畫插圖」是相對次要的問題！但我並不是在告訴你畫插圖不重要喔，如果你能畫圖像，你就

啟動了更多的感官刺激，越多的感官刺激，就越能讓你的大腦整體活化起來。

課程中，偶爾會有稍微知道我的學習背景，但不太懂我專業背景的學員對我說：「你是學設計的，當然會畫圖囉。」

雖然我大學主修布料設計，但我很清楚自己在視覺美感上的設計能力是超弱的，我也沒什麼耐心素描一個物件。我喜歡把東西東加加、西減減的，所以我選擇走的是功能性布種的研發與設計。

初學心智圖時，在畫圖方面，我遇到的挫折感跟你一模一樣。反正大腦能力本來就是用進廢退的，你就告訴自己：「多練幾次就好了。不要急於求成。」

觀察力是建立圖像力的必備基礎，在我的第一本書《超強學習力訓練法》中有提到很多方法。在此列出一部分我曾經用過的方法，或是我自己發明用來訓練我自己的方法，你每一種都可以試試看，應該會找到你喜歡的方法。

❶ 多看插畫、漫畫、塗鴉

初學心智圖者，常會忘了該怎麼下筆畫插圖。去翻書或是上網查都可以，借鑑一下別人的插圖是最簡單的方法，但別忘了，心智圖的核心精神是「化繁為簡」，用「減法思考」試著再想想可不可以再少個幾筆畫，簡化到你依然能看懂為止。

這樣也可以鍛鍊你的手眼協調能力，這個步驟可以大量刺激與活化大腦。

我個人剛開始時會用鉛筆先描繪一下，再塗上顏色，後來我覺得這樣做很笨，因為我又掉回「追求插圖美不美的陷阱」中，同時也掉入另一個陷阱：用兩倍的時間只完成一張圖像。

我現在都是試著用色筆，一邊看一邊畫，這樣幾次下來，手眼協調能力就會增強，很快地做到「一次畫到好，不用修改」的程度了。偶有學員會跟我說畫得挺好的，目前為止還沒有學員當面批評我的圖畫得很醜，但若真有人當面這麼做，我會在心中默默跟他說：「你不懂心智圖的精髓，所以你的批評對我來說一點建設性都沒有。」

❷ 多觀察周遭小東西與閉眼回憶

一開始時，我是每天找一個小東西，仔細觀察它十秒鐘，這十秒鐘就要趕緊找特徵，然後閉眼，看看能不能在眼前重現這件物品的畫面。

後來，我是在觀察後，試著不看東西，看看能不能把這項物品的樣子簡單畫出來。因為畫得出來，就已經表示我們腦中的圖像清晰度是足夠的。

再說一次，即使是只有簡單幾筆畫的圖像，對大腦的記憶效果都很有幫助。

❸ 看看一些造成視覺錯覺的作品

右圖你看到的是鴨子還是兔子？你可以在網路上找到很多這一類的圖片。

這跟測驗你的左腦好還是右腦好一點關係都沒有喔！工作累的時候，我就把這類運用完形心理學所發展出來的圖片，當成是轉換觀察視角，來放鬆一下心情的小遊戲。

❹ 用背景環境來描述

有時我會自己發明一些小遊戲，來鍛鍊一下自己把文字轉換成圖像的能力。剛剛的方法都是先有物件，再找特徵。反向思考一下，先想特徵，再想物件如何？

猜猜看有一種四隻腳的無生命的東西，有各種不同材質與樣式，在家裡、辦公室、室內、室外都可以看得到的，是什麼東西呢？

可能是桌子，可能是椅子，也可能是架子，還可能是什麼呢？

❺ 用五感來描述

剛說過，越多種感官刺激，大腦活化程度越大，試著不要使用視覺來描述

形狀，改用其它感官，例如：固體、柔軟、平滑、冰涼、可以吃、易破碎的、扎實、沒有孔洞。你猜得出來我在形容什麼嗎？

可能是豆花，可能是豆腐，還可能是什麼呢？

❻ 把圖片折成九宮格，一格格地描繪

這個方法是英國 Tony Buzan 教的方法。如下圖，你可以任意把一張圖片折成四個格狀或是九宮格的樣式，再拿另一張白紙也折成同樣的樣子。白紙是長方型，圖片是正方型，難度比較高，可以練習你的空間感。❻

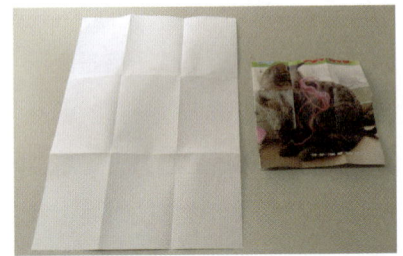

然後只看圖片其中一格中的圖案線條，在白紙的對應位置上把線條描繪出來，切記，只能把你的注意力放在線條上，不要去想你正在畫什麼。逐一把四個格子或九個格子都如法炮製完成。

---

❻ 此示範圖片原刊登於《周刊王》2016.03.16。

完成後，打開你的白紙，看看你的圖像長得如何？

這時就發現，原來你的畫圖技巧不錯啊！至少也有七分像了。此範例中只有一個小缺失，下方正中間的格子，在畫圖時沒有注意到紙張與圖片間的相對位置關係，中間下方的線條無法與其它格子線條連結起來，所以貓咪的腳不成型。

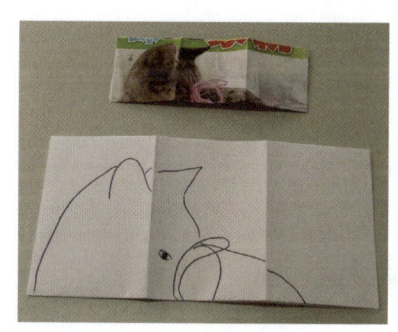

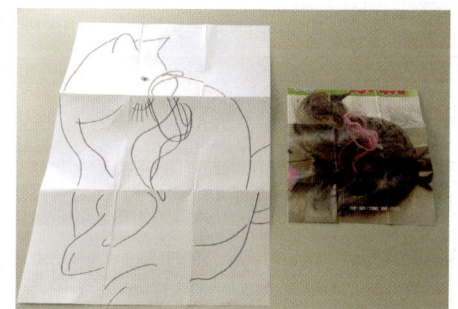

❼ 玩玩大家來找碴的遊戲

看兩張圖，再仔細比較一下這兩張圖不同之處在哪裡。很多兒童書籍跟網路上都有這一類的遊戲圖片，你只要用「大家來找碴」當關鍵字搜尋一下，就會發現很多圖片跟遊戲。

❽ 玩玩找特定形狀的遊戲

每天出門前，設定一項你要觀察的圖形，例如三角形，然後一整天隨時留意一下周遭環境，哪些物品的整體或是局部就有三角形在裡面。

❾ 看馬路上的招牌，畫出品牌的商標 Logo

我喜歡走在路上順便練習我自己的腦力，你可以特意觀察品牌商標，回家後再畫畫看，看能不能畫得完整。現在網路發達，如果你很宅，就在網路上搜尋品牌商標，先觀察後再試著不看電腦螢幕把商標畫出來。

你也可以到網站上參考我們是怎麼進行圖解的：

Monica 談心智圖閱讀術
https://goo.gl/jjwAQZ

廣翰思維 YouTube 頻道
https://www.youtube.com/user/131419monica/playlists
歡迎到 youtube 上訂閱，隨時收看我們所分享的心智圖知識

廣翰思維 Blogger 部落格
http://www.minmind.com/
也可以在這裡看到更多的心智圖範例

十、圖畫是鍛鍊大腦的工具

曾有學員問我：「我可以教我家的幼稚園的小孩畫心智圖嗎？因為我的小孩很喜歡畫圖，學心智圖應該很適合吧？」

這個問題要分成兩個部份來回答。

第一點，除非是資優生，否則小學四年級以下的孩子，因為文字邏輯建構還不是很完善，同時很多文字也還不太會寫，讓他們獨自製作心智圖一定會出現邏輯怪怪的地方，或是根本不會抓重點的問題。

所以家長一定要透過一些語言先去引導孩子抓重點，再引導孩子如何建構各個語詞中的邏輯關係。換句話說，家長要跟孩子一起畫心智圖才對。

第二點，識字不多的孩子，心智圖上一定會出現大量的圖像，家長千萬不要勉強他們一定要寫字，只要孩子能看著自己的圖像説出完整的意思就夠了。

根據我的二十年教學與管理老師的經驗，心智圖老師的教學功力好的話，小四以上的孩子就能自己獨立完成正確邏輯的心智圖了。

識字不多的年齡,孩子都很喜歡畫圖,我們可以善用這項特點,讓他們透過畫圖來學習知識。❼

【練習】利用色彩和圖畫來完成心智圖

過去曾有學生向我反映說:「很多成語知道如何運用,但就是背不起來,或是把四個字的順序背錯,該怎麼辦才好?」

我的最佳建議就是:「來畫帶有豐富色彩圖像的心智圖!」

例如利用心智圖來整理出字眼中有「木」的成語。關於木的成語相當多,最好是全部整理成一張心智圖,只要看一眼,就能全部吸收所有的成語。在此僅列出六個成語做為範例。

↻ 所有圖像皆由西松高中高○淇同學所創造。

---

❼ 家有小學四年級以下孩子的家長或是小學老師,建議可以參考《法式翻轉教養:拯救無數法國媽媽、孩子和老師的「全腦心智圖」學習法》(野人,2016.04)。書中有教導家長如何從旁協助孩子繪製心智圖。

第 5 章

心智圖幫你打開
思考僵局

一、解決問題的流程

我猜想你我小時候應該都有這樣的經驗，師長問：「書看完了嗎？」我們說：「看完了。」但是考試出來成績並不怎麼樣。換句話說，我們不會抓重點。

長大後，老闆問：「報告資料整理完了嗎？」我們說：「整理好了。」但是整理出來的資訊依舊繁雜。核心問題都是我們只是看，但不是「理解」內容，換句話說就是我們不會抓重點、不會去蕪存菁、不會化繁為簡。

曾有學員問我：「我不會抓重點，我能學會心智圖嗎？」這個問題當場就令我心中的天使與惡魔打架了。

天使用一貫正面積極態度地說：「來上課的人，大家都是從不會做到會做的。總之，大腦所有的能力都是練來的，只是大家的起跑點不一樣，每個人的用功程度不一樣，所以大家達標的時間長短不一樣。只要你肯努力，你絕對能跟大家一樣都能學會的。」

惡魔用輕蔑態度酸酸地說：「如果你已經很厲害了，那你還來上課做什麼？就是因為你不會，所以你才需要來上課學習啊！」

讀者啊，我看不到你，我不知道你的抗壓性高不高，看你是要聽天使的還是惡魔的，隨你選。

很多時候，工作上與生活上的問題，像是俄羅斯娃娃一樣被層層包裹起來的，你必須用邏輯分析力來打開「問題內的內容」，才能「問對問題」，進而才會「找對思考方向」，最後才能「解決問題」。

這正是問題分析與解決的流程：

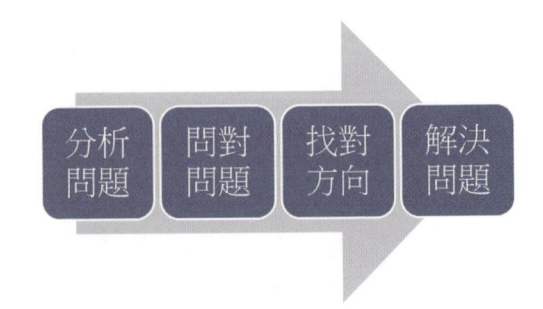

分析問題 → 問對問題 → 找對方向 → 解決問題

二、邏輯思考的方法

《具體與抽象》這本書中寫著：

「具體化」與「抽象化」是一種人類獨有的腦部活動的基礎。具體對應的是一個一個的個別事物現象，而抽象則是挑選出這些個別事物現象的共同特徵、再加以普遍概念化之後的結果。

透過將平常、複數的事物現象普遍化並抽象化，學者及理論家們將事物現象轉化為理論與法則，變成任何人都可以使用、具有廣泛用途的形式；另一方面，經過系統化的理論由於難以直接運用，所以必須先具體化之後才能實踐，而這種重視具體層面的實踐行為，就是實務家的工作了。

學者與理論家擅長抽象化層次，實務家擅長具體化層次。透過常常畫心智圖，能讓我們站在學者及理論家的層次思考，也能讓我們站在實務家的層次思考，並且隨時任意轉換兩種身分。

以下就用這張心智圖說明邏輯思考的方法。心智圖本身就是一種圖像，很容易把複雜的內容用視覺化的方式呈現在我們眼前，讓我們更容易理解邏輯關係。同時也先讓你了解一下邏輯思考有哪些專有名詞與概念，這樣你會比較好閱讀後面的內容。我想透過心智圖，讓你既可以掌握大方向，還能清楚小細節。

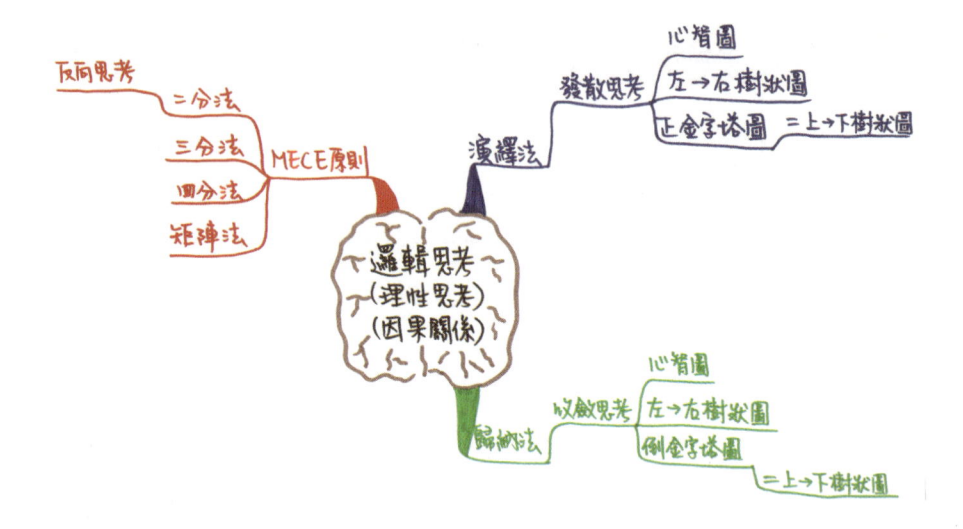

「邏輯思考」就是「理性思考」，可以再細分成兩大思考的方式：演繹法、歸納法，另外再加上一個 MECE 原則。

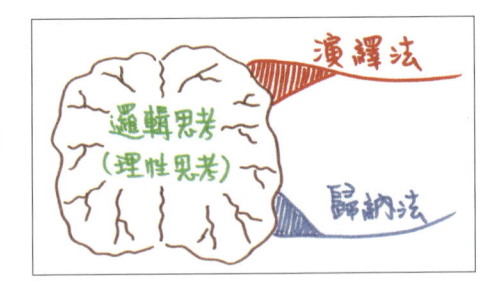

❶ 演繹法

「因為……，所以……，結論是……」，從某結果推演原因 A、B、C，或是從某原因推演出可能會得到什麼結果 A、B、C。也就是「發散式思考」，也可稱之為「水平思考法」。

（1）心智圖

如果面對的問題是資訊不足、情勢混沌未明、複雜糾結到連線頭都還找不到，可以把想解決的問題當成是中心主題，開始分析可能造成這個問題的原因，每個原因就是一條脈絡，把原因寫在第一層次的主脈上。然後看著主脈上的文字，再思考一下這個原因的細節，一一把細節寫在第二層次的支脈上，有助分析、釐清問題、找出對策。

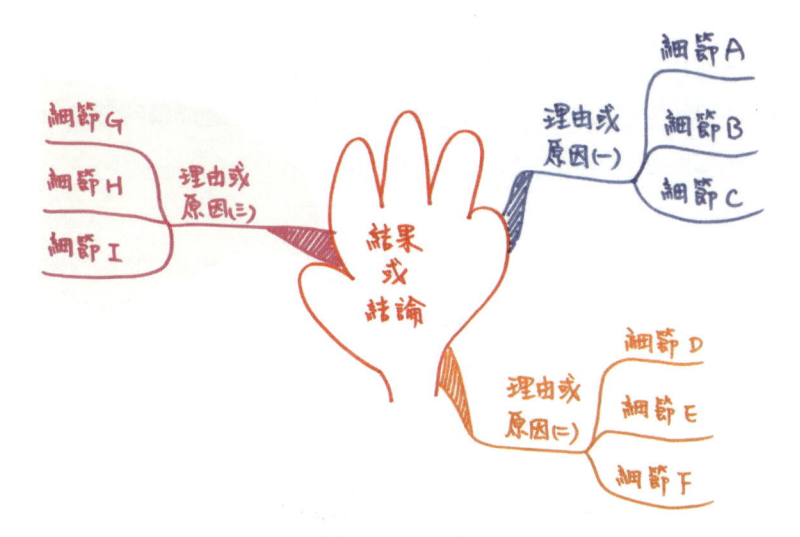

「重視分析、善用圖表」正是日本趨勢大師大前研一建立洞察力的主要方法。而麥肯錫顧問公司將這樣的思考過程稱之為「議題樹」或「問題樹」。這張「心智圖」目前只有畫出一條脈絡，故乍看之下你應該會覺得很像樹狀圖。這也是為什麼很多網友誤把樹狀圖誤以為是心智圖的原因。但心智圖有個好處，就是「放射狀」的閱讀，這樣的好處就是隨意從哪個方向閱讀都說得通，視線從左到右閱讀是演繹法（發散思考），從右到左的閱讀是歸納法（收斂思考）。

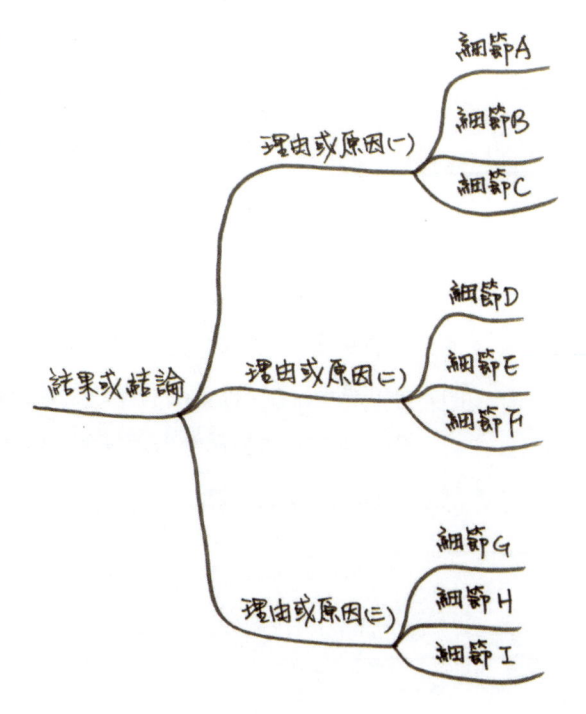

（2）從左到右型樹狀圖

演繹法可用「從左到右型樹狀圖」呈現，有些人的樹狀圖會把文字框起來。這時的樹狀圖是演繹法（發散思考）的運用，但是在閱讀時形成一種從左到右的「線性思考」，會削弱發散思考的效果。

↳ 演繹法：從左到右型樹狀圖

↳ 從左到右型樹狀圖：累積財富的方法

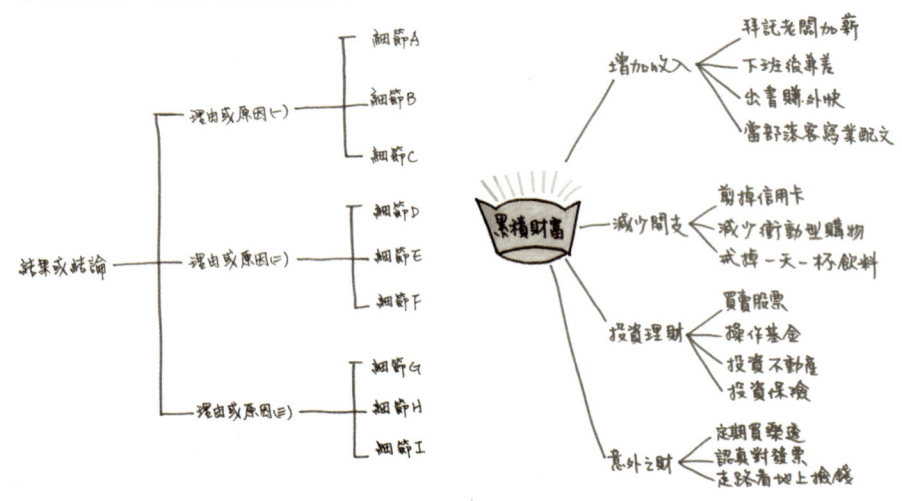

（3）正金字塔圖

演繹法的發散思考運用，還可用「正金字塔圖」來呈現，有人是稱為「由上到下樹狀圖」。金字塔圖也是有人會把文字框起來。但視覺上仍是從上到下的「線性思考」，一樣會削弱發散思考的效果。

若是用在表達公司管理架構上，就會被稱之為「組織圖」，這時強調由上到下的的意念會更加強烈。

第 5 章 │ 心智圖幫你打開思考僵局

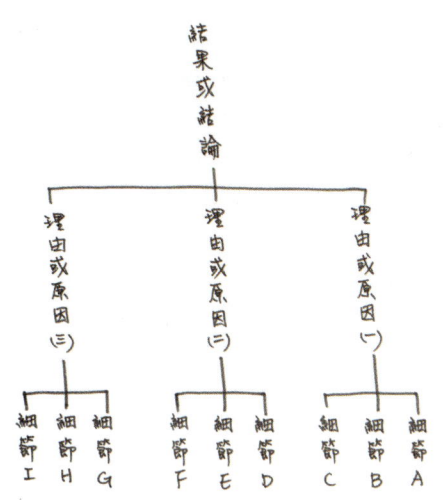

◐ 演繹法：正金字塔圖　　　　　　◐ 正金字塔圖：累積財富的方法

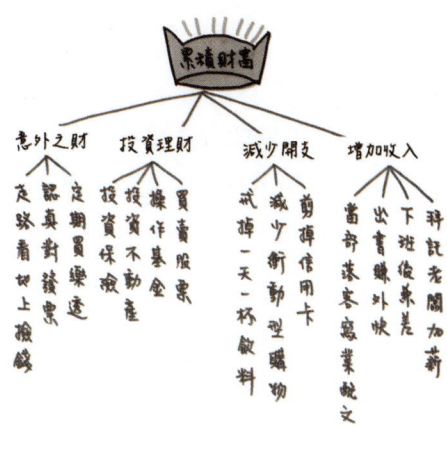

② **歸納法**

綜觀所有的事實，找出共同點，這個共同點就是結論，也可說是「收斂思考」。就像剛剛的演繹法，歸納法也可以用「從左到右型樹狀圖」和「倒金字塔圖」呈現。

◐ 歸納法：從左到右型樹狀圖，　　◐ 歸納法：倒金字塔圖，又被稱為「由上到
　有些人會把文字框起來。　　　　　下型樹狀圖」。有些人會把文字框起來。

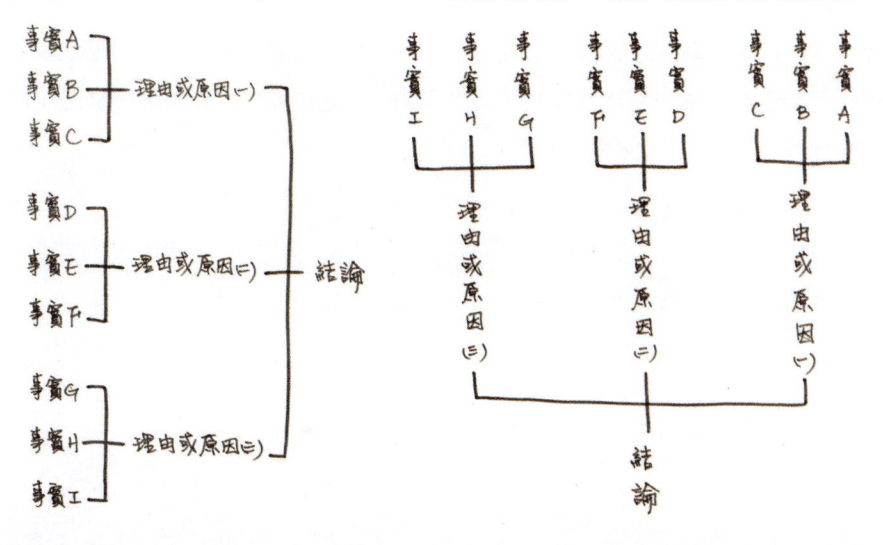

另外再以「心智圖」為例，下圖原文內容是：「平埔族的聚落型式，因為飲水、土地公有制度與防禦等因素，故採用集村。」「平埔族」與「飲水、土地公有制度、防禦」這三個詞語之間的關係，從左到右是演繹法（發散思考），從右到左的閱讀是歸納法（收斂思考）。「飲水、土地公有制度、防禦」這三個詞語與「集村」之間的關係，從左到右是歸納法（收斂思考），從右到左的閱讀是演繹法（發散思考）。

若你沒有記憶上的需求，只是整理一下資料，那麼畫成下圖是沒有什麼問題的。

原文：「平埔族的聚落型式，因為飲水、土地公有制度與防禦等因素，故採用集村。」

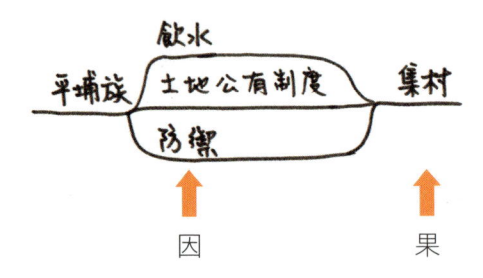

平埔族　飲水　土地公有制度　防禦　集村

　　　　　↑　　　　　　　　　　↑
　　　　　因　　　　　　　　　　果

我比較傾向於實務上的考量來決定要怎麼畫心智圖，對有記憶需求的人來說，這樣的畫法還不夠好，因為發散後又收斂的畫法，事後要回憶本段內容時，比較容易漏掉部分內容，改用下圖維持固定方向放射出去會對記憶效果比較好，視覺是從左到右是演繹法（發散思考），從右到左的閱讀是歸納法（收斂思考）。

你應該已經發現了，我只是把原文的表達方式換一下順序而已，也就是「換句話說」的手法，從「平埔族」開始，由左至右到最後一個層次，閱讀方向皆維持一貫地發散思考。

> 換句話說：「平埔族的聚落型式，採用集村，是基於飲水、土地公有制度與防禦等因素。」

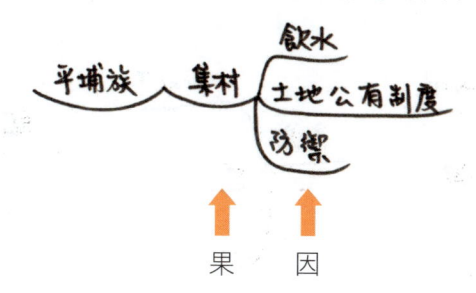

平埔族 — 集村 ┤ 飲水 / 土地公有制度 / 防禦

果　因

③ MECE 原則

　　歸納法不是推測。歸納法得到的共同點必須是「百分之百肯定」的結論或原因。推測是可能會發生的結論或原因。要提高歸納法的合理性，要用 MECE 原則（mutually Exclusive and Collectively Exhaustive），白話解說就是「沒有遺漏，也不會重覆」。

　　我們可以直接採用一些別人透過「MECE 原則」已經發展出來的分類方式。你看，閱讀是多重要啊，多看一點書就能直接讓你站在巨人的肩膀上！

符合 MECE 原則

> 以年齡分類。

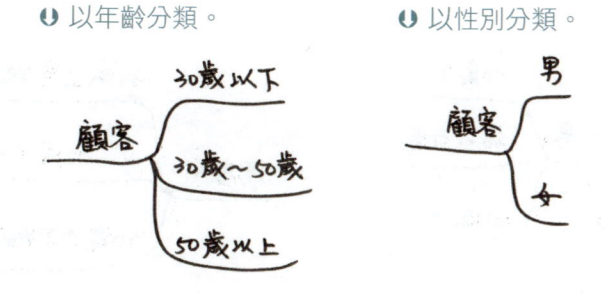

顧客 ┤ 30歲以下 / 30歲~50歲 / 50歲以上

> 以性別分類。

顧客 ┤ 男 / 女

不符合 MECE 原則

◑「30 歲以下」遺漏了男性。　　◑ 有重覆 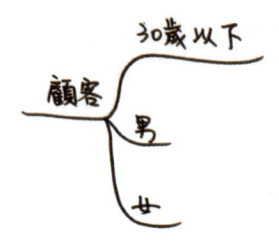　　◑ 有重覆

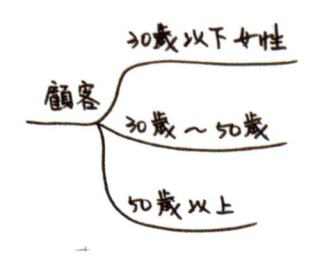

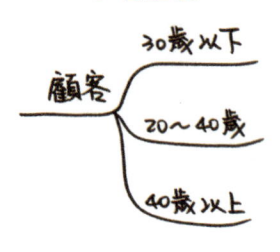

顧客
- 30歲以下女性
- 30歲～50歲
- 50歲以上

顧客
- 30歲以下
- 男
- 女

顧客
- 30歲以下
- 20～40歲
- 40歲以上

符合 MECE 原則

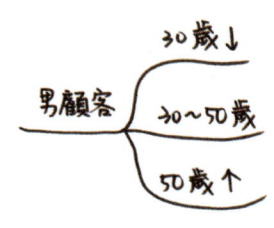

男顧客
- 30歲↓
- 30～50歲
- 50歲↑

◑ 有多餘的層次,不夠精簡。 　　◑ 有多餘的廢話,不夠精簡。

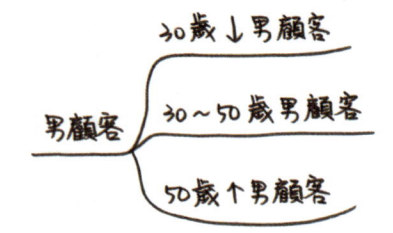

顧客 → 男
- 30歲↓
- 30～50歲
- 50歲↑

↑ 多餘的層次

男顧客
- 30歲↓男顧客
- 30～50歲男顧客
- 50歲↑男顧客

（1）二分法

就是「反向思考」，例如：男與女、優點與缺點、做與不做、競爭力高與競爭力低、內部分析與外部分析。有些教授心智圖老師把「優點與缺點的比較」稱之為「雙值分析」。

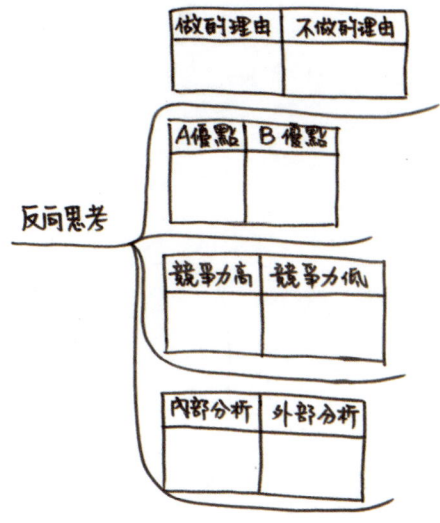

二分法（反向思考）

反向思考
- 做的理由 / 不做的理由
- A優點 / B優點
- 競爭力高 / 競爭力低
- 內部分析 / 外部分析

（2）三分法

企管業在進行分析工作時很常用這種方式，例如：3C 模型是由日本戰略顧問大前研一提出，也稱為戰略三角。例如：顧客 customer、公司 company、競爭對手 competitor；高、中、低；過程前、過程中、過程後。

（3）四分法

例如：行銷 4P 為產品 product、價格 price、通路 place、推廣 promotion；行銷 4C 為消費者 consumer、成本 cost、方便性 convenience、溝通 communication。

（4）矩陣法

把兩個二分法的概念組合起來，例如 1986 年舊金山大學的管理學教授為了解決策略管理的問題，而提出了 SWOT 分析，正是組合了內與外、機會與威脅，形成單層次 SWOT 分析矩陣法。另有雙層次 SWOT 分析矩陣法：內部的優勢、內部的劣勢、外部的機會、外部的威脅。

或是把二分法的概念加上三分法的概念,例如:奇異公司的 GE 模式,是組合了企業優勢與產業吸引力高、中、低。

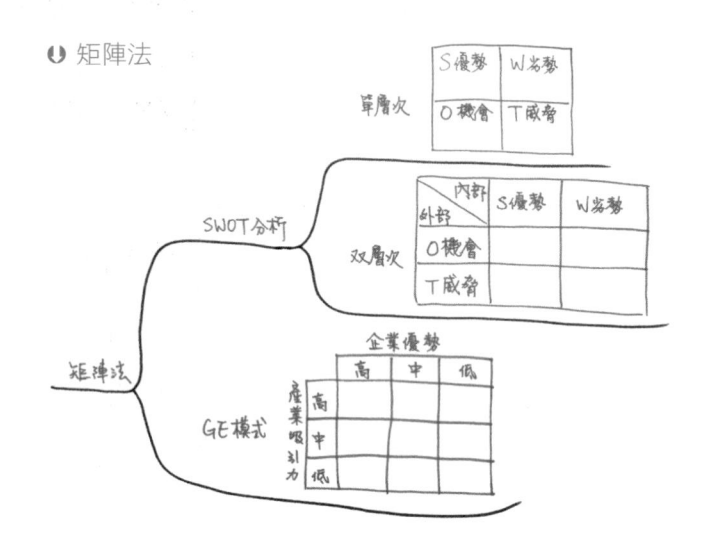

○ 矩陣法

矩陣法──用心智圖呈現

○ 強調「性別的重要性」大於年齡。　　○ 強調「年齡的重要性」大於性別。

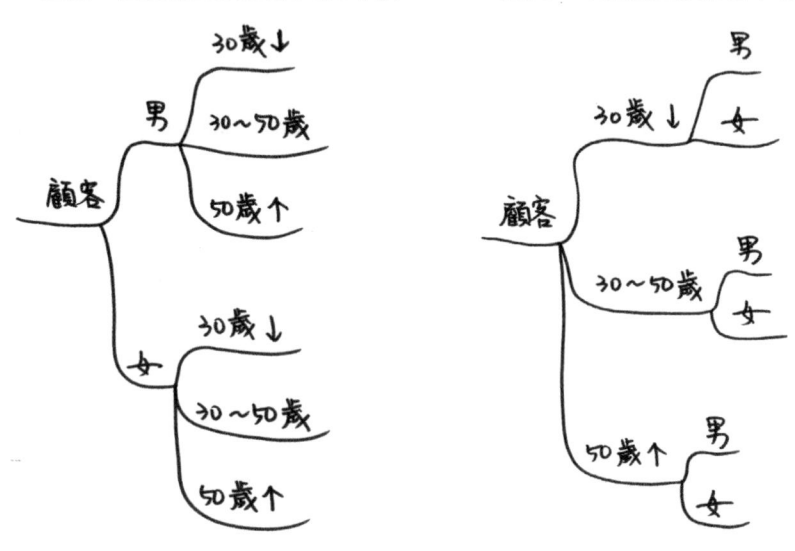

曾有台大碩士畢業的學員告訴我，透過心智圖的繪製過程，運用水平思考法想出三個答案，這三個答案常引導他發現矩陣式思考的 X 軸跟 Y 軸應該要列出什麼。

		公司要求		公司符合趨勢		職位符合趨勢	
		高	低	高	低	高	低
個人能力	能達到	發展好	沒成就	發展好	沒成就	發展好	沒成就
	達不到	挫折						

三、用一張紙處理難搞複雜的問題

處理問題有以下四個階段：1.了解現況。2.找出成因。3.找出方案。4.徹底執行。圖示如下

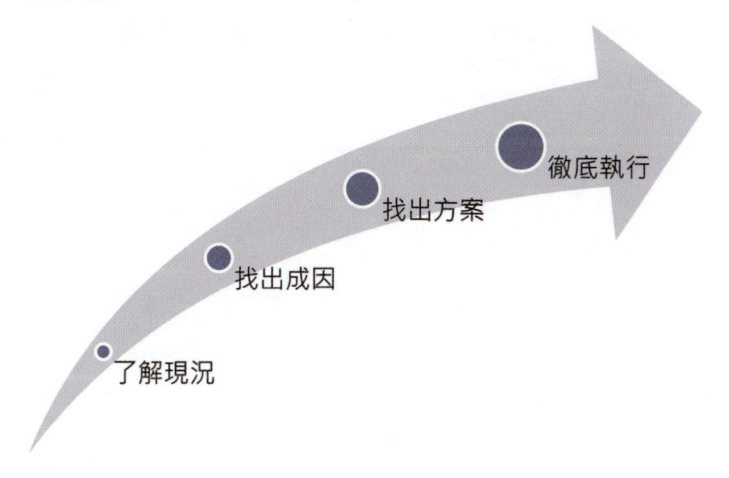

▶面對問題的不良心態

1. 不干我事：逃避是自然反應，但問題不會自動消失。會逃避問題表示不願意「當責」，當責的人不僅會把事情做完，還會更進一步把事情做對、做好，絕對不問「這個問題我該怪誰？」而是自問「怎麼讓事情變成這樣？」甚至是「我能多做什麼事情，才能把事情做對又做好，交出符合期待的成果。」
2. 不求甚解：你看見的現況，未必是問題本質。如果沒有足夠的經驗值，我們對於事物的解讀就很容易流於表面。
3. 不想協調：預留妥協空間，就有機會建立共識。
4. 不經大腦：搞錯問題非但無法解決問題，而是製造問題。

你應該從上面文章的標題就能猜測出文章重點是在「了解現狀」。仔細往下看後，應該發現內文已經說明到「找出成因」。所以心智圖可以這麼畫：

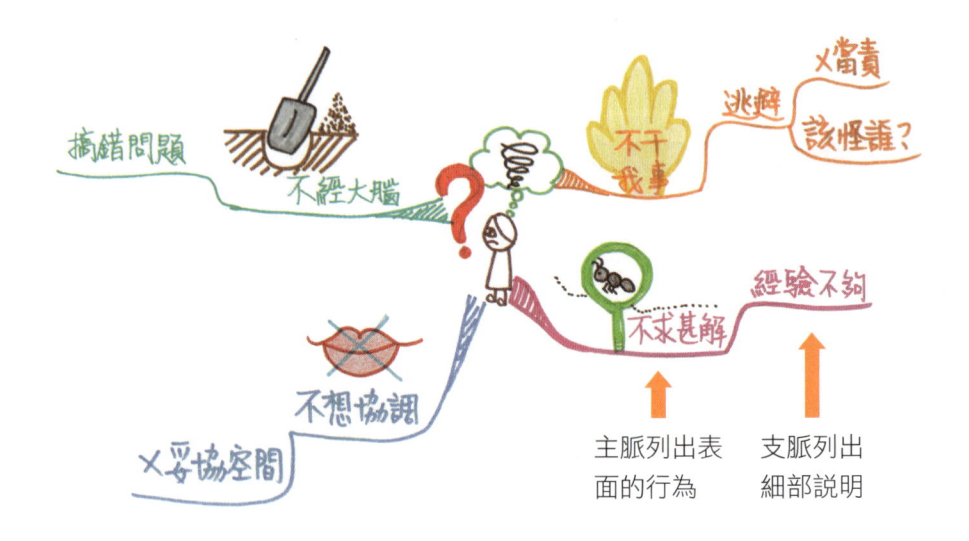

主脈列出表面的行為
支脈列出細部說明

如果想要到第三階段「找出方案」，那麼就必須發揮創造力。創造力＝創意＋可用方法，企劃過程是個人或是團體創造力的具體展現，只要依循上述四個步驟就可達成創造力。

腦力激盪（團體創造力）的步驟

第一階段：列清單
第二階段：分類
第三階段：依重要性去增減／延伸
第四階段：依優先順序去增減

↻ 腦力激盪的步驟。順時針方向閱讀。

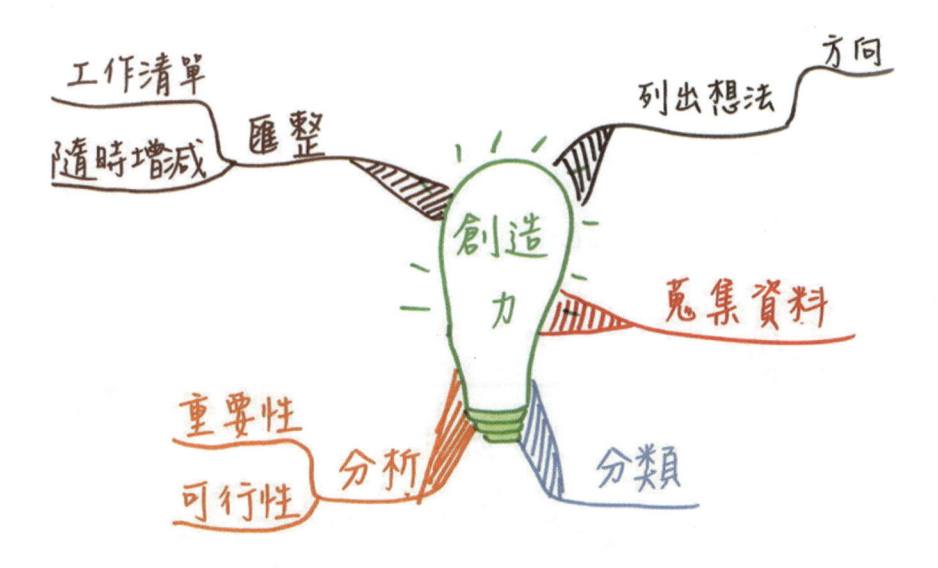

運用心智圖來進行時，很容易發揮自己的水平思考（發散思考）的思考廣度、垂直思考（邏輯思考）的思考深度、分析能力的抽絲剝繭、歸納思考（收斂思考）的聚焦，進而從過程中不斷地發現與彌補思考上的盲點。❶

【練習1】閱讀

1. 閱讀的步驟
　　（1）瀏覽一遍，圈出關鍵字詞。

---

❶ 也可以參考我的著作《超強心智圖活用術》，裡面有提到以各種生活上與工作中的心智圖實例，講解如何發揮你解決問題的思考能力。

（2）思考關鍵字詞間的邏輯關係。

（3）相似概念的關鍵字詞合併為同一脈（分類／用自己話表達）。

（4）用線條呈現邏輯關係。

2.注意

（1）不同的閱讀目的，分類方式就不相同。

（2）不同背景知識，抓的關鍵字詞都不一樣。

（3）幾個主要概念、幾個主要分類，就有幾條主脈。

（4）越後面關鍵字或關鍵詞是越旁枝末節。

（5）要化繁為簡，能省略的關鍵字詞盡量省略。

（6）能看著越少的關鍵字詞，回想起越多的內容，這張心智圖對個人而言，就是最好的心智圖。

以《如何下決定》❷一書為例，依序畫成六張心智圖。

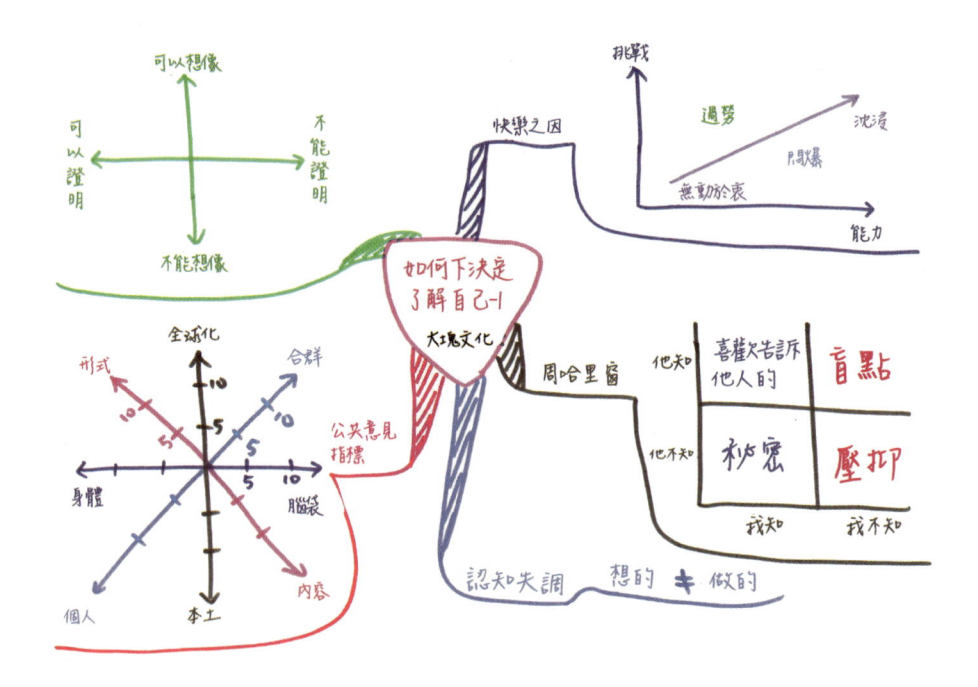

---

❷麥克・克羅格魯斯、羅曼・塞普勒著，胡瑋珊譯，《如何下決定》，大塊文化，2012.03。

第 5 章 ｜ 心智圖幫你打開思考僵局

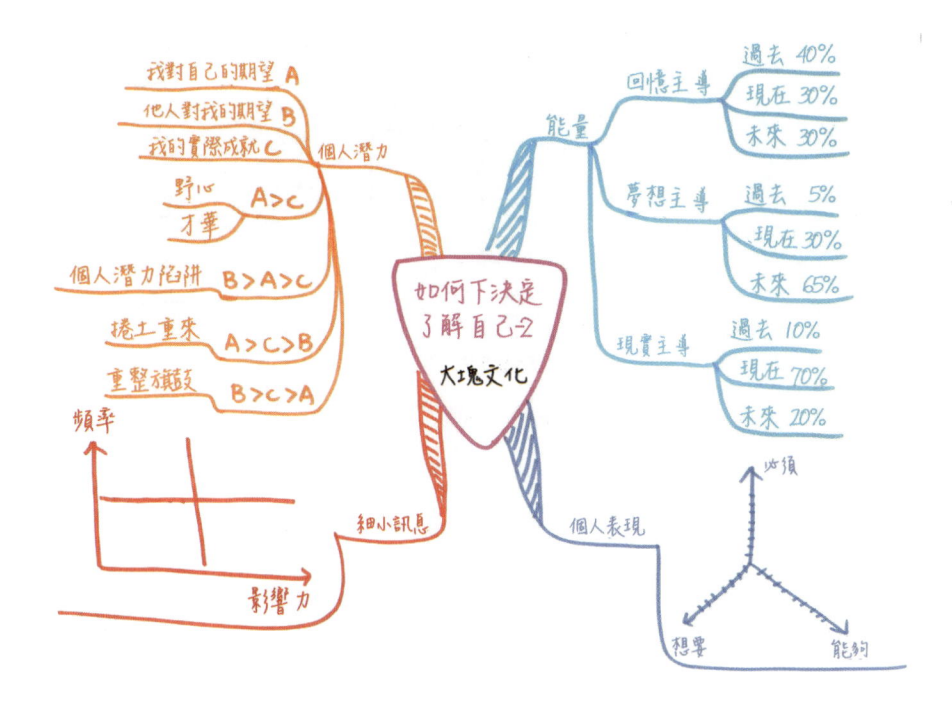

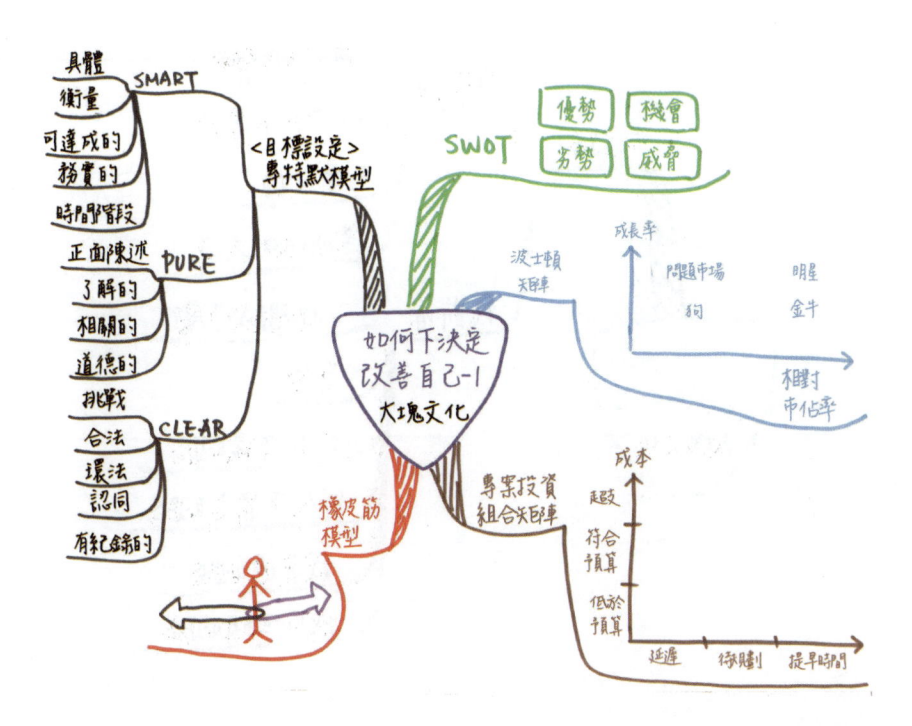

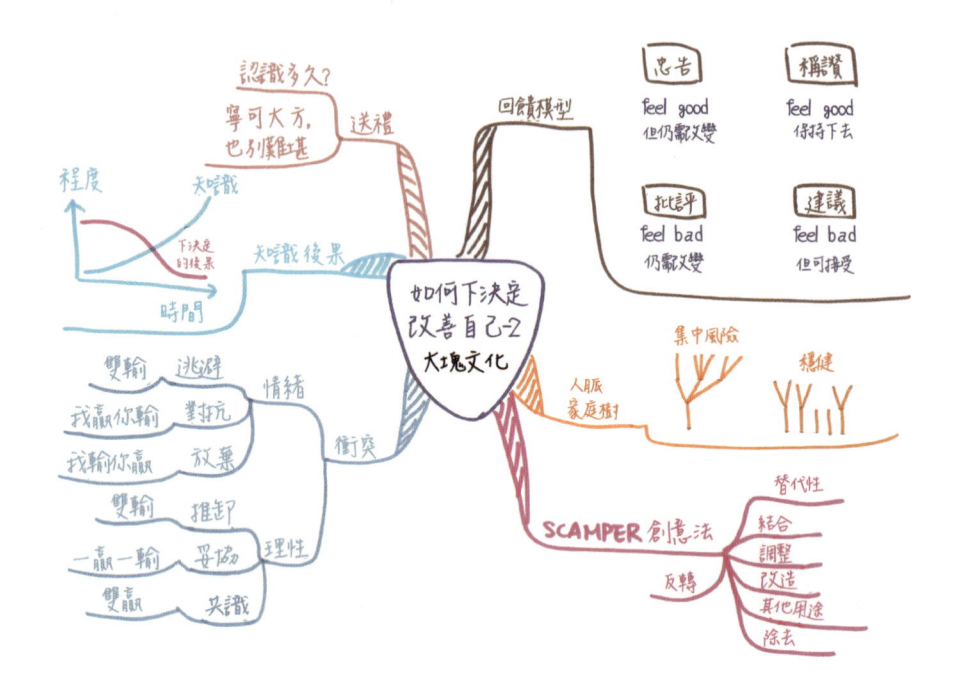

心智圖筆記術

如何下決定 改善自己-2 大塊文化

- 送禮
  - 認識多久？
  - 寧可大方，也別顯吝嗇
  - 關心啥
  - 關心啥後果（程度／時間／下決定的後果 圖示）
- 回饋模型
  - 忠告：feel good 但仍難改變
  - 稱讚：feel good 保持下去
  - 批評：feel bad 仍難改變
  - 建議：feel bad 但可接受
- 人脈家庭樹
  - 集中風險
  - 穩健
- SCAMPER 創意法
  - 替代性
  - 結合
  - 調整
  - 改造
  - 其他用途
  - 除去
  - 反轉
- 衝突
  - 情緒
    - 逃避（雙輸）
    - 對抗（我贏你輸）
    - 放棄（我輸你贏）
    - 推卸（雙輸）
  - 理性
    - 妥協（一贏一輸）
    - 共識（雙贏）

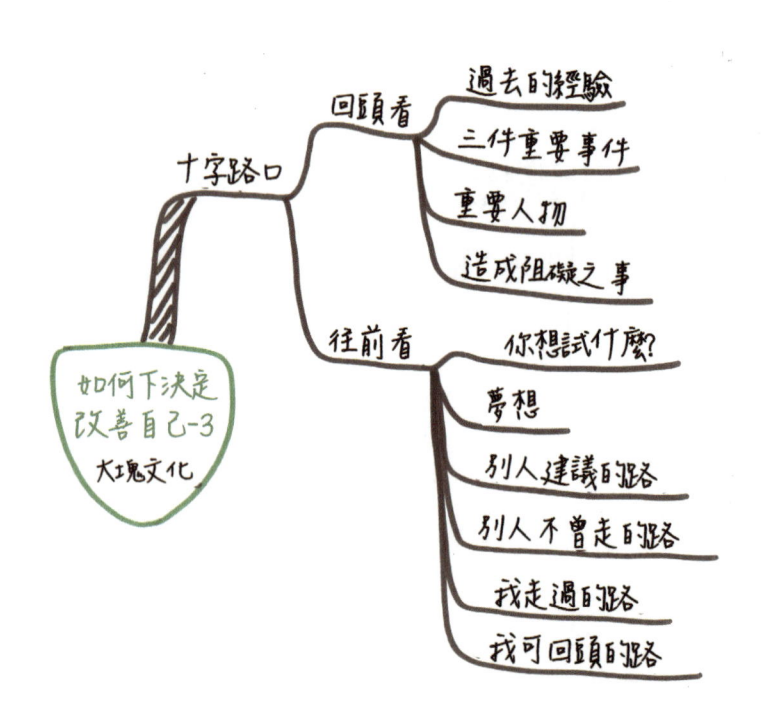

如何下決定 改善自己-3 大塊文化

- 十字路口
  - 回頭看
    - 過去的經驗
    - 三件重要事件
    - 重要人物
    - 造成阻礙之事
  - 往前看
    - 你想試什麼？
    - 夢想
    - 別人建議的路
    - 別人不曾走的路
    - 我走過的路
    - 我可回頭的路

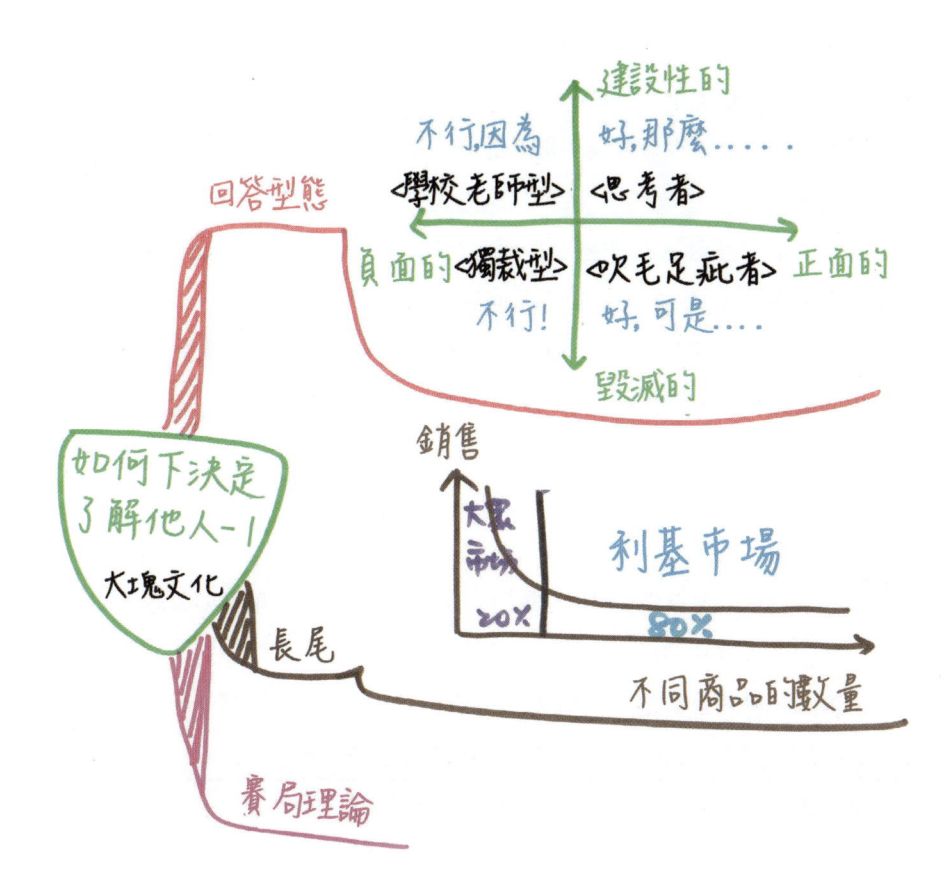

【練習 2】寫作

　　某個很認真的高中國文老師問我：「你早年用心智圖教學生寫作文，學生作文分數突飛猛進，於是我也學你改用心智圖教學生作文，但我遇到一個問題，就是學生不會畫心智圖，所以沒有辦法自行開展，該怎麼辦？」

　　當時我有點為難，畢竟我是教授心智圖近二十年的人，學生在畫心智圖時會遇到什麼樣的問題我很清楚。常常學員表現出 A 困難，但導致 A 現象的根本原因可能有甲乙丙三種，我習慣從學生畫心智圖的過程中去了解核心原因到底是甲乙丙哪一種。

　　現在這老師是轉述高中生的情況，而且不是詳盡的描述。我最快速、最簡單的答案就是：「老師只要專心教怎麼寫作文，請學生直接來上我的課，以後

他自己就能做得很好，老師您上課就會很輕鬆了。」專業的事情，就交給專家來處理，這不是最簡單、最快的方法嗎？

不過這樣的回答大概會讓這個老師覺得我是在敷衍他吧，所以我當時並沒有這樣回答。

寫作，是一種意見的表達，是一種腦力的輸出。==寫作者只要管好「輸出」時的這兩件事情：「說什麼？」、「怎麼說？」==

多年前，曾有學員問我：「你工作那麼忙，又有北中南演講要跑，怎麼有辦法集中精神好好地寫書呢？」

我先用心智圖擬好要「說什麼」，一邊想一邊動手畫心智圖，在發想的過程中肯定是會修修改改的。這張心智圖，就是本書的整體觀，只要寫下每個章節的標題即可。

若你是要準備高普考類考試的學生，看到這裡時，千萬不要故意來個反向思考，想把考試書裡的目錄畫成心智圖喔，因為這樣是浪費你的時間。一般高普考的書籍，書的目錄都已經整理得很好了，除非你的時間很充分，你才動手把目錄改成心智圖，否則你只要常常翻閱書本目錄就好。

當你看著這張心智圖時，很確定你「沒有見樹不見林」、「整體布局完整」後，你就可以開始思考「怎麼說」了。

「怎麼說」就是用字遣詞的優美，這部分牽涉到國文的修辭格，還是交由國文老師來處理。

說話的目的在於溝通，寫作的目的也在於溝通。能達到==「溝通效果」==是最重要的。

==別忘「說什麼」大於「怎麼說」喔！要先有豐富的思考架構，即使用字遣詞不夠優美，別人依然能明白你要表達的意思。==

更接近文學等級的文章，要能藉由豐富的詞彙表達出內心情感的變化，但寫作如果是內容空洞，光有華麗的詞藻，只會讓人覺得膩煩，就像八股文一樣，這就是「怎麼說」大於「說什麼」了。

再次強調，各位看不懂以下這些心智圖的內容是正常的。要用什麼樣的圖像來表達自己的想法，本來就是很個人化的。我也不允許這些學生抄襲別人的

第 5 章 ｜ 心智圖幫你打開思考僵局　▶ 195

圖像。

↳ 高二生○品諭的創意作文，主題：手與腳

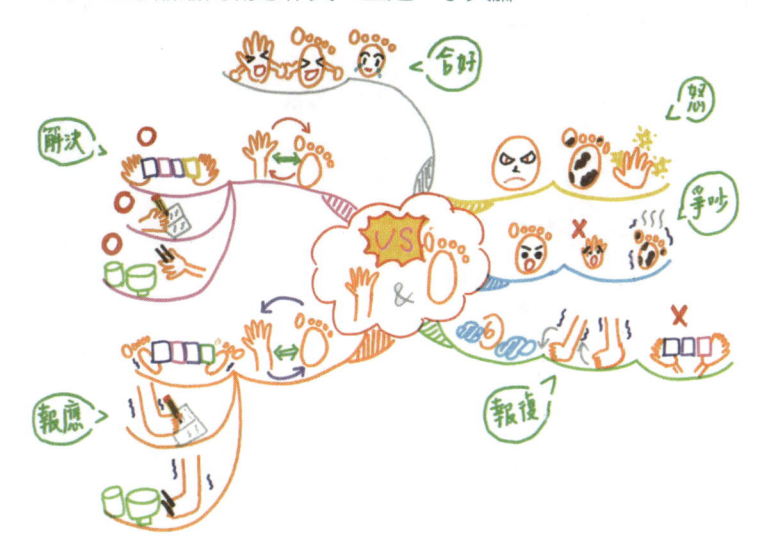

↳ 高一生○品凡的創意作文，主題：針與仙人掌

↻ 國二生〇唯瑄的創意作文，主題：行道樹、裝飾燈

↻ 國一生〇卿怡的創意作文，主題：汽車與輪胎

第 5 章｜心智圖幫你打開思考僵局　　197

◐ 國一生○雨涵的創意作文，主題：筆與筆袋

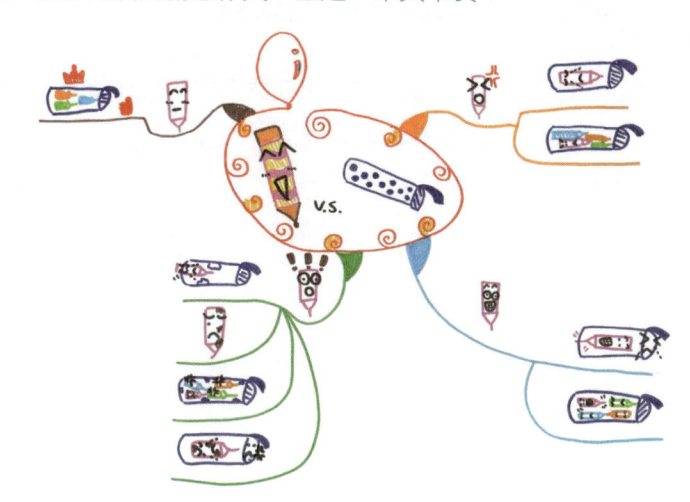

◐ 國二生○文華的創意作文，主題：衣服與身體

四、要傳達的訊息，讓對方快速理解

常有人在網路上問我：「要怎麼畫出自我介紹的心智圖？」這個問題背後的問題是：「我不知道該怎麼做自我介紹？」

所以這裡簡單的說明一下，口頭的自我介紹應該有以下 3 個特性：

1. 簡短
2. 聚焦
3. 令人印象深刻

自我介紹千萬不能是一堆可有可無的流水帳喔！你必須把自己當成是「商品」，「自我介紹」就像試用包，發送出去讓潛在客戶試用後驚為天人，成為喜愛你這項商品的死忠愛用者！

每個人身上，都有豐富的故事和經歷，千萬別妄想靠著單一版本的自我介紹，勇闖各種社交或專業情境。「自我介紹」，可大可小。可以用來展現親和力，也可以拿來預告專業實力。

正式一點的，通常發生在推甄考試、求職面試、大型會議簡報上。輕鬆一點的，很可能是社交場合裡和新朋友打聲招呼、交換名字。不論是正式一點的或是輕鬆一點的，你都需要準備不同版本的自我介紹。

你可能想問：「為什麼要如此麻煩費心呢？」因為，正式場合中和一般的閒聊哈拉絕對不一樣，正式場合的自我介紹必須像是濃縮精華液，要濃縮你這個人重要的特質，這些特質必須是對方有興趣、想知道的特質。

舉例來說，即使你是思考靈敏宛如《瑯琊榜》裡的江左盟宗主梅長蘇，又是方向感發達的人肉導航機，但如果今天你要應徵家事服務員的工作，最好在自我介紹中，讓人看到你善於整理組織、沒有過敏體質、不怕蟑螂、重視細節等特質。因為，這才是家事清潔公司「在乎」的特質，其他和當個優秀家事服務員不相關的優點，通⋯⋯通⋯⋯不⋯⋯重⋯⋯要！

許多成功人士都會根據「日常社交」和「專業工作」兩大情境，準備不同

版本的開場白或自我介紹。不同基調的自我介紹，可以為你打造得體、吸引人的印象。以下是譚宥宜講師的個人自我介紹版本。❸

❶ 一般社交場合：短版

哈囉，大家好，我是宥宜，你們可以叫我的綽號，發發。

❷ 適用於一般社交場合：長版

哈囉，大家好，我是宥宜，你們可以叫我的綽號「發發」。我是個表達訓練講師，平常喜歡走很多路、看很多書，喔還有，我是個超級泰迪熊迷。

❸ 專業場合：短版，焦點擺在和工作相關的資訊

大家好，我是譚宥宜。我是資深的新聞工作者、口譯員，也是表達訓練講師。如果各位在文字、口語表達或英語學習上，有任何問題想和我交流，非常歡迎來跟我聊聊。

❹ 專業場合：長版

大家好，我是譚宥宜，我過去是資深國際新聞記者，也是專業口譯員，目前是口語和文字表達訓練講師，也是很多民間商業人士的私人中英文文膽。透過專業，我幫助客戶換位思考，用更精準、俐落、有效的方式，準備面試、簡報和演講的文字腳本，提升他們在工作或生活中的能見度。

最得體、最有效的自我介紹，一定都是根據場合配搭出來的。

建議你，也替自己準備 4 個版本的自我介紹。社交場合版（長短&短版），還有專業場合版（長短&短版）。每個版本字不用多，短版 50 字，長版 150 字。

---

❸ 本篇內容由 ESI 口語表達訓練講師譚宥宜協助完成。

你可以根據以下步驟做發想：

1. 確認情境。用於社交場合，還是專業場合？對象可能是哪樣的人？
2. 透過這個版本的開場白，你想營造什麼印象？親和力？或是某個領域的專業感？
3. 眼前這些人和我有什麼共同性？（共同的朋友圈？嗜好？背景？在乎的議題？⋯⋯）
4. 眼前的這些人對我有什麼好奇？（過去的學業成績？職場經歷？特殊成就？⋯⋯）
5. 我有什麼特別之處，是對方有興趣知道的？
6. 我希望對方記得我什麼？

根據以上的步驟，在這個篩選過程中，自然而然，你就會剔除掉那些別人不需要、也不想知道的個人資訊了，輕鬆演變出簡短、聚焦且讓人印象深刻的自我介紹或開場白。

【練習 1】以自我介紹的心智圖吸引聽眾：強調自己的優點[4]

動手寫內容前，要先想好這三點：

1. 設定你要對誰介紹

  譚宥宜講師的這張自我介紹，主要設定的對象，是對她的課程有興趣，好奇講師背景的學生。

2. 預設對方會好奇的地方

  通常學生在認識老師時，會好奇老師的學、經歷背景，因此在這張圖中，第一條是學歷脈絡，第二條是工作經歷脈絡。

---

[4] 本練習的內容由 ESI 口語表達訓練講師譚宥宜協助完成

3. 記得要加入人味

第三條加入興趣脈絡，是為了在學經歷的專業感之外，添加人味，讓大家知道老師私底下也是有多元興趣的。

當你決定好自我介紹的內容後，可以將內容以頭──中──尾「三段架構」的方式做呈現。因為這樣的結構，最方便組織和記憶，同時也不會提供過多的資訊給聽眾。

在口頭自我介紹時，你可以挑選每條脈絡下最特別、最有趣的支脈來作主述，其他次要資訊為輔。這樣你的自我介紹就會很有層次感。

譚宥宜的自我介紹

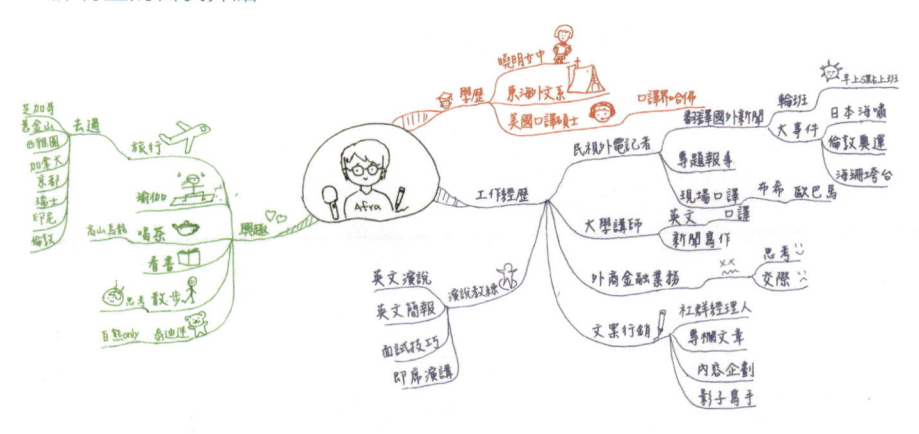

【練習 2】以自我介紹的心智圖吸引面試官：求職履歷

在對方眼中越重要的訊息要放在越前面，林〇麗已經不是剛畢業的社會新鮮人，相較之下工作經歷比學歷還要重要，因為工作時間越久，學歷相對越不重要。一般的書面履歷是這樣寫的：

姓　　名：林〇麗
聯絡方式：（家）02-12345678
　　　　　（手機）0912-345-678
　　　　　（E-mail）abcdefg@gmail.com
求職期望：可以發揮個人英文能力與工作能力的助理職位
工作經歷：2009.5～迄今　　　EFD 企業　　經理祕書
　　　　　2007.6～2009.4　　 AFF 廣告　　行政助理
專　　長：組織溝通、文書處理、電話應對、素材資料蒐集、資料整理。
語言能力：國語是母語。英語聽說讀寫皆流利。日語讀寫能力流利。
學　　歷：淡江大學社工系畢業。

　　版面設計會呈現你的個人風格，所以要以簡潔有力為主，因為審閱履歷的人都很忙，不要讓他們眼花撩亂，所以只要在中央主題畫上自己的模樣，或者是貼上大頭照。

　　第一條脈，先秀出你的連絡方式，不要讓他們花時間去找你的連絡方式。

　　第二條脈，秀出你的企圖心、讓人力資源單位立刻辨識是不是他們要找的人。

　　第三條脈，在工作經歷上要寫出一些重要的具體成果，才會吸引人力資源人員的眼光。

　　第四條脈，強調你的抽象能力。

　　第五條脈，會使用多種語言將會比較吃香，在此更明確地秀出你的語言能力。

　　第六條脈，只有剛畢業的社會新鮮人，能透過學歷來證明你會什麼、你能做什麼，一般工作超過三年以上的人，學歷的重要性降低，個人能力的重要性提高。於是林〇麗把學歷放在最後一條脈上。

↻ 林〇麗的求職自我介紹。

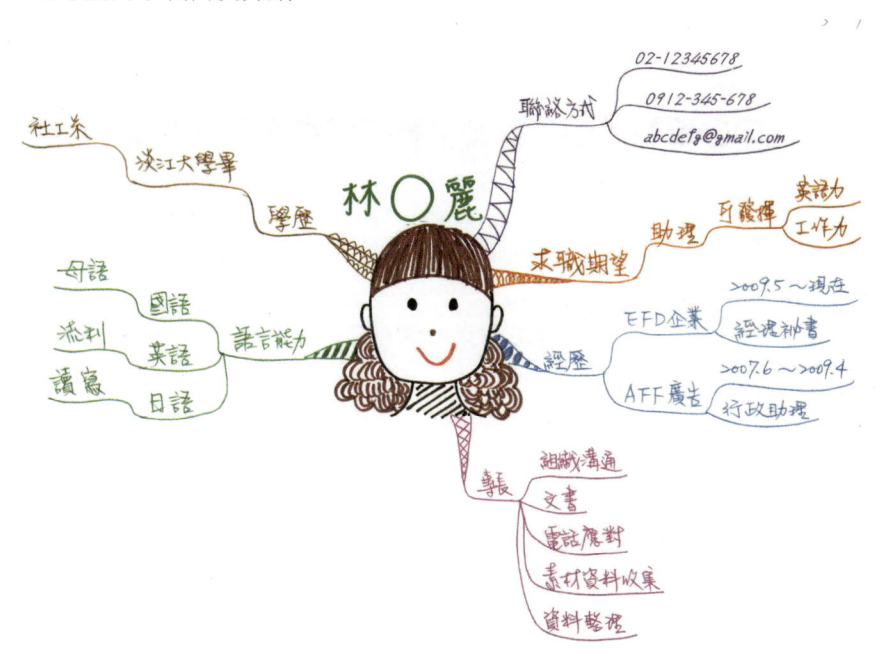

【練習3】募款計劃書

可以先用心智圖方式思考，會更容易了解勸募計劃中的重點喔！最後再改成一份書面的勸募計劃。

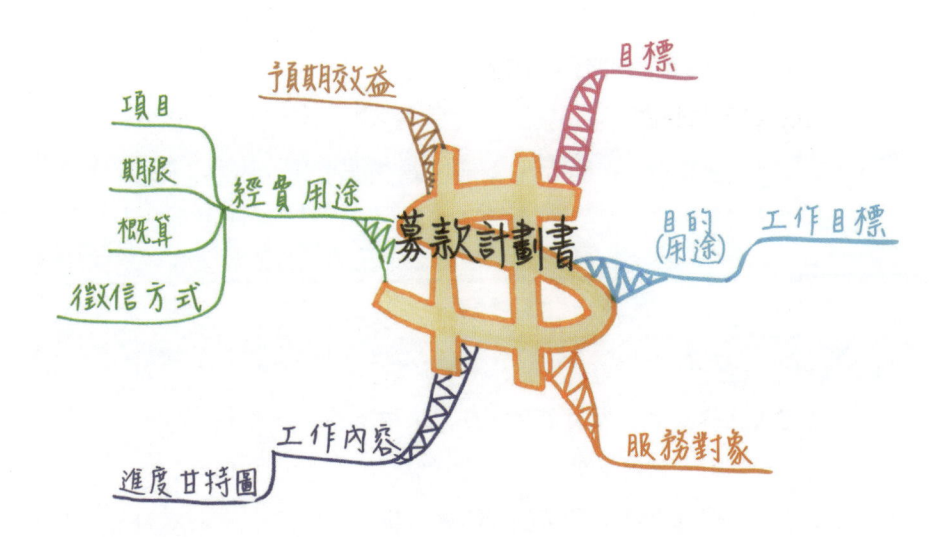

一般書面計劃書都是採條列式寫法，內容部份是文章方式。如下列範例：

○○單位「○○計劃」募得財物使用計劃書

一、計劃目標

　　○○○○

二、目的（用途）

　　根據上述○○○○之問題及需求，配合○年度工作計劃，訂出主要工作目標及目的如下：

　　（一）○○○○○○

　　（二）○○○○○

　　（三）○○○○○○

　　（四）○○○○

三、工作內容及服務對象

　　（一）服務對象：○○○○

　　（二）預估○年 1-12 月，辦理各項支持性小團體及中大型專案活動○類，共有○場次，估計可服務之對象達○○○人次。

　　（三）依據服務內容，訂出工作執行甘特圖，以確實掌握工作進度：

「推動 ○○○○全面向服務計劃」

方案執行進度甘特圖

工作項目	1月	2月	3月	4月	5月	6月	7月	8月	9月	10月	11月	12月
1.○○○	***	***	***	***	***	***	***	***	***	***	***	***
2.○○○			***			***			***			***
3.○○○			***			***			***			***
4.○○○				***	***					***	***	

　　（四）經費用途：作為執行本計劃經費支應，如：場地費、講師費、心理
　　　　　諮商費等。

　　（五）預定募款金額：新臺幣○○○萬元整。

四、預定經費使用期限：預估〇年 12 月 31 日前完成

五、經費概算：

項目	次項目	單位	數量	單價	預算數	備註
〇〇	個案訪視輔導事務費	小時／人	〇次×〇人	〇〇元	〇〇元	〇〇
	交通費及餐費	次／人	〇〇次×〇〇人	〇〇元	〇〇元	〇〇
〇〇	場地費	場次	〇次	〇〇元	〇〇元	〇〇
	團體領導者講師費	人／時	〇〇人×〇〇小時×〇〇次	〇〇元	〇〇元	〇〇
	輔導員	人／時	〇〇人×〇〇小時×〇〇次	〇〇元	〇〇元	〇〇
〇〇	活動材料費	次／人	〇〇次×〇〇人	〇〇元	〇〇元	〇〇
〇〇	活動材料費	次／人	〇〇次×〇〇人	〇〇元	〇〇元	〇〇
合計					〇〇元	

六、經費使用：依活動經費概算項下專款支付。

七、徵信方式：活動結束後，辦理情形及捐款明細除報請主管機關備查外，另刊登於本會網站及會刊中。

八、預期效益：〇〇〇〇〇〇〇〇〇〇

五、人生要怎麼做選擇才不後悔？

　　心智圖可當作尋找人生方向的工具，但是給心急的你，想直接翻到後面看心智圖舉例前，我強烈建議你一定要先看完這三大啟發。這三大啟發來自於我在大學一年級的生活經驗，過去只會在我的課堂上說出來，因為還需要更多的實證經驗才敢寫在書中。絕不是我偷偷藏了祕訣，而是畢竟你看書跟你來上我教的時間管理課程，吸收效果絕對不一樣。

　　你親自來上課的話，我可以透過互動更了解你的優缺點，我能隨時幫助你去調整輸出的思考內容。但你現在是一個人在閱讀著這本書，你的吸收力如何？你對內容有誤解嗎？你有沒有漏看了哪些重點？這些我通通無法得知。只

能經過我自己與學員的實證累積，用文字簡略說明：

1. 人生最重要的事情不是要做什麼，而是分辨「要做什麼？」跟「絕對不做什麼？」

　　坊間有眾多的書籍，都在告訴你，你要如何做「目標設定」，你要怎麼寫下「你死前想要做的事情」，核心觀念大家寫的都一樣。你去書店實際翻翻，找一本你覺得用字遣詞看起來比較順眼的，買回家仔細照步驟好好做就好。

　　但是，我在大學時代就發現了，目標設定或確立未來想要做什麼，並無法帶給你快樂且輕鬆達標的人生。我們的人生中總有許多「意外事」、莫名其妙的「怪事」、無厘頭的「鳥事」一直發生來干擾你內心真正想要做的「正事」。

　　所以你應該要用心智圖來列出兩張清單，一張主題是「這輩子想做的事」，一張主題是「絕對不要做的事」。

　　根據 80／20 法則，人生這塊披薩可以分成兩大塊，我稱之為大塊（80%時間）跟小塊（20%時間）。人生中的小塊（20%時間）能做你想做的事情，但是這 20% 的時間能帶來你人生中 80% 的快樂。人生中的大塊（80%的時間）卻只能得到 20%的快樂。

　　反向思考一下，你要分辨出大塊那一邊（80%的時間）都在做哪些不快樂的事情，這些事情就是你「絕對不要做的事」。

2. 不要錢的，永遠最貴！

　　時間跟金錢永遠是天平的兩端，這個地球目前還沒有「又省時間又省錢」的事情。省錢的就會花時間；花錢的就能省時間。

　　2007 年 iphone 剛上市時，一個跟我可以很直白地講真心話的朋友極力鼓吹我：「趕緊換手機，因為真的很好用！」

　　他說：「手機有很多軟體可以用來免費打電話，可省下電話費。隨時都能上網，查食衣住行的資料都很方便，越方便就越省時間。」

我問:「買 iPhone 跟綁約兩年的上網吃到飽,月租費雖然可以折抵通話簡訊費,但這兩年下來你一共要花多少錢?」

他說:「手機 24000 元,綁約兩年吃到飽的電信通話費大約是 26400 元,一共是 50400 元。」

我說:「你又不會在手機上看影片,因為你說那很傷眼睛。你的生活方式根本不需要隨時上網啊!難道你不能在出遊或出門前先在家裡上網查好各項資料嗎?你的生活方式是周一到周五下班後就直接回家,周六打掃或是採購日用品一整天,周日到娘家或婆家,原本一個月手機通話費 300 多元,加上家裡上網費用 400 多元,一個月總計算 900 元,兩年一共花 21600 元。你為了要免費打電話跟隨時能上網,你反而多花了 28800 元。」

這種「不要錢的,永遠最貴」情況,非常常見。

若仔細觀察一下「手機成癮症」者的行為模式,他就算有你的手機號碼,也不會打電話給你,他們喜歡跟你要 LINE,不管是重要的事或不重要的事,都傾向於用 LINE 跟你溝通。這就造就了一種現象,本來打電話三十秒可以講完的事情,用打字卻花了二分鐘,你為了省錢、免費,反而掉入了浪費時間的陷阱中;不管對方寫了什麼,因為看不到對方的臉,我們就得一直回覆個貼圖或是「哼哼、哈哈、科科、嗯嗯」一下,這些貼圖與打字時間累加起來,一天就浪費了你好幾十分鐘的時間成本。

換個人性角度來想,如果你的好朋友有事找你,卻事事都只願意用免費的 LINE 跟你說,不願意花個一分鐘六元的通話費在你身上,請問,這種人真的是你的好朋友嗎?

「真好朋友」才值得你花時間在他身上。很多學員用我教的這個方法,就測試出哪些人是「真好朋友」,哪些人是「假好朋友」。另外「用鍵盤溝通而吵架」的機率是「面對面溝通而吵架」的數倍以上。

更何況多數人的打字速度不快，LINE 只適合用來一對多的告知、通知、公告，並不適合用來討論事情。

3. 把時間換算成錢，你才能分清楚究竟是「省錢花時間」還是「花錢買時間」，才能為你賺到更多的時間

我在課堂上常故意問學員一個問題：「花較多的錢搭計程車，跟花少少的錢搭公車，那個生活方式才聰明呢？」不管你的答案是什麼，背後都有五花八門的理由，最後就是公說公有理，婆說婆有理。

面對人生中金錢與時間的矛盾時，我的標準答案只有一點：「有更多的時間，才會讓你覺得更快樂。」

多數人在年輕時用時間換金錢，年紀大了就用金錢想買回時間。隨著年紀增加，辦公室或家中抽屜的保健食品越來越多，花錢買保健食品，表面上是花錢買健康，本質是花錢買未來的時間。問問你自己，吃保健食品時的你，吃得很快樂嗎？應該沒有人是無憂無慮或熱衷於吃保健食品的吧？

【練習1】時間管理筆記術

時間就是金錢，請你真正把時間當成有價貨幣來看待。提高金錢利潤有「開源」跟「節流」兩個方向，對應過來，提高時間利潤就是「機會」跟「成本」兩個方向。

1. 成本角度

2015 年工讀生的最低時薪是每小時 120 元，也就是一分鐘 2 元，沒有工作的你可以用這項條件來計算。周休二日的上班族們，假設是月薪 32000 元者，請換算成時薪計算（32000÷22 天÷8 小時＝時薪 181 元，一分鐘算 3 元好了。

【舉例1】

實體店賣 280 元，網購 220 元，從實體店搭公車一段票回家要花 20 分鐘，回家上網下訂單（姑且不計網站比價時間）要花 5 分鐘。有些人都在實體店面檢視商品，然後再回家到購物網站上用更低的價錢購買。到底這樣做是真的「聰明購物」嗎？

	直接在實體店買的成本			實體店體驗後回家網購的成本					價差
	售價	車資	車程	總計	售價	車資	車程	上網	總計	
時薪 120	280	15	20×2=40	335	220	15	20×2=40	5×2=10	285	50
時薪 180	280	15	20×3=60	355	220	15	20×3=60	5×3=15	310	45

第一個表格，告訴我們兩個結論：

1. 薪水越高的人，「到實體店面的總成本」跟「店面體驗後再網購的總成本」的價差會越小。
2. 「上網時間成本」是你在購物前就可以事先計算出來的。如果實體店的售價跟網路上的售價，兩者之間的價差不夠大，沒有超過你的上網時間成本的話，你應該當場就買回家帶走。馬上帶走還有一個時間上的好處，就是廣告詞說的「早買早享受」的機會。

【舉例2】

實體店賣 280 元，網購 220 元，從實體店搭公車一段票回家要花 20 分鐘。網購下訂單要花 5 分鐘。實體店中諮詢時間要花 10 分鐘，網站比價時間要花 30 分鐘（暫時忽略上網電信費與處理退貨這件事）。不知道這個東西好不好，要去實體店親自體驗看看，還是要在網路上查詢商品評價與比價，哪個做法是真的「聰明購物」呢？

	去實體店體驗後購買的成本					網路比價後網購的成本				
	售價	來回車資	來回車程	諮詢	總計	售價	比價	退貨	總計	價差
時薪 120	280	15×2 =30	20×2×2 =80	10×2 =20	410	220	30×2 =60	0	280	130
時薪 180	280	15×2 =30	20×3×2 =120	10×3 =30	460	220	30×3 =90	0	310	150

第二個表格，告訴我們兩個結論：

1. 薪水越高的人，親自體驗並採購的時間成本越高，越適合網站比價後網購。
2. 只要「來回車資車程與體驗的時間成本總合」高於「查評價、比價、退貨處理的時間成本總合」，你就應該網購。所以越是量化且有固定規格的東西，越應該要網購。

　　這裡延伸出另一個生活例子。經過數字化的計算，我也能更理解或許為什麼以前蘋果的賈伯斯、臉書的祖克柏，他們的衣服款式只有一款的理由了。因為常換款式不僅分走他們的注意力，同時試穿衣服付出的時間成本也很高。
　　以上時間的「成本」都是屬於節流角度。
　　千萬別為了省小錢，卻賠掉大錢的機會。別忘了，屬於開源角度的「機會」，才是真正影響你人生最大快樂的主要因素喔！

2. 機會角度
　　常言道：「機會是給準備好的人。」「面對機會，你準備好了嗎？」
　　不僅是你的專業知識與技能準備好了，一件事情有光就有影，面對大機會所帶來的大挑戰，與大挑戰帶來的大挫折時，你的心態與抗壓性準備好了嗎？
　　運用心智圖可幫你快速了解自己的機會所在。
　　說到時間管理，必定要提史蒂芬.柯維所提出的「第二象限時間管理法」。你可以把一天或是一周要做的事情，隨時分別填入這四個象限中，透過填寫的

動作，你會漸漸釐清過去時間管理做不好的原因。記得要把專注力放在第二象限上。

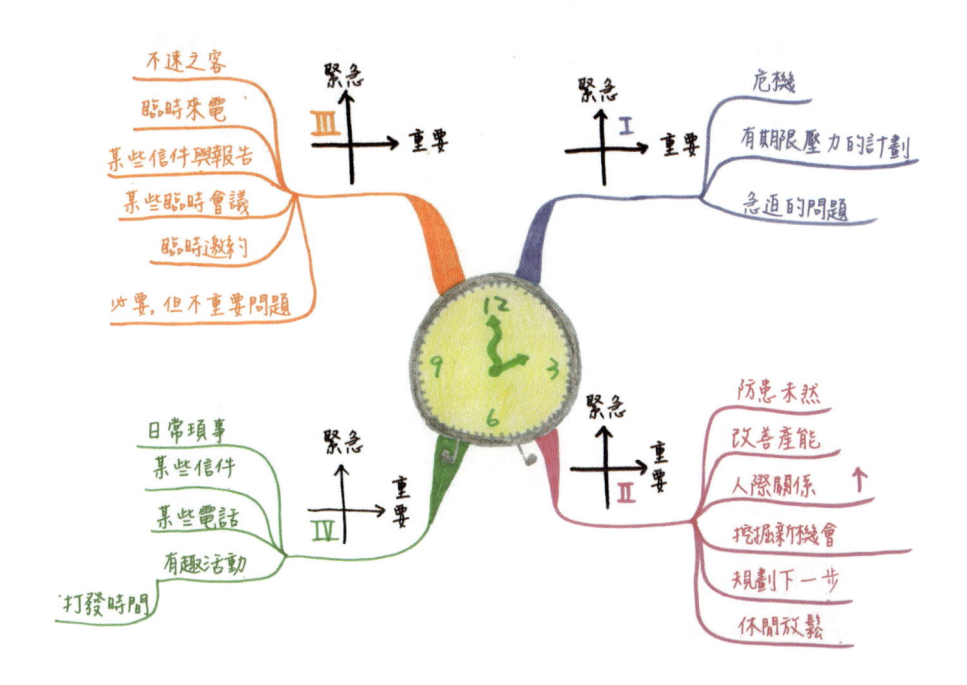

【練習 2】戀愛心智圖

我本來是不想寫這個章節，因為我不是兩性專家，但編輯說服了我，理由是心智圖拿來做分析判斷與決策是很好用的工具，為什麼不讓讀者見識一下心智圖如何用在情感困惑上呢？

好吧，請你記得以下是純屬我的個人想法喔。

星座說 XX 座配 OO 座超適合，A 生肖配 B 生肖超合，還有紫微斗數或是手、面相怎麼說兩個人適不適合，都可以找到偏偏就是會分手或離婚的例子，所以關鍵點不是用算命能解決的。

大家在討論愛情跟麵包那個比較重要？網友熱烈討論高富帥或白富美一定比較好？雜誌等新聞媒體總是常常用各種例子告訴我們如何找到對的那個人？

我個人覺得談戀愛跟婚姻會失敗都是因為「你不知道你要的是什麼」，你

只是人云亦云地去過別人的戀愛與婚姻。會失敗跟愛不愛自己無關，跟你能不能夠不要人云亦云去做很多事情有關。

想要戀愛成功，先為你自己畫張心智圖，主題就是我想要戀愛。這張圖當然不可能一次就完成，人的思緒總是來來去去，念頭容易隨著周遭環境與人事物變來變去，所以你要隨時攜帶這張圖，隨時更改這張圖，當你確定你要的是什麼後，自然你的潛意識會帶領你注意到你的理想對象。

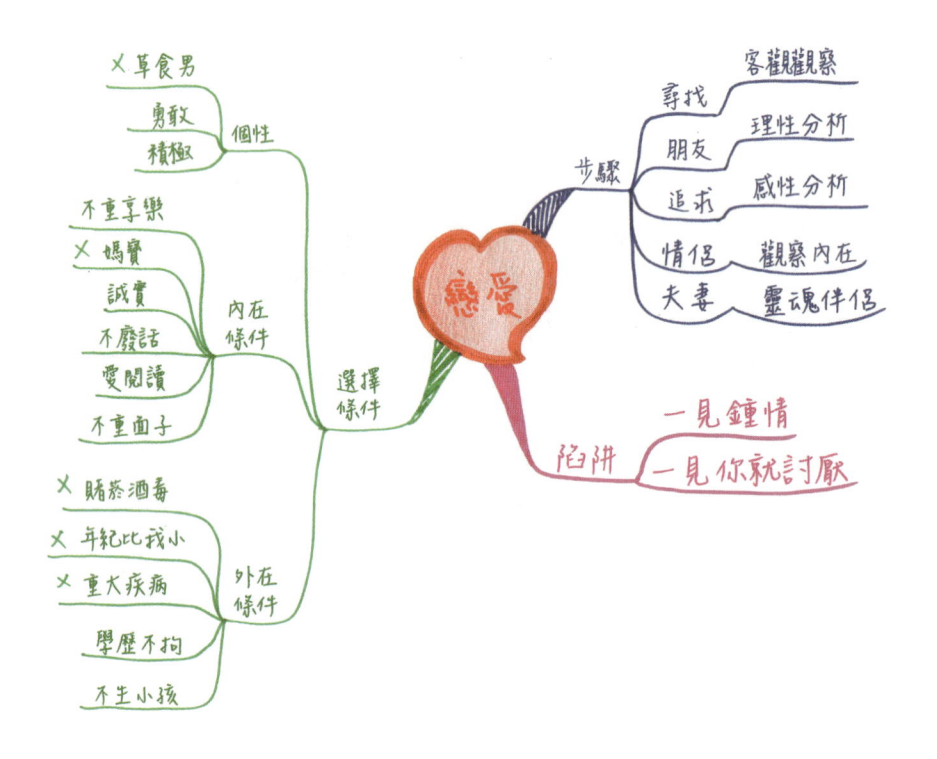

【練習3】單身還是結婚？

有時候學員會私下來問我：「你覺得單身好還是結婚好？」

沒對象的人這麼問：「要不要結婚？」你的真正問題應該是「結婚對我的未來人生會是一個好選擇嗎？」我覺得會問這種問題的人，不是對自己的答案沒自信的人，就是不清楚自己未來要過什麼樣的生活。

有對象的人這樣問：「要不要結婚？」你想問的問題應該是「要不要跟這

個人結婚？他是那個對的人嗎？」，再深入一點探討，你的真正問題是「跟這個人結婚的婚後生活會比現在更快樂嗎？」

我不是婚姻專家，我也沒有把結婚生子當成是人生一定要完成的事，如果你會被我影響而不結婚、不生子，導至少子化更加嚴重，請政府不要把帳算到我頭上。

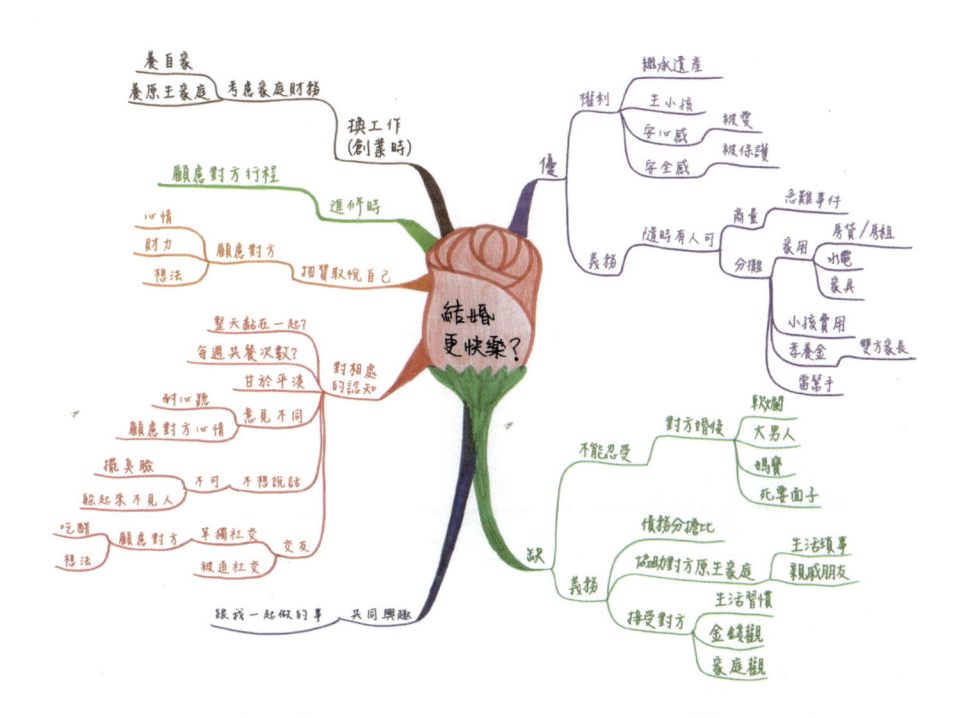

【練習4】該去哪家公司上班呢？

找工作就跟找結婚對象一樣，首先不要太天馬行空，例如拿林志玲或金城武當目標。你要先了解自身條件跟公司要求條件之間的差距會不會很大？

但也不要太妄自菲薄，不要因為怕找不到工作，就接受一些不合理的工作條件，例如要你先花錢買制服。

也不要先預設很多條件，例如非要離家十分鐘就可到的公司。

求職必須先審慎地評估你對人生未來的期望，這樣你才能知道該追求什麼樣的工作機會，或是你該捨棄什麼樣的機會。

1. 第一步

先不考慮什麼公司會任用你,先決定你要用哪些項目做為分析公司的依據。

1. 最終目標
2. 目前期望的工作類型。
    (1) 你要追求薪水,還是追求福利多、休假多?
    (2) 最終目標職位是?
    (3) 社會形象
    (4) 職位發展性
3. 期望薪資
4. 組織特點
    (1) 規模大小
    (2) 制度
    (2) 組織文化
    (3) 分工細緻度

針對第一項來確立你心中理想的工作是什麼樣的,有了這項目標,下決定取捨時才有所依據。

這些問題的答案不容易一次到位,你可以運用心智圖繪製出想法,常常看,可能會常常修改,每次修改都是一而再,再而三的確立你內心真正要的是什麼。

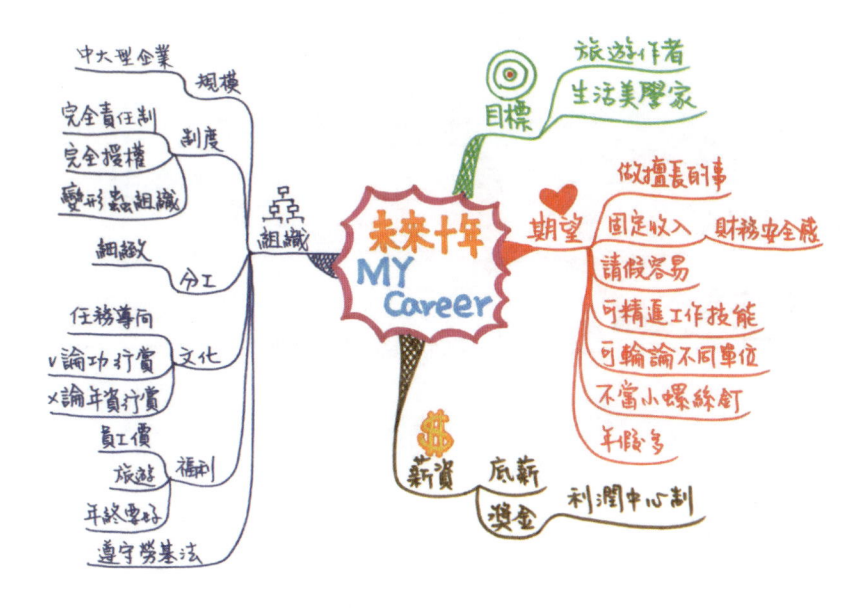

2. 第二步

　　以公司名稱（可再加上職稱）為中心主題，用上述的項目來做為每一條主脈，開始動手繪製心智圖。有些資訊你不見得在面試時或是私底下打聽得出來，能寫多少內容，就寫多少內容。

● 將○○公司的優缺點都列出來

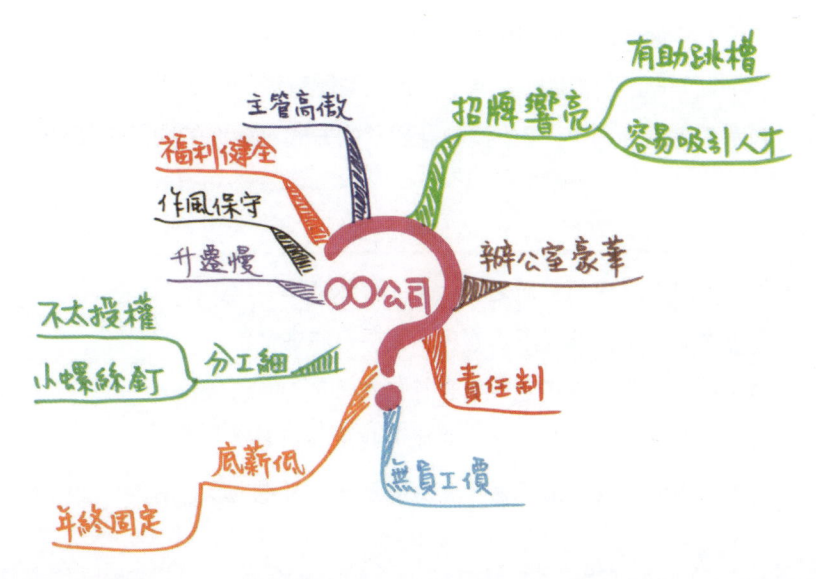

將△△公司的優缺點都列出來

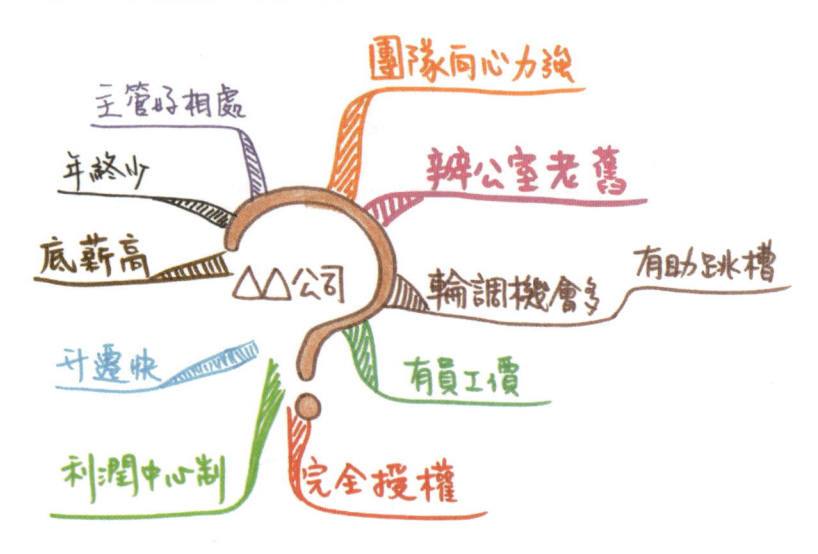

[心智圖：△△公司
- 主管好相處
- 年終少
- 底薪高
- 升遷快
- 利潤中心制
- 完全授權
- 有員工價
- 輪調機會多
- 有助跳槽
- 辦公室老鳥
- 團隊向心力強]

3.第三步

世界上沒有完美的事情，凡事總有優點跟缺點。比對一下這三張心智圖，你就會比較容易下決定了。

【練習5】追求夢想一定要離職創業嗎？

有時候思考會卡住，是我們不懂得運用「換句話說」。

「追求夢想一定要離職創業嗎？」這個問題背後的問題可能是更為聚焦的問題（範圍更小的問題），用「換句話說」的方式，讓你的問題更加聚焦，例如：

- 對現在的工作內容不滿意，一定要離職嗎？
- 對現在的主管的管理不滿意，一定要離職嗎？
- 換了幾份工作都不滿意，該自行創業嗎？
- 想做的事情，只有創業才能完成，我適合創業嗎？
- 對工作內容有自己的想法，我適合創業去實現嗎？

有時，我們把問題看得太廣太大了，就會覺得太過困難而卡住。

但是「追求夢想一定要離職創業嗎？」也可能是表面的問題，卡住我們的重點在於別的問題，用「換句話說」的方式，讓你能跳脫出原本的思考框架，例如：

- 不想被人管，我想當老闆，但我適合創業當老闆嗎？
- 不知道為了創業，我該付出什麼樣的代價？
- 萬一創業失敗了，我還能再回到職場嗎？
- 家人不同意我創業該怎麼辦？
- 不想看主管臉色，但創業要看客戶臉色，我該創業嗎？
- 我想完成個人夢想，但市面上沒有這種工作，我適合自行創業嗎？

原本的「追求夢想一定要離職創業嗎？」是第一個層次的問題。你應該用以上第二個層次的思考角度來繪製一張心智圖，更可以幫助你下決定。

> 我適合創業當老闆嗎？分析一下自己目前具備多少當老闆的條件

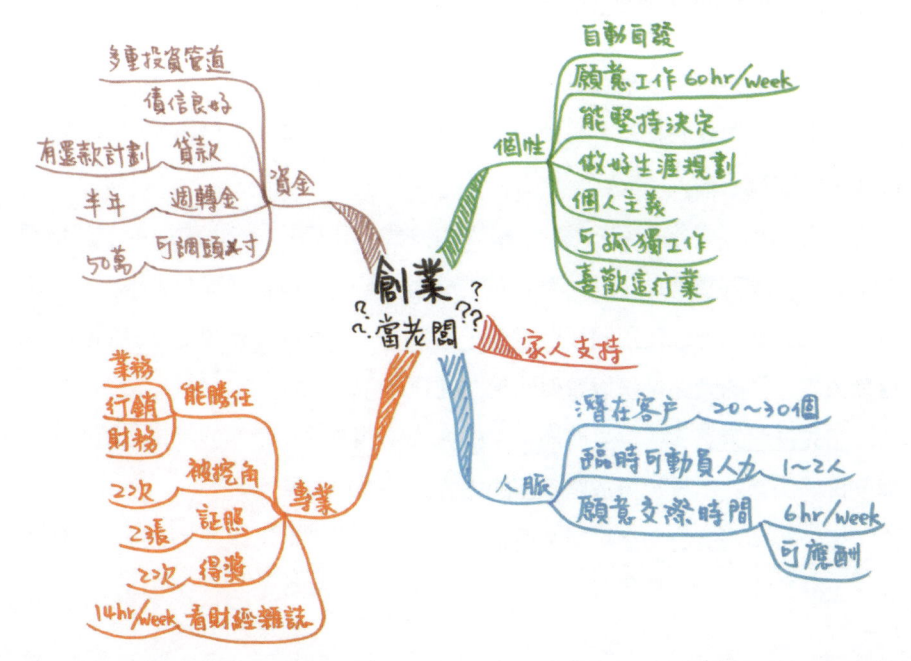

↻ 創業要處理的事情。
兩張心智圖放在一起比較一下,就能得知自己在經營公司上還需要增加什麼能力。

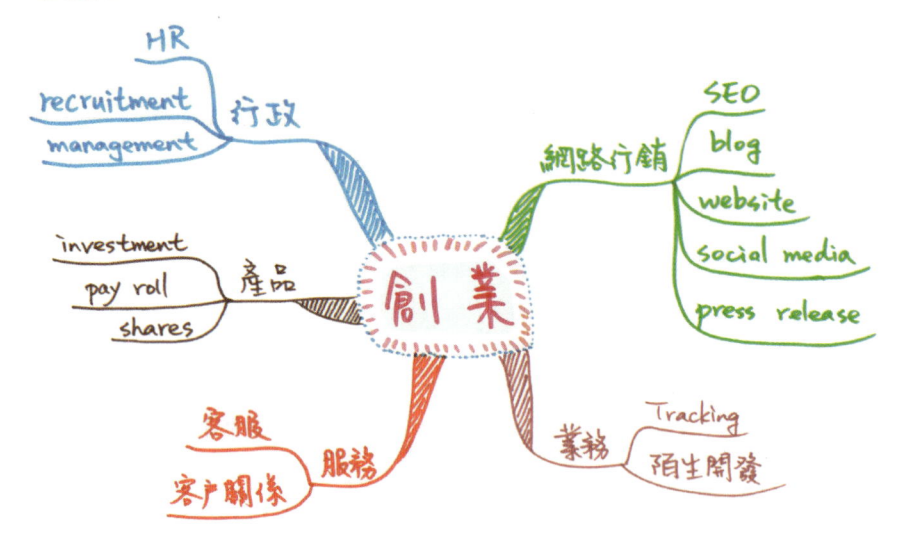

心智圖：創業
- 行政：HR、recruitment、management
- 網路行銷：SEO、blog、website、social media、press release
- 產品：investment、pay roll、shares
- 服務：客服、客戶關係
- 業務：Tracking、陌生開發

六、上考場前,將心智圖存在大腦裡!

　　考試時把答案寫出來就是「輸出」腦中知識的過程。既然念書是為了要考試,一開始我們就必須為了「輸出」去畫心智圖,就等於是借由繪製心智圖的動作來把知識「輸入」大腦。

　　以上過程跟電腦打字一樣,「輸入的方式」正確,「輸入的速度」就會很快,只要檔案歸檔邏輯清楚(輸入的方式),事後搜尋該檔案的「輸出」速度就會又快又準確。你使用同一台電腦,輸入方式與歸檔邏輯改變,你的輸出速度就改變,你的大腦也是以類似的模式在運作。

　　請先依照第 7 章「常見問題」中的方式,調查好每章節的歷年出題機率,與安排好讀書計劃後,再依照下面的方式去製作心智圖。

　　這張心智圖上的文字可能會很龐雜,至少要用 A4 尺寸以上的紙張來畫。

❶ 問答題：以答題方式來畫心智圖

針對國考與證照考學生倍感困難的申論題（問答題與簡答題亦同），出題方式大體分成兩種：

（1）針對某個論點來回答

105 年題目：試說明 AA 的起源，並解釋與 CC 有何不同？
103 年題目：試說明 AA 的起源、定義、適用範圍。

假設第一章第一節「甲甲」講到 AA、BB、CC、DD，經過分析歷年考古題的機率後，發現 AA 的出題機率最高，其次是 CC，最不會考的是 BB 與 DD，心智圖筆記應該要這樣做。

◐ 第一張心智圖主題 AA。給這張圖一個編號「甲-1」，方便查詢。你可以順便把出題機率備註在空白處，提醒自己這張心智圖一定要熟讀。

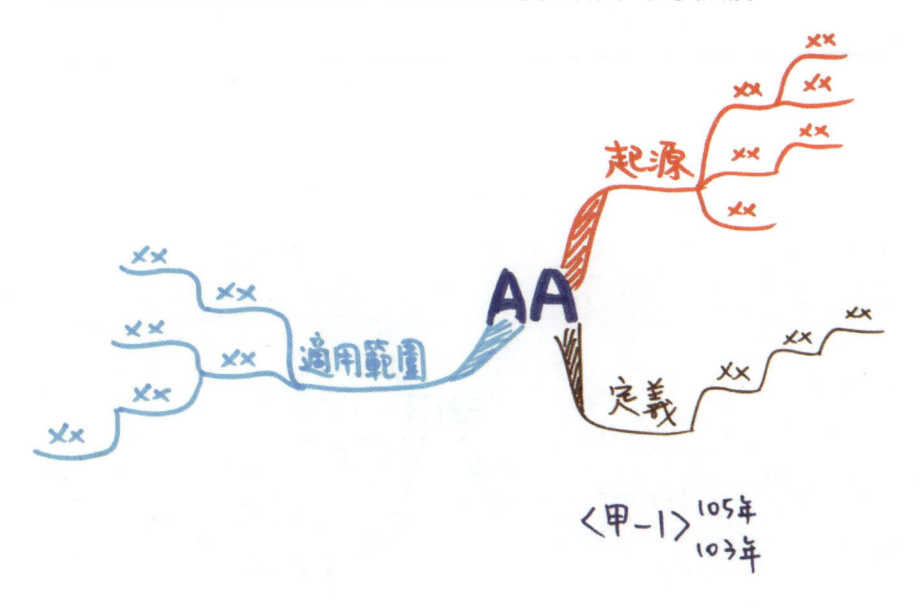

- 第二張心智圖主題 CC，也是要熟讀。

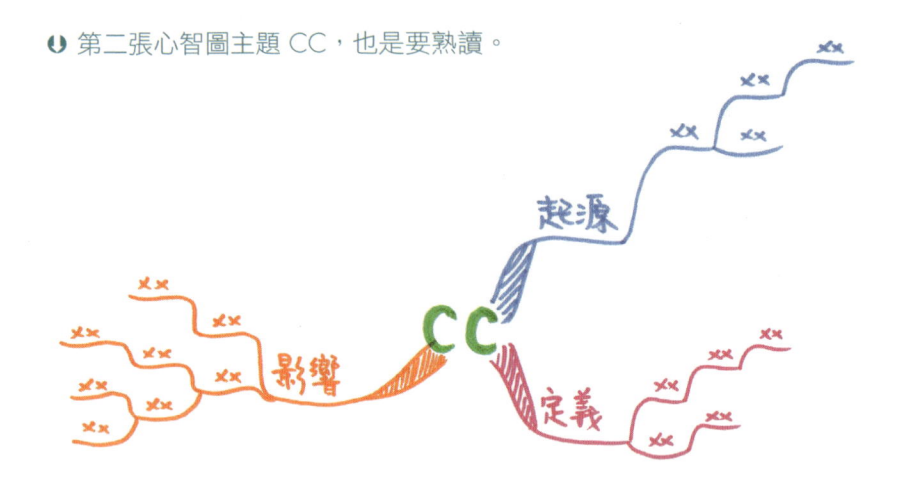

〈甲-2〉

- 第三張心智圖主題「甲甲」，做出本節整體觀的心智圖，把最不會考的 BB 與 DD 也一起納入。

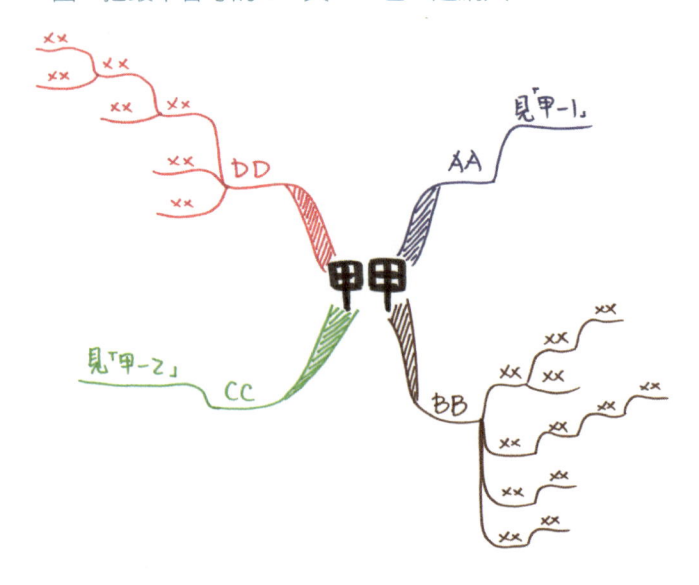

最後，再依照本第 7 章「常見問題」中的時間規劃來做複習。想要複習一下整體觀時，就把這三張心智圖平攤在桌上一起閱讀。

複習時多瀏覽幾次心智圖，比努力背下一張心智圖更加管用。只要你平時常常瀏覽心智圖，不管你在複習時的狀況如何，奇妙的是在考試時，就會發現大腦自動會源源不絕地輸出答案。

【實例】行政法

1. 行政概念

心智圖上同一個脈絡中最好不要有重複的關鍵字詞出現，但因這是為了回答申論題而畫的心智圖，所以還是把「區別實益」寫三遍。另外，在「私經濟」旁邊做上註記，提醒自己這是考試的重點，要記得延伸參考另一張「私經濟」的心智圖。

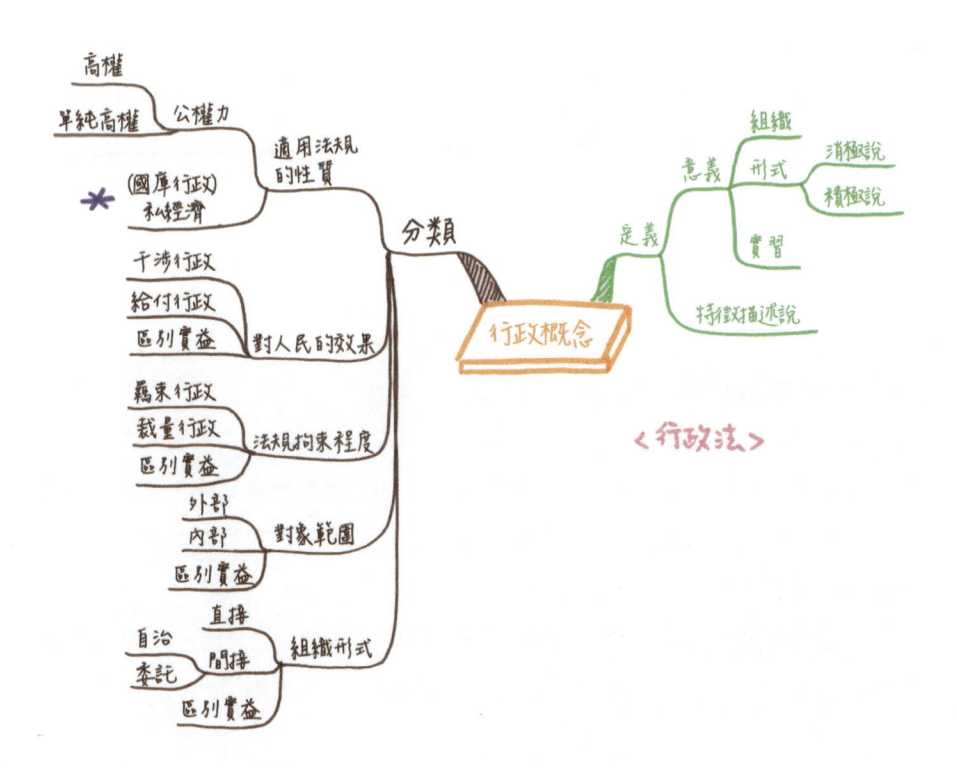

2.私經濟

「私經濟」是常見的考題，於是獨立成另一張心智圖。複習時要看著心智圖上的關鍵字詞，腦中想著答題時要寫的句子。

如果你的紙張夠大，當然你也可以把「私經濟」畫在上一張心智圖的某個空白角落處。這種做法我稱之為「心智圖中的心智圖」，英文稱之為 Mini Mind Map。有人直接翻譯成「迷你心智圖」，但我覺得這個字眼並沒有表達出精髓意義。

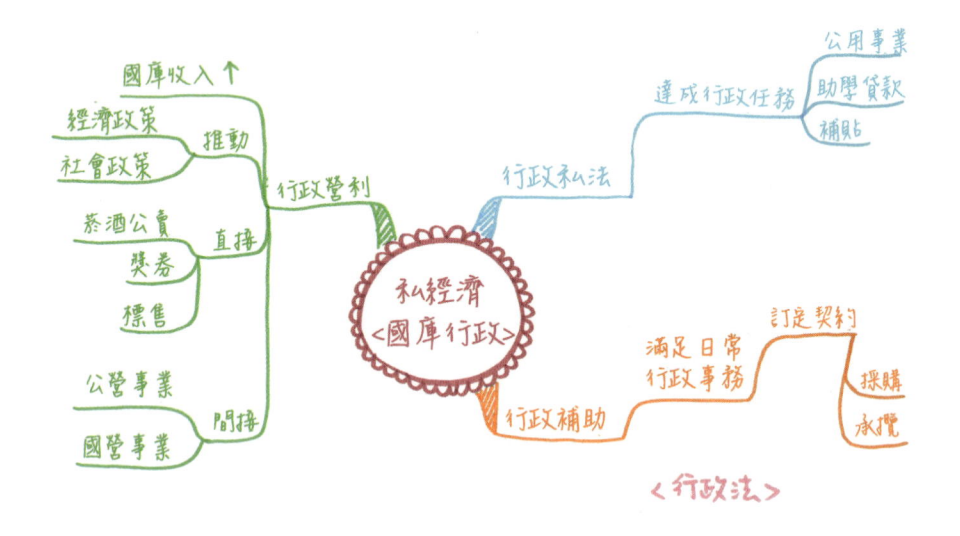

（2）時事題或實例題

這類題目要你閱讀完實例後，寫出相關的法令或理論。也就是說你要回答的內容並非是侷限於某一章或某一節的內容，你必須把跨章節或跨書籍的內容一起回答。那麼，你就依照一節一節來畫。如果一章的內容不是太多，就一章一章來畫。

假設答題範圍要結合第一章第一節「甲甲」中的 AA、第三章第二節的「戊戊」中的 GG。你可以依實際情況，選擇看要用下列哪一種方式來製作。

1. 第一張心智圖主題 AA，第二張心智圖主題 GG，複習時把這兩張心智圖放在一起閱讀。
2. 第一張心智圖主題「甲甲」，第二張心智圖主題「戊戊」，複習時把這兩張心智圖放在一起閱讀。

↻ 第一張心智圖主題「甲甲」，在 AA 處做註記，提醒自己要連同 GG 一起閱讀。

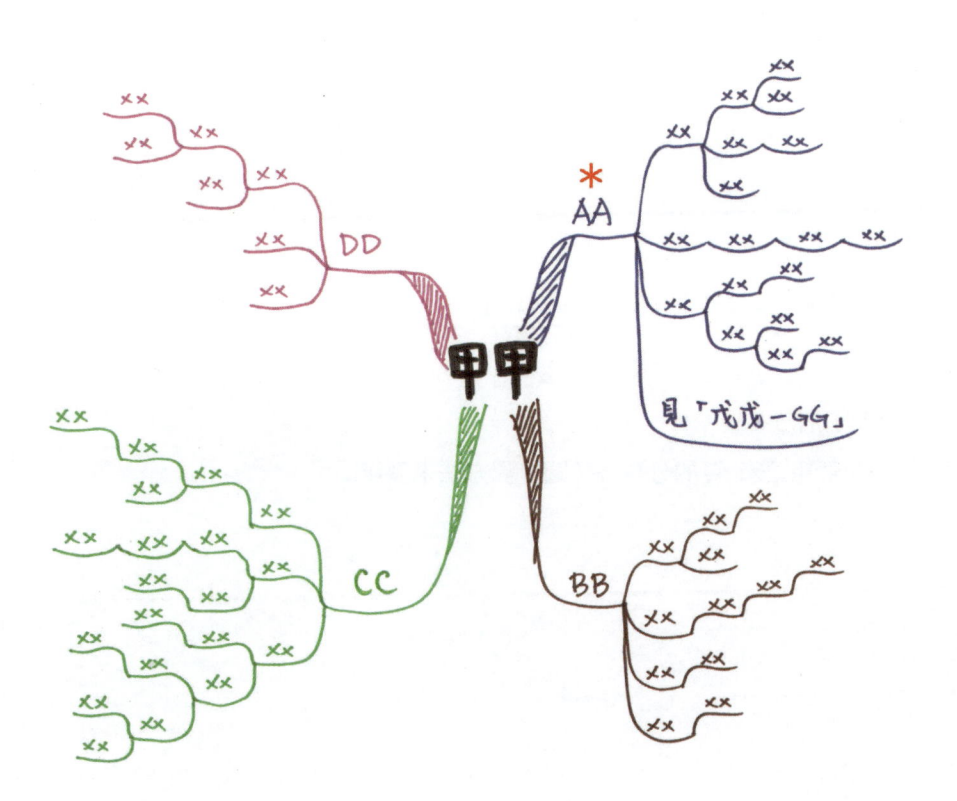

➊ 第二張心智圖主題「戊戊」，在 GG 處做註記，提醒自己要連同 AA 一起閱讀。

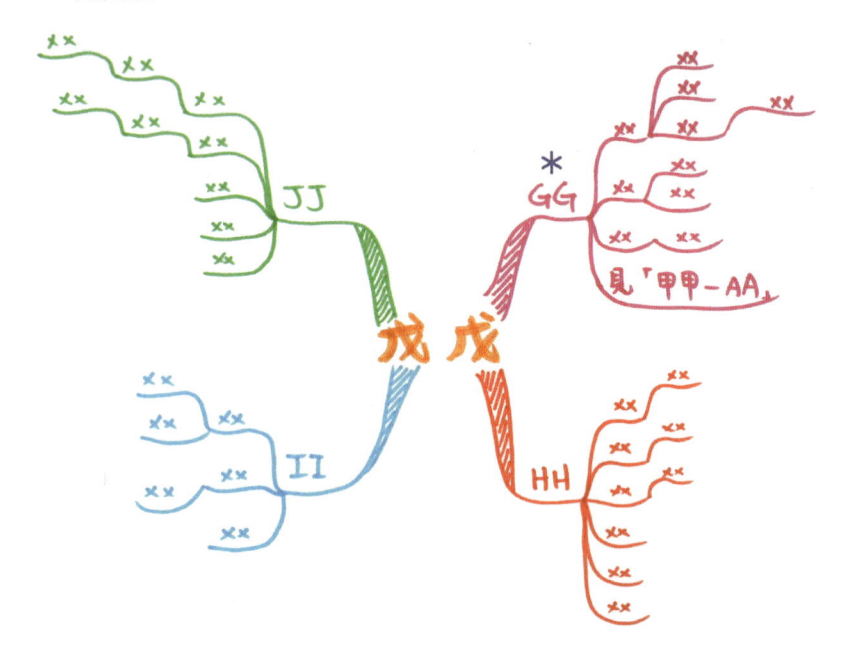

見「甲甲-AA」

➋ 選擇題：以章節來畫整體觀的心智圖

【實例】刑法名詞

只要用 221 頁的分章心智圖步驟方法來製作即可。

刑法中的基礎名詞-1

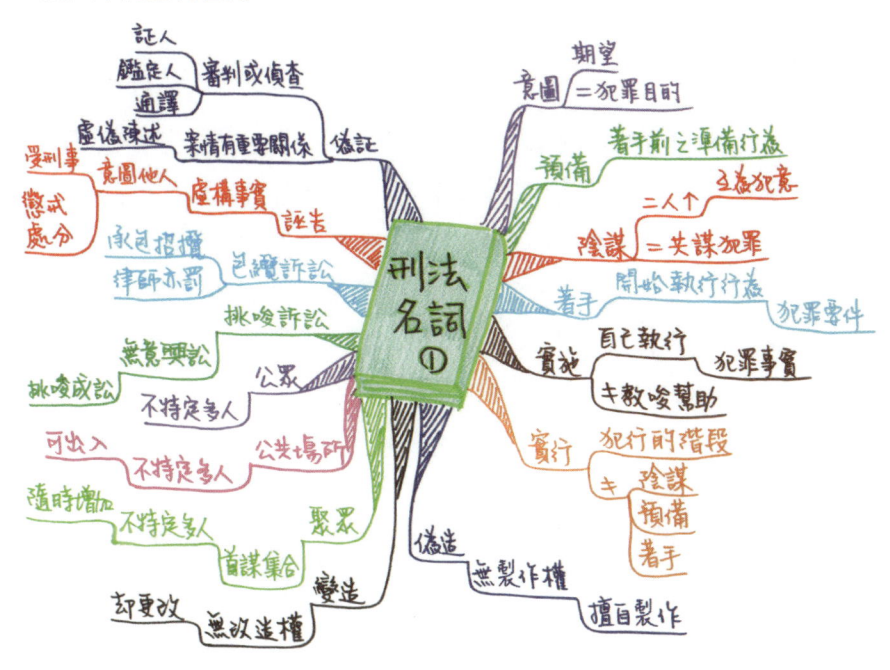

刑法中的基礎名詞-2

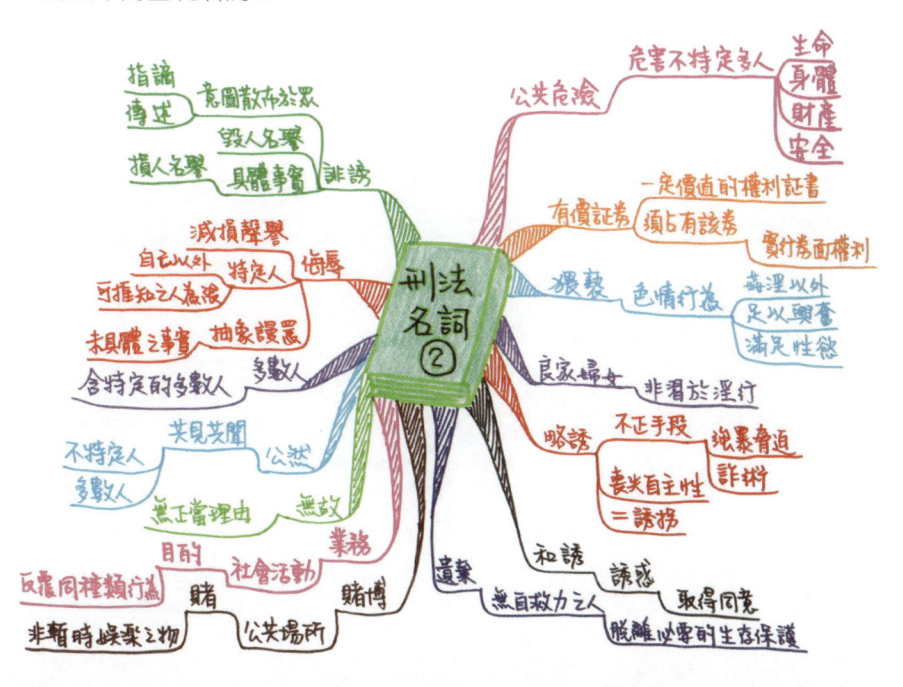

最後，我用一位上榜學員的信，來鼓勵大家多多製作心智圖喔！

給老師：

　　您上課時說考高普考或是證照，不管挑哪一本都好，因為內容是大同小異的。我有照您說的，去書店挑一本自己看得順眼的書籍。

　　您也說最重要的不是看書，而是把書的內容整理成自己的筆記，這個部分雖然花時間花工夫，但是可以大量節省後面的複習時間。

　　您也說到全職考生就要把自己當成是上班一樣，每天至少要唸 8 個小時的書，不應該以為考試時間還久，就墮落在吃喝玩樂中。

　　確實準備高普考，就像您說的這幾點一樣，只要自己肯花時間做心智圖筆記，考前就不會心慌意亂。

2015 年已經考上的 C.K.S

第6章

成為在工作上輸出的「成功者」！

冠中為了準備週五對老闆的提案簡報，已經連續三天都是晚上兩點才能放下工作去睡，但是簡報開始才不到三分鐘，冠中就被老闆的問題給惹怒了。

老闆：「現在你講到這一點，我想問你關於○○，你打算怎麼做？」「還有，你今天整體要講的重點到底是什麼？」

冠中面露微笑，但內心充滿著怨氣地想：「等一下第五點就會解釋○○該怎麼進行了，才剛開始簡報而已，你怎麼那麼沒有耐心聽下去。還有剛剛你到底有沒有專心聽啊？一開始不是講了嗎，今天簡報的重點就是要解決五件事情，○○是第五件事情啊。幹嘛這樣打斷我講話啊！」

溝通力（或稱表達力），是工作者用來讓雙方彼此能進行更好的交流和作用的，說話是一種將腦力輸出的技術。能否將自己腦中的資訊 100% 輸出，讓對方 100% 接收，是溝通效果的關鍵。

透過心智圖來進行簡報或口語溝通，不管是事前準備、過程中以及事後的追蹤，都能獲得這些優點：

1. 化繁為簡，不囉嗦
2. 邏輯完整性更高
3. 理性說服力提高
4. 精準傳遞訊息
5. 縮短溝通時間

一、心智圖讓簡報具有說服力！

以下是三種常見的簡報方式，請仔細想想你屬於哪一種？

① 讓人打瞌睡、頭腦放空的簡報方式

・講者的內容，我覺得跟我無關。
・講者一直看稿子，一直照稿子唸。
・講者一直看著投影片，一直唸投影片上的文字。

② 讓人覺得缺乏專業感的簡報方式

・講者突然忘詞而翻著講稿，卻翻不到自己講到第幾頁了。
・講者突然忘詞而隨便講個不相關的內容搪塞過去。

③ 讓人覺得專業有自信的簡報方式

・講者不用看稿子，侃侃而談。
・講者表情不緊張、肢體動作放鬆自然。
・講者的內容，論述結構完整、邏輯清楚。
・講者的內容，廢話不多說。

在準備簡報時，心智圖可以幫助講者快速整理腦中的思緒，縮短準備時間。在正式進行報告時，我們有三種方式可以選擇，先看下面的前兩種。

1.純粹口語表達

說者：「首先……。接著……。然後……。再來……。最後……。」

聽者：「懂了。」

2.視覺化的表達

> 左側是說者，右側是聽者。聽者已經誤解了意思，但是當下兩人都不會知道已經發生誤解現象。

以上的這兩種表達方式，你喜歡哪一種呢？多數人會選擇第二種。

第一種是純粹口語表達。這種方法最大的缺點是，講者說出的內容，對方真的 100% 接收到了嗎？對方說懂了，是真的全懂了嗎？

第二種是視覺化的表達。本書從一開始就不斷強調「圖像、圖像、圖像」，圖像就是視覺化的結果。一般口語表達都是純文字語言，扣除你的臉部表情與肢體語言（從對方眼睛看起來算是圖像）後，缺乏給對方視覺化的資訊，所以溝通常出現落差，這個落差就容易造成誤解。

第三種表達方式就是運用視覺化的投影片來輔助。先不談投影片製作的畫面漂不漂亮，或是動畫處理有多炫這件事，製作投影片時有個最大且致命的缺點，就是文字量太多，使得大家必須眼睛一直閱讀投影片。這不是很好笑嗎？既然要我閱讀投影片，那就乾脆把資料給我看就好，何必找你來唸給我聽呢？

就算不是犯了這項最大且致命的缺點，投影片的播放方式是線性思考的方式，簡報的內容比較多，或是簡報時間比較長的話，聽者通常是聽到後面的內

容時，早已經忘了你在前面講了什麼內容，我想沒有一個簡報者會希望自己簡報完後，聽者對我們講的內容沒有什麼印象留下來吧？

◉ 線性思考　　　　◉ 見樹又見林

你應該有過類似的經驗，在辦公室內看到兩個人爭論不休，但是我們這些旁觀者早就看出來兩人講的內容根本是雞同鴨講，只有當事人沒有發現，所以能夠吵很久，這就是所謂的「旁觀者清」，因為旁觀者通常較能「見樹又見林」，當事人是「見樹不見林」才會「當局者迷」。

二、讓簡報成功的 4 個方法

❶ 5W2H

早期是 5W1H 六何法：

- Who／何人：確定對象，「由誰做？」「由誰完成？」，也可擴展成 Whom 受格跟 Whose 所有格的概念。
- What／何事：確定問題，了解「目的是什麼？」「要做什麼？」
- When／何時：確定時間，了解「何時做？」「何時是適宜時機？」
- Where／何地：確定地點，了解「在哪裡做？」「從何處入手？」

・Why／為何：確定理由跟原因，了解「為什麼而做？」「做的原因？」
・How／如何：確定方法，了解「如何做？」「如何做會更好？」

5W2H 是二次大戰時，由美國陸軍兵器修理部提出的，加入了 How much 概念。之後廣泛用於企業決策與管理議題上，有助於思考時做到 MECE 原則。

・How much／多少錢：確定預算跟成本，也可以延伸出「How many／多少數量」。

做簡報時，若是只說：「建議我們要開一家旗艦店，好加深消費者對品牌的印象。」這樣是不夠的。

如果是把 5W2H 放進來，你應該這麼說：

為了要加深消費者對於品牌的印象，考慮到人流量，建議我們要在 2017 年 6 月底在台北市東區忠孝東路上成立一家 200 坪的旗艦店。營業時間是 11 點到 20 點，人員排班方式採三班制，同一時段中最少要有 5 人從事服務工作。預估裝潢費用需要 XXX 萬元。

如果你是聽者，會覺得以上誰的簡報內容比較充分、比較完整？

❷ 簡潔

林語堂說：「紳士演講當如淑女迷你裙，短為佳。」所以刪減的功夫很重要。這不就是前面一直在強調的「如何抓重點」的功夫嗎？

在繪製心智圖的過程中，你必須不斷思考哪些是要留下的關鍵字詞，哪些是刪掉也不影響理解的關鍵字詞。故心智圖正是最簡潔的文字視覺呈現工具。

我曾遇過一場企業內訓的演講邀約，負責小姐說：「我們希望老師您在兩小時內能夠達到 ABC 效果，如果也能夠達到 D 就更好了，其實我們也很希望

能有 E。」

　　這個小姐的心態,跟傳統菜市場買菜的心態很像,希望買把青菜還要送個蔥薑蒜之類的。但是演說或簡報時的講者千萬不可以這麼做,因為你只有兩個小時,你只能針對最迫切需要解決的 ABC 部分做陳述,有多餘的時間再解決次要問題 DE。

　　切記,簡報內容處處都是重點時,就表示沒有重點。

❸ 聚焦

　　因為簡潔,才能做到聚焦。切記,簡報就是「簡單報告」!我常看到很多簡報者誤把「老師的教學方式」、「書面簡報方式」直接放在商業口頭簡報上。

　　教學是要盡可能的說明詳細,讓你聽得清清楚楚、明明白白。簡報永遠是簡單報告。(因為很重要所以講三遍。)

　　用心智圖來準備簡報內容,能不斷提醒你自己「簡報是只講重點」,在你的「主要目的」上延伸,但你要不斷的聚焦在你的主要目的上,千萬不要旁枝繁雜,讓聽者宛如掉入迷宮中,弄不清楚該往哪邊走。

　　過去因工作關係,我常必須看很多世界各國人士來台灣做的簡報,我從這些人身上看到統整出很多好的跟壞的簡報方式,不管是哪一國人,好的簡報技巧都有一個共同點,就是要夠簡潔!

　　Simple is everything!

　　Less is more!

❹ 視覺化(圖像化)

　　隨時隨地上網的速度越來越快,我們對於影像的胃口已經被養大了,我們喜歡看到畫面,不喜歡光有文字,心智圖正是兼具文字與圖像的呈現工具。

　　簡報投影片的版面設計,最好是「字越少越好,圖越多越好。」這一點不就是心智圖一再強調的觀念嗎?

　　同時,簡報跟繪製心智圖一樣,不能為了有插圖,而放進與主題或是與關鍵字詞不相干的圖片進來。

三、以心智圖讓客戶動心的簡報術

簡報就是「簡單報告」，於是我自己在教授演說與簡報技巧時，我一定會要求學員必須做到「神奇的三」❶：結構不要超過三段，層次不要超過三層，不要超過三大重點，每一大重點不要超過三小點。

投影片的每一頁內容，最多就是三個層次。每頁投影片一定要有顏色，不能只有黑白（黑底白字、白底黑字都一樣），整頁顏色扣除底色外，最好的情況是不超過三個顏色。

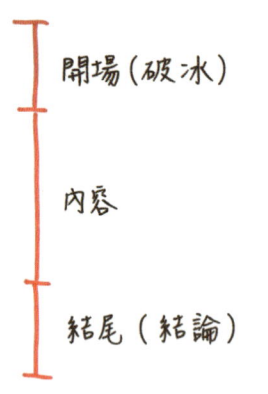

一頁投影片只能放一項主要重點，因為是條列式的呈現方式，層次等於是表現出關鍵字詞的重要性，這裡就要用層次分顏色了，故好讓聽者能快速掌握講者的思考輕重。

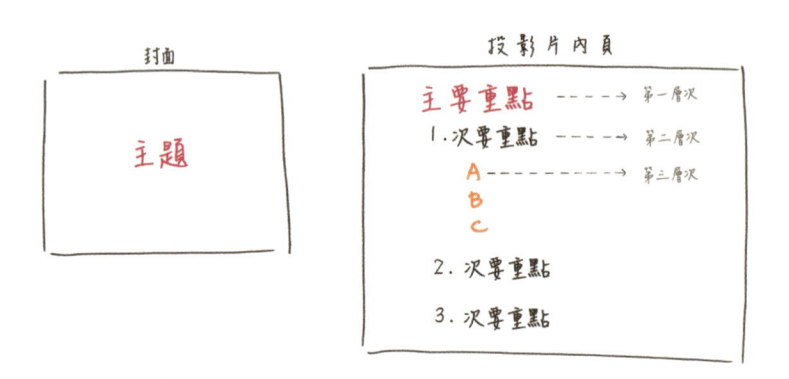

▶ 簡報結構不要超過三段

開場（破冰）

內容

結尾（結論）

封面

主題

投影片內頁

主要重點 ----→ 第一層次
1. 次要重點 ----→ 第二層次
    A --------→ 第三層次
    B
    C
2. 次要重點
3. 次要重點

最糟糕的投影片設計就是一頁投影片上塞滿滿的一大段話。如果不知道怎麼取捨，就直接把心智圖抓關鍵字的方法放進來就是了：關鍵圖＞關鍵句＞關鍵字詞。

---

❶ 這是美國海軍陸戰隊的發現，很多事物都有最多三個，或是分類成三類的規則。

對照下圖來看，當你用心智圖做簡報工作時，等於已經想好了每一頁投影片要呈現的內容了。心智圖是網絡思考的呈現，畫法依舊保持是一條主脈從頭到尾一種顏色。

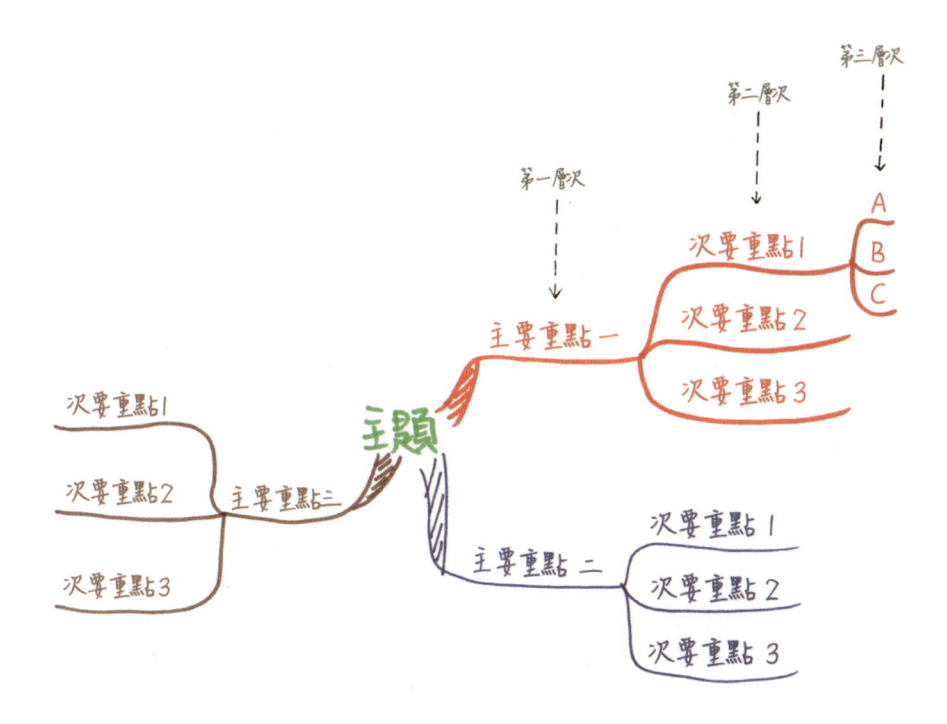

簡報時，把你的心智圖秀出來給聽者看，能讓對方快速清楚你的完整思考，也能聚焦在你要表達的關鍵字上。

但你並不一定真的需要把心智圖秀出來給聽者看，可以直接大方地把心智圖放在桌上，它就是你的簡報提綱，因為是你自己主動思考過、並動手畫過一次的。常有學員事後向我反映，有心智圖放在桌上或拿在手上，心裡不僅安心很多，最重要的是整個簡報或演說結束了，才發現根本就不需要再去偷瞄一下這張心智圖。

讓口語表達更有說服力的有力工具，正是心智圖。

簡報前的準備事項，用心智圖可以縮減工作時間。簡報時的表現方式，使用心智圖的好處遠遠勝過簡報時「只靠一張嘴」的純口語方式，或大量使用投

影片、影片的方式。

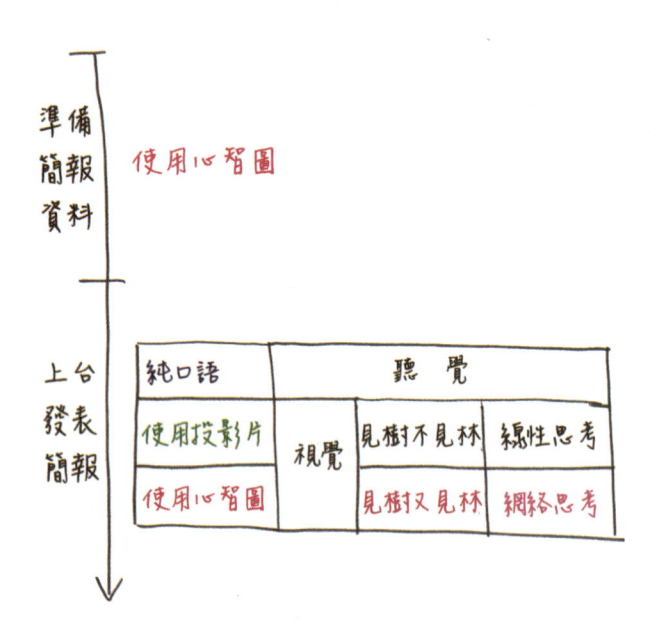

	純口語	聽覺	
	使用投影片	視覺	見樹不見林	線性思考
	使用心智圖		見樹又見林	網絡思考

（準備簡報資料：使用心智圖；上台發表簡報）

四、心智圖的威力：為什麼大企業都在用？

　　工作上很重要的一項能力就是「分輕重」，能分出輕重，就能分出「緩急」。

　　動手畫心智圖，需要先將資訊分類、找出關連、挑選關鍵字，所以在畫線、書寫的同時，大腦也同步在取捨、彙整資訊，這是一種不斷取捨的下決定過程。

　　最早將心智圖導入企業內部的當屬美國波音公司了。過去波音公司針對100人高級航空技師團隊所進行的研修計劃，往往需要耗費數年的時間，然而自從改用心智圖代替原本的課程後，所需時間就節省至數週之內。

　　前幾年某位從波音公司退休的主管回到中國大陸自行創業，請我去上海幫這家新創公司進行企業內訓，趁機會我詢問老闆，波音總部中那面30公尺長

的心智圖還在不在，大陸老闆回答說還在。我真希望未來有機會能進波音總部去，幫這張圖拍個照，讓大家有緣一窺究竟。

除了波音公司之外，還有以下這些企業人與企業也在工作中採用心智圖：

．西方國家中比爾．蓋茲、美國前副總統高爾、被美國《快速企業》雜誌選為「商業界百大創意人物」的 Sunni Brown 桑妮.布朗，不僅愛用心智圖也推薦心智圖。

．東方國家中有日本行銷大師神田昌典推薦並把心智圖引進日本。被稱為「女的大前研一」的勝間和代，在《年收入增加十倍的學習法》❷中也大力推薦心智圖。狄偉舜在渣打銀行任職的 26 年，曾調任過 9 個市場，他運用心智圖去善用不同文化背景的員工，他自己所有的工作、報告、資料管理，都建立在一個個的心智圖檔案裡。

．在心智圖發明前，達文西、愛因斯坦、畢卡索、達爾文等人的筆記皆已運用了心智圖的基本原理，筆記充滿了各式圖解與圖樣。

．以下這些企業組織都在用心智圖：美國航空、英國航空、英國 BP 石油公司、福特汽車、BMW、勞斯萊斯、微軟、戴爾、惠普、IBM、思科科技、3M、美國甲骨文、迪士尼、NIKE、可口可樂、輝瑞藥廠、嬌生、美國運通、匯豐銀行、蘇黎世保險、台灣人壽、新光人壽、國泰人壽、台銀人壽、桃園工業會、桃園工策會、創世基金會、勤業眾信等，另外也廣受政府機關、大學、高中、國中、小學採用。

何飛鵬曾在商業週刊發表過一篇〈心中的世界地圖──圖像學習的訓練〉❸，內容將近 1000 字，強調圖像學習的訓練對於他個人能力發展的重要

---

❷ 勝間和代著，李毓昭譯，《年收入增加十倍的學習法》，晨星出版，2008.11。
❸《商業周刊》，2010.04.15。

性。我將此文以心智圖繪出，你應該發現整張心智圖只有不到 100 字。

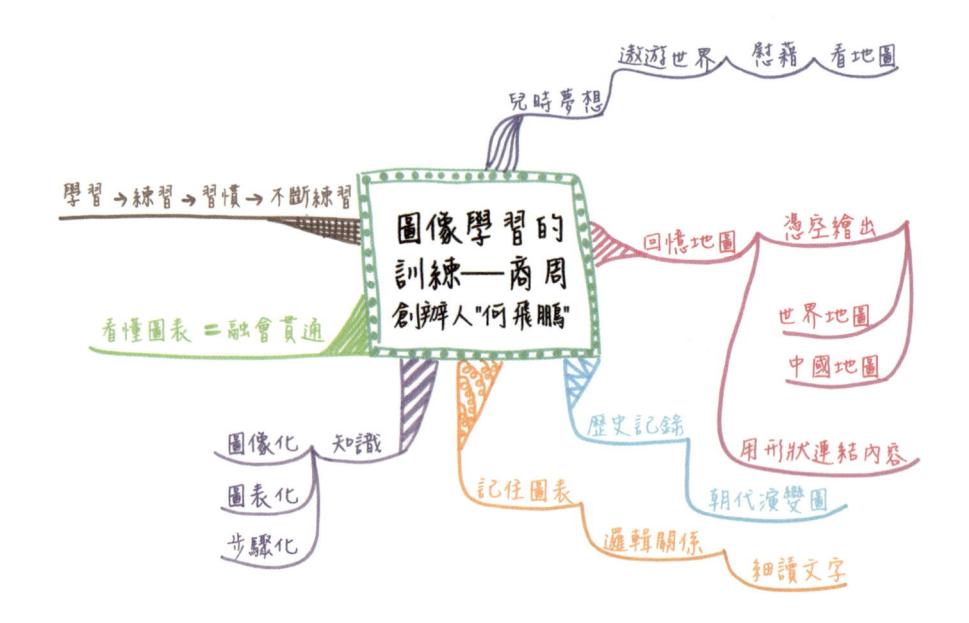

```
                    遨遊世界  慰藉  看地圖
                       兒時夢想
學習→練習→習慣→不斷練習         ┌─────────────┐      回憶地圖    憑空繪出
                        │ 圖像學習的    │
                        │ 訓練——商周   │              世界地圖
                        │ 創辦人"何飛鵬" │              中國地圖
看懂圖表 = 融會貫通        └─────────────┘
                                    歷史記錄     用形狀連結內容
    圖像化  知識
    圖表化              記住圖表      朝代演變圖
    步驟化        邏輯關係
                                    細讀文字
```

五、「共享心智圖」活用法

公司中的溝通，常透過口語方式（會議、命令）與書面方式（公告、Email、通訊軟體），但是你確定你的溝通是「有溝有通？」或「有溝沒有通？」

口語的一對一的溝通，或一對多的溝通，最困難的地方就是我們要怎麼確定對方百分之百聽懂這三件事情：

1. 我們強調的重點？
2. 哪些是主要重點？哪些是次要重點？
3. 哪些是不重要的？

運用共享心智圖方式,除了可現場立即確認對方接收程度,並立刻讓對方的想法跟你表達的內容一樣。

日本漫畫《東大特訓班》❹的故事主軸是學校為了拼升學率,在半年內用很多看似好笑的讀書方法來訓練一群被稱為笨蛋的學生,最終能考上日本第一志願東京大學。裡面就有提到大家共享心智圖來提升學習效率與效能。

不過日劇中裡面針對心智圖部分,有兩項觀念詮釋錯了:

❶ 心智圖訓練的是「理解記憶」

記憶力分成兩類:理解記憶與機械記憶,心智圖訓練的是「理解記憶」能力,所以可達到長期記憶,而非短期記憶。

❷ 每個人抓的關鍵字不會一樣

面對念不完的教科書,日劇中由大家分工合作,一人畫一個章節,畫好後大家就影印這些心智圖,只看心智圖來學習與複習。這種做法會冒著一個很大的風險:第一,萬一對方不會抓重點,其他人又沒讀過原教科書,只看這張內容不太正確的心智圖,那不就大家都一樣吸收到不太正確的內容嗎?

第二,前面曾講過,每人的背景知識與經驗都不一樣,所以抓的關鍵字也不會一樣。說不定對方早就對某些重點概念非常熟悉,而我們偏偏還不會。只看對方的心智圖,就看不到我們需要的關鍵字了。

日劇中的共享心智圖方式只能算是對了一半,我們還必須改用下一節的方式,才能真正做到「共享心智圖」。

---

❹ 日劇名稱為《龍櫻》,韓劇名稱《學習之神》。

六、以「共享心智圖」做簡報

有次為某家製造兼零售業的企業進行初階主管訓練，這些第一次當主管的人，對於開會這件事可謂是百感交集，跟中高階主管開會，他們是聽令者也是提供意見者；跟下屬開會，他們是公司政策的傳達者也是意見決策者。所有高中低階主管都是兼具資訊的輸入與輸出於自身，頭腦必須要能隨時切換這兩種思考角度才行。

開會，是必要之惡。有效率的開會，可以快速凝聚共識，假設會議時間十分鐘，參加人員有十人，表示為了凝聚共識，公司投入了一百分鐘的人力成本。所以開會時間越短，省下的時間資源就能讓大家運用在別的地方，公司運作會更有效率。

前面說過可以運用心智圖來開會，可以省下一個記錄者的人力外，我們也可以透過共享心智圖來縮短開會前的準備工作，與縮短開會時間，甚至直接取代面對面的會議喔。

❶ 一對一討論時

可用手繪或是電腦繪製的心智圖，直接傳送給對方看，然後雙方約定一個通話時間，兩人一邊看著心智圖一邊進行討論，由一方主要來進行心智圖的修正，討論完畢後，就再把檔案傳送給對方留底。

如果是進行視訊會議那就更方便了，直接在對方面前修改心智圖，請對方確認心智圖內容無誤。

❷ 一對多或多對多討論-1

有時候大家聚在一起開會，雖是可以借力使力，透過別人的想法引發我們新的想法。但有時是大家集體陷入某個點，鑽不出來，想破頭也似乎不知道該怎麼下決定。

如果公司內大家都有安裝心智圖軟體例如 mindmanager，可以事先約定好

每個人的代表顏色。假設是由 A 發起某個主題，先由 A 把想要表達的內容都畫出來，並且上傳到雲端共用空間上，然後限定某個期間，請大家分別上網去增加這張心智圖。假設 A 是紅色，B 用黑色把自己的想法增加上去，當大家都寫完後，就可以約定好一個時間，分別在自己的電腦前面看著這張心智圖，大家一起進行討論，最後由某位同仁把大家意見彙整並增修這張心智圖，完成後，一樣放雲端公共空間上給大家共同讀取。

❸ 一對多或多對多討論-2

如果公司內不是每台電腦都有安裝心智圖軟體例如 mindmanager 的話，可以跟一對一討論的方式一樣，透過視訊方式，大家一起在電腦前面看著心智圖討論，由一位同仁進行心智圖的製作，把大家的意見直接在電腦上進行彙整工作，大家討論完畢，心智圖也彙整完畢，把這張心智圖轉成圖片檔後 Email 給大家即可。

七、存好心智圖，隨時取用好方便

效率＝效果÷時間，想要提升效率有兩個方法：

1. 提升效果，花費時間不變；
2. 效果不變，減少時間。

請問你要選擇哪一種呢？

$$效率 = \frac{效果}{時間}$$

$$Ⓐ 效率\uparrow = \frac{效果\uparrow}{時間不變}$$

$$Ⓑ 效率\uparrow = \frac{效果不變}{時間\downarrow}$$

在大學一年級上學期時，班上有個上課跟念書都超級認真的 A 同學，每次都坐在教室的第一排正中央的位置區。那個年代家用電腦一台至少 6 萬元以上，班上 100 個同學中家裡有電腦的不到 5 個，手機一支要十幾萬以上，所以不愛唸書的同學一定會坐在最後一排偷偷聊天，教室後面是比較吵鬧的。

把大學當高中在念的 A 同學，不管什麼課程一定不遲到不早退，兩小時的課程，筆記本寫得密密麻麻的，大概有四、五頁之多。

下週就是期中考了，不認真上課的同學，總有自己的生存之道，他們就派代表去拜託同學，打算直接影印 A 同學的筆記本。一次就印個七八份，有的人拿到影本筆記本後整個愣住了，因為筆記本的頁數也太多了吧？怎麼可能在一週內把每一科都念完？

於是比較有小聰明的不認真 B 同學，又跑來向我與其它不缺席同學們都借了筆記❺，然後 B 同學就把我們的筆記本與 A 同學的筆記本放在一起比對，如果我們大家都寫到的地方，那應該就是真正的重點了，B 同學就只念這些相同的部分。

直到現在，只要有機會到校園演講，我一定會問在場學生：「期中考成績公布了，你們猜猜是認真的 A 同學分數高？還是不認真的 B 同學分數高？」

有一半的同學幾乎都會回答是「B 同學！」

我說：「你們也真是沒有良心！還是 A 同學分數高！……只是 A 同學的總平均只比 B 同學多了 0.5 分，可見做筆記有方法跟沒方法的人，做任何事情的效率就差很多。」

曾有一次企業內訓後，一個中階主管跑來問我：「你真的會把每一本書的內容都畫成心智圖嗎？」我說：

當然，早期我也想要偷懶，但是我自己的經驗與近二十年來觀察受訓學員的經驗，我發覺看完書後，雖然要花一兩個小時的時間去畫心智圖，即使你再也不會把這張圖拿出來看，但是一個月後，你仍然會記得當初書中的內容九成以上。如果偷懶不畫，一個月後腦中的記憶幾乎都忘光光了。

---

❺ 學費都交了，上課還缺席的話，那不是很划不來嗎？所以我也是上課不缺席的乖乖牌。

看完書，畫完心智圖後，假設我確定不會再回頭翻閱這本書，我會跟幾個朋友一起把書捐出去，郵寄給屏東或台東的偏鄉圖書館。❻我會把畫好的心智圖收納起來，以後只要看這張心智圖筆記就好。

假設我確定日後還需要再翻閱這本書的內容，會把心智圖夾在書中，當有需要時就先翻閱一下心智圖，如果還要細察的部分，才翻閱書中內容。

畫心智圖看似花費不少時間，但有了心智圖，不僅增加對書中的印象，還可節省日後查詢資料的時間。

回到一開始的問題，提升效率有兩個方法：1.提升效果，花費時間不變；2.效果不變，減少時間。請問你要選擇哪一種呢？

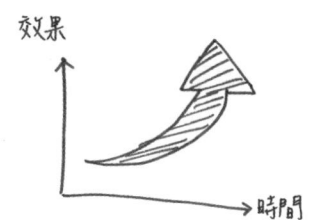

多數人是回答：「效果不變，減少時間！」如果輸出的效果本來就不好呢？即使是時間減少了，但輸出的效果還是不好啊！

我的回答會是：「提升效果，花費時間不變！」因為每次的效果都比較好，腦力是會逐漸累積的，絕對不是直線成長，而是拋物線方式成長，一兩年後的工作腦力就會遠遠地超越以前的自己。

只有在你輸出的效果已經很好時，你才可以追求「效果不變，減少時間！」

八、心智圖大幅縮短會議時間

我建議所有公司都應該用心智圖來進行討論型的會議。會議主持人先在白板上寫出今日主題，參加者看著這樣的主題，就能無形中提醒自己發言不可以離題，要聚焦在今日主題上。

會議主持人直接負責把發言者的意見，以關鍵字的方式畫成心智圖，同時

---

❻如果你也想要跟我們一起捐書，可以留意這個部落格公布的消息。https://goo.gl/yy5YPz

發言者也可以當場發現主持人是否誤解了自己的意思。發言者也可以主動建議主持人該寫下什麼樣的關鍵字，跟關鍵字應該放在什麼位置上。如此一來，所有與會者都能清楚明白自己發言的重點與思考脈絡，可以快速取得跟發言者相同的認知。

<mark>當所有人一一發言完成，今天的會議記錄也在白板上完成了，這時只要用拍照方式，把檔案直接用電子郵件寄給所有與會者。</mark>你應該發現了，以上運用心智圖開會的好處有：

1. 可以減少一個會議記錄的人力。
2. 在場發言者也都能當場確認自己的意見是否完整被接收與被呈現，可以避免雞同鴨講的情況產生。
3. 當場將發言內容寫在白板上，等於是確定了大家腦中所認知的訊息都一樣，能幫助大家快速取得共識。
4. 不會遺漏任何一個人的意見。
5. 不僅是會議主持人，所有與會者必須全神貫注在他人的發言上。能鍛鍊自己不再左耳進右耳出，同時並把聽到的內容用「換句話說」的方式，快速轉換成大家都能理解的用詞。
6. 即使開會過程中你必須中途離席去處理一點事情，當你重回會議中時，只要看著這張心智圖，你能快速跟上大家討論的腳步。
7. 透過心智圖可提升大家的參與程度。會議中提出個人意見後，每人仍須不停地思考如何融合他人意見與自己意見，讓這張心智圖更加精簡且完整，所以大家都會全程專注於會議中。
8. 大家對會議的參與程度越高，會越有分析力、批判力、整合力，也更能幫助大家對會議內容的回憶與整體性的了解。
9. 聽寫的能力大增，你會成為一個很棒的聆聽者！

以下用漫畫方式呈現用心智圖開會的過程。

①會議主持人將發言者某甲表達的內容，依照「意思」去分類，立即呈現在白板上。某甲可以立即了解自己的「意思是否完整被理解」、「邏輯關係是否正確」，並且建議主持人應該如何調整關鍵字的位置。	
②輪到某乙發言時，會議主持人跟步驟①一樣，把某乙的意見彙整在白板上，用補充方式寫上去，跟某甲重複的意見就不用再寫一次。這時某甲也可以一起確認關鍵字放置位置與分類方式是否正確。 這樣的過程，我們能確保在場參加者都接收到一樣的邏輯脈絡。	
③換某丙發言時，繼續重複步驟②。 因為是討論會議，我們要的是融合大家意見後，統整出來的心智圖，所以不是某甲一條脈、某乙一條脈、某丙一條脈喔！	

九、心智圖應用在管理上

心智圖用在管理上不是什麼新鮮的事情，台灣近十年來多位「專案管理」領域的老師，都會推薦心智圖。畢竟心智圖是將思想以視覺圖像化的方式呈現，管理人拿出心智圖秀給團隊成員看，很快就能讓大家理解須要完成的工作目標是什麼、逐步完成的工作內容是什麼。

有時我在教授企業內訓中的心智圖課程時，總是會看到多數主管甚至是總經理、董事長坐在教室後面，看著同仁學習。少數主管會融入在同仁中跟著大家一起聽課。但只要遇到要求大家開始動手練習畫心智圖時，這些主管、總經理、董事長之輩，就會出現四種情況：（發生機率由高到低）

1. 開始――開溜。等下一階段由老師講授課程時再回來。
2. 自己完全不畫，等大家進行分享討論時，開始――評論別人的心智圖。
3. 勇敢一點的主管，會在畫完心智圖後，大家進行分享討論時，把自己的心智圖收起來，沉默地――欣賞別人的心智圖與聆聽別人的想法。
4. 積極的主管，自己很認真畫心智圖，甚至在我走到他身邊時，會主動詢問我對他畫的心智圖的意見。

我不知道前三種主管們是他們覺得「自己知道」就好，「自己做到」不重要？還是害怕自己練習畫心智圖時，會被下屬發現自己的心智圖畫得不好？

正因為自己有所不足才需要上課進修，所以第一次畫不好心智圖是應該的。但我覺得前三種主管們真的很可惜，因為他們做出了一種「膽小的身教」。管理是一項技能，心智圖是一項技能，都是需要各種機會去練習，才能熟能生巧的。

心智圖不只是下屬用來執行工作很好用，主管用來管理工作也很好用喔！一家公司由上到下的全體同仁通通會使用心智圖，更能加速團隊思考的能力與行動力。

【練習1】團隊成員績效考核（以部門主管為例）

在某次針對高階主管的心智圖企業內部訓練課程的尾聲，所有的主管都不約而同向我反應，心智圖可以幫助他們快速思考如何建立 KPI，甚至有個女性主管還開玩笑表示，可以利用心智圖來好好管理老公。

企業關鍵績效指標 KPI（Key Performance Indicator），是對重點經營活動的衡量，符合 80／20 法則，80%的工作任務是由 20%的關鍵行為完成的。

要先想好要達成什麼長期目標，再來設定過程中的指標，指標用來監控組織的任務與活動。制定績效指標時須注意：

1. 滿足顧客最重要的因素，例如時間、成本、品質、功能。
2. 畫出整個價值傳遞的多功能過程。
3. 找出要成功完成整個過程的關鍵工作及所需的能力。
4. 設計追蹤這些工作及能力的指標。

可以運用心智圖來想想哪些績效是關鍵的？如何建立指標？訂定關鍵績效指標有一個重要的「SMART 原則」。

1. S 代表具體（Specific）：指績效考核要切中特定的工作指標，不能籠統。
2. M 代表可度量（Measurable）：指績效指標是數量化或者行為化的，驗證這些績效指標的數據或者信息是可以獲得的。
3. A 代表可實現（Attainable）：指績效指標在付出努力的情況下可以實現，避免設立過高或過低的目標。
4. R 代表關聯性（Relevant）：指績效指標是與上級目標具明確的關聯性，最終與公司目標相結合。
5. T 代表有時限（Time bound）：完成績效指標的特定期限。

團隊績效❼是指團隊實現預定目標的實際結果。可以包含團隊生產的產量（數量、質量、速度、顧客滿意度等）、團隊對其成員的影響（結果）、提高團隊工作能力、團隊對組織既定目標的達成情況、團隊成員的滿意感、團隊成員繼續協作的能力。

團隊績效評估❽可以分成三個階段：輸入──過程──輸出。「輸入」包括成員的知識技能和能力、團隊的構成、組織情景、報酬系統、信息系統、目標。「過程」包括團隊成員的相互作用、訊息的交換、決策參與、社會支持。「輸出」包括團隊產品、團隊發展能力、團隊成員滿意感等。

確定團隊的績效評估的要素是關鍵點也是困難點，通常可以採用以下四種方法來確定要評估哪些要素。

第一種方法，團隊的存在是為了要滿足客戶的需求，客戶滿意度是團隊的主要目標時，最理想的方法是採用客戶關係圖法來確定績效評估的標準。客戶的定義是為團隊提供產品和服務並幫助他們工作的人，故可能是內部的同事，也可能是外部顧客。顯示出團隊與各客戶之間的「關連性」。要列出這些項目：團隊組成、內部客戶、外部客戶、客戶需要的產品和服務。

第二種方法，團隊的存在是為幫助組織改進績效時，就要用組織績效目標的評估方式。既然是要改進績效，要先界定出可以影響的組織績效的因素，再思考如何改善這些項目：壓縮運轉週期、降低生產成本、增加銷售額、提高客戶的忠誠度。

第三種方法，團隊和組織之間的聯繫很重要，團隊與組織的目標緊密結合時，可以用業績金字塔來確定團隊績效評估的層次。業務團隊通常要列出這些項目：整個組織的宗旨或功能、業績項目、業績數字。

第四種方法，團隊的工作具有清楚明確的工作流程，工作流程貫穿於各部門之間，客戶包括組織內部同仁，也包括組織外部的顧客時，可用工作流程圖來確定。工作流程圖是提供產品或服務的一系列步驟。要列出這些項目：向客

---

❼Hackman（1987）和 Sundstrom（1990）對團隊績效進行了廣義的定義。
❽Nadler（1990）、Guzzo & Shea（1992）等關於團隊績效的定義最為流行。

戶提供的最終產品、負責的重要工作移交、負責的重要的工作步驟。

在建立團隊績效測評項目時，應充分考慮顧客的意見，且詳細描述每一位團隊成員的工作。

績效評估是企業診斷，要評估短期進度與成果，更要評估是否有持續培養長期未來核心競爭力。績效評估也是回饋制度，績效評估要對策略的執行有幫助，追蹤策略執行時的績效方向與成果進度，對評估結果的詮釋與做決策的修正，而不僅是只對結果評價。

只要找到「對的人才」，不用太管理這些人才，「對的人才」自動會回報給你好的結果。

⦿ 先列出要評估哪些項目後，再決定每個項目所佔的權重。

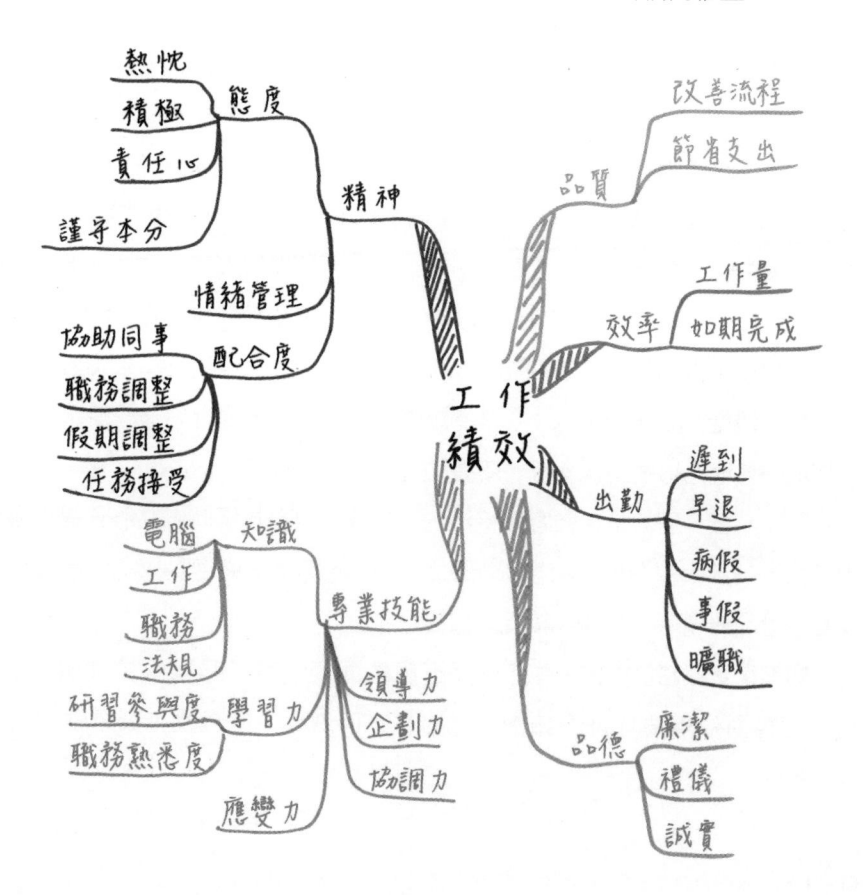

工作績效
- 態度
  - 熱忱
  - 積極
  - 責任心
  - 謹守本分
- 精神
  - 情緒管理
  - 配合度
    - 協助同事
    - 職務調整
    - 假期調整
    - 任務接受
- 專業技能
  - 知識
    - 電腦
    - 工作
    - 職務
    - 法規
  - 學習力
    - 研習參與度
    - 職務熟悉度
  - 領導力
  - 企劃力
  - 協調力
  - 應變力
- 品質
  - 改善流程
  - 節省支出
- 效率
  - 工作量
  - 如期完成
- 出勤
  - 遲到
  - 早退
  - 病假
  - 事假
  - 曠職
- 品德
  - 廉潔
  - 禮儀
  - 誠實

我以前就用心智圖來規劃團隊中每一位下屬應該完成的短期進度與截止期限，每一週例行會議時，我會直接在這張心智圖上記錄員工是否達到短期目標、超越目標或是延後進度，來決定員工的工作態度與工作表現，這張心智圖不僅是我們團隊的工作目標，也是所有同仁的績效記錄，再根據這張記錄來決定誰是「對的人才」，「對的人才」加薪幅度自然要大一點囉。

總而言之，績效評估方法要讓團隊人員要感覺到公平，他們才會心甘情願接受考核結果。

【練習 2】想提升品質的服務業（以美髮業為例）

本篇雖是以美髮業為例，但只要把下面所提到的這幾個關鍵字換掉，把「中心主題」換成你「自己」，把「客戶」換成「主管或老闆」，就可以依照本篇所說的方式進行「提升自我能力」的心智圖。

曾有年約五十多歲的學生在下課閒聊時告訴我：「史丹佛大學校長說他們學校的理念是培養有思考力的人，不是培養出畢業後可以直接上手工作的人。」我說：「這一點跟台灣很多企業老闆的心態不一樣，台灣老闆大多希望大學畢業生能直接上手，不需要公司再進行特別訓練的人。」

最近我看日劇——東京女子圖鑑（暫譯），女主角本來年薪約 400 萬日幣，順利換工作到年薪 700 萬日幣的跨國品牌，上班沒幾天女主管對女主角嚴厲的一段話令我感觸很深：「你說你會認真努力，但我付你這些薪水，是希望你能輕鬆地把這些工作做好，不是現在開始努力學習。」

服務品質，通常是在顧客與接洽的員工進行服務接觸時，在服務提供過程中評估。哈佛大學商學院教授 James L. Heskett 認為，顧客是以認知品質與期望品質之間的關係，來衡量接受的服務好不好。

顧客衡量服務品質的方法，是用五個構面來比較認知與期望之間的差距，這五個構面依重要性排序如下：可靠性、回應性、確實性、關懷性與有形性。❾

---

❾ 由 Parasuram, Zeithaml 以及 Berry 三位學者提出。

1. 可靠性：準時地、一致地、無失誤地完成服務工作。
2. 回應性：立即提供服務、協助，或將顧客的負面印象恢復成正面印象。
3. 確實性：員工的知識、禮貌、執行服務的能力、與顧客有效地溝通、考量顧客最佳利益的態度。
4. 關懷性：平易近人、敏感度高、能針對顧客個人需要去滿足。
5. 有形性：設施、設備、員工、溝通資料。

Quelch 與 Takeuchi 於 1983 年提出影響服務品質的因素，可根據消費者的消費步驟，依消費前、消費時與消費後三階段來加以評估：

1. 消費前	2. 消費時	3. 消費後
1-1 廣告效果與宣傳績效	2-1 對服務人員的評價	3-1 使用的便利性
1-2 過去的經驗	2-2 服務保證條款	3-2 可靠度
1-3 業者的行號與形象	2-3 服務與維修政策	3-3 維修、客訴與保證的處理
1-4 朋友的看法與口碑	2-4 索價	3-4 服務的有效性
1-5 商店的聲譽	2-5 績效衡量標準	3-5 零件的即時性
1-6 政府檢驗結果	2-6 支援方案	3-6 相對績效（comparative performance）

本練習的第一步，請從消費前、消費時、消費後這三階段來思考看看，美髮業可以在哪些地方做出好服務？

第二步，進行客戶滿意度調查，看看客戶對哪些項目比較在意？

美髮業服務品質（心智圖）

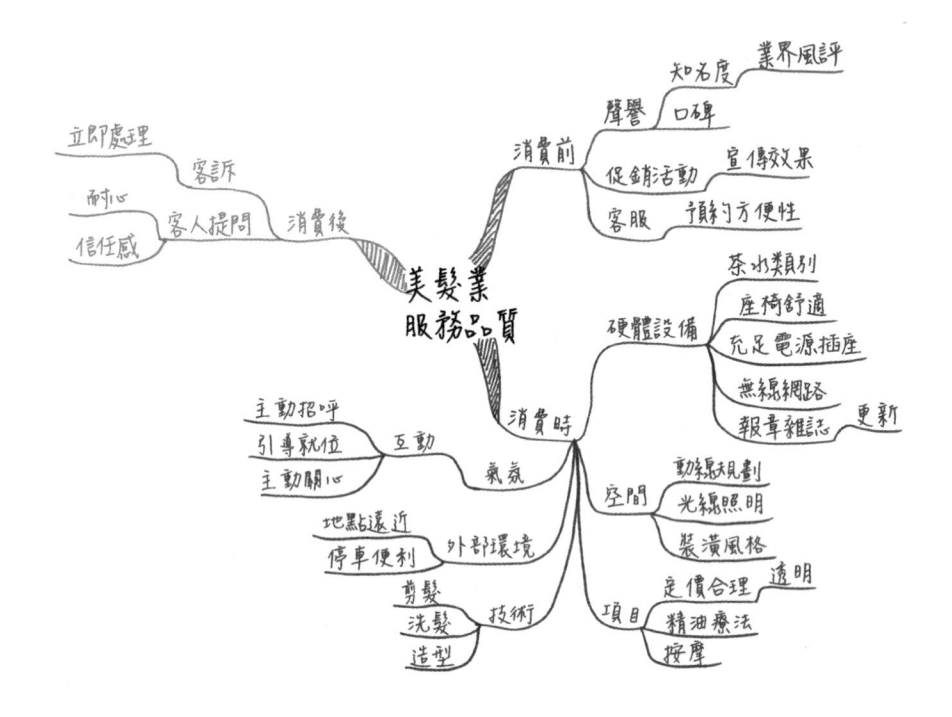

- **消費前**
  - 聲譽
    - 知名度 — 業界風評
    - 口碑
  - 促銷活動 — 宣傳效果
  - 客服 — 預約方便性
- **消費後**
  - 客訴
    - 立即處理
    - 耐心
  - 客人提問 — 信任感
- **消費時**
  - 硬體設備
    - 茶水類別
    - 座椅舒適
    - 充足電源插座
    - 無線網路
    - 報章雜誌 — 更新
  - 互動
    - 主動招呼
    - 引導就位
    - 主動關心
  - 氣氛
  - 外部環境
    - 地點遠近
    - 停車便利
  - 技術
    - 剪髮
    - 洗髮
    - 造型
  - 空間
    - 動線規劃
    - 光線照明
    - 裝潢風格
  - 項目
    - 定價合理 — 透明
    - 精油療法
    - 按摩

回顧我的職涯，有基層、有高階主管，有被人管理、有管理他人，有不扛業績、有扛業績，不管在哪個職務或職位上，我幾乎沒有只做單一一件事或一件任務，會形成這種情況，有一半是來自主管要求，有一半是來自自我期許。

若同時接受多種任務的工作情況 100% 是來自主管要求的話，就會覺得做這些跨領域或是跨職務的工作，是一件艱難且痛苦的工作。加上自我期許後，就會從這些任務中找到成長的樂趣與培養未來成就的能力。

我喜歡觀察那些被主管或老闆視為不可或缺幫手的員工，他們在職場上能不斷地步步高昇，不斷累積出很強的競爭力，除了己身要有堅強的實力外，還要有很強韌的心理素質支撐。

不斷地繪製心智圖，就能不斷地同步鍛練外在實力與內在心理。

在本書各章節中，我透過各種故事與實例教導各位心智圖筆記術的運用，無非是希望有心學習好心智圖的讀者，能透過本書來不斷精進自己的競爭力。

所有個體競爭力提昇了，整體競爭力也就跟著提昇，這就是我不斷鑽研心智圖也寫心智圖相關書籍的主要目的。

第7章

常見問題

一、外出帶 A4 紙不方便，用哪種筆記本好？

外出時需要寫的筆記，常常是無法預估內容多寡與主題的筆記。為了日後整理資料方便，我大力推薦你一定要用 A4 白紙來繪製心智圖，而且是使用過一面的回收紙喔，順便為環保盡一份力！

我平時使用的工具是手寫板、L 夾、A4 回收紙，也因此我一定要買可以放下 A4 紙的大包包。外出後，不管有沒有桌子，只要能坐下，就可以動手畫心智圖。手寫板的運用請見第 3 章。

當你的心智圖技巧越來越好時，已經不太需要事後再重新繪製一次心智圖。經過一段時間，L 夾中的這一張心智圖確定不需要留下來了，只要直接丟棄就好。假設你是在 A4 白紙的兩面都畫上心智圖，兩張心智圖不同主題，一面要保留、一面是不需留下的，那麼這時候就傷腦筋了。雖然可以在不要的那一面上直接打上大叉叉，但日後翻閱資料時，還是要再看很多頁的大叉叉才能找到我們要的資料。

使用 A4 回收紙還有另一個好處，萬一一張紙畫不下了，必須畫成兩張時，只要將這兩張紙用迴紋針夾在一起，日後閱讀時同時將兩張心智圖平放在桌面上，就能快速整合兩張心智圖上的內容了。

能放下 A4 紙的女用包包，數量與選擇性皆不多，有時只好將 A4 紙以對摺的方式放入資料袋內，再放入包包中，但外出後就需要找到桌子，才好方便繪製心智圖。後來我想到一個好方法，就是用跨頁的方式來畫心智圖，只要選擇 25K 尺寸的空白筆記本就可以了。筆記本整個打開後只比 A4 小一點點，解決了包包尺寸的問題。同時在買筆記本時，選用硬殼的精裝本，外出使用時也就不需要桌子了。

使用筆記本不能解決的問題，就是事後整理的方便性。如果一面的內容要留下、另一面的內容是不要的，那麼我們的書架上還是得放上一整本的筆記本，不容易將書架空間做減量動作。除非筆記本中要留下的內容只剩下一點點，其它的都是不要的，那麼就能將跨頁的心智圖影印、撕下來保留，或是掃描成電子檔，再將筆記本丟掉。

二、如何運用心智圖安排考生讀書計劃？（增訂版）

在《超強心智圖活用術》中寫過一篇如何安排讀書計劃的文章，很多考生按步驟完成讀書計劃後，向我反應受用不少，內心也安心踏實很多。

但有一些考生還是有疑惑，不知道該如何下手安排。於是我重新把文章增訂改寫，希望能幫助更多的考生安心準備考試。

常有考生問我：「看過很多網路或考試書上寫的讀書計劃，總覺得不是太理想化，就是不夠科學化、系統化，有沒有比較科學的方法呢？」

一百種人準備考試的方法就會有一百種，大家都有自己的一套，原因在於每個人的生活條件、勤勞程度、個性、可運用的自由時間量通通不一樣，因此，你不能期望有一種考試成功的讀書計劃是絕對適合你的。

坊間很多讀書計劃是針對在學學生而設計的，幾乎都是假設一種完美狀況，就是學生每天擁有至少 8 小時的讀書時間。

如果你每天都能撥出 8 小時以上時間，並且專心一致地坐在書桌前唸書，那麼你可以繼續用你原來的方法繼續唸書。你根本不需要往外求取別人的讀書建議。

對成人考生來說，一邊工作一邊念書，唸書時間要天天 8 小時根本是不可能的，直接套用專職學生的讀書計劃，只會讓自己心情更加挫折。

以下內容是我歸納各種讀書經驗後，個人研究出的一套可以根據個人情況調整，確保人人可以做得到的讀書計劃。也是我第一次以書面方式公布在世人面前。這幾年來已有多位學生用這套時間規劃，搭配我教的學習方法，用不到半年的時間唸書，一次就考上錄取率約 2% 的高考。也有學生用一年時間考上錄取率不到 2% 的證照。

提醒一下大家，以下我所提供的方法並不適合下個月就要考試，但是卻一本書都還沒開始翻閱的人使用喔。

這個方法也不適合只剩一兩個月就要考試，現在連一本書都沒看完一遍過，並且每天無法投入 6 小時以上唸書時間的人使用。

因為這個方法是要讓你徹底從不懂到懂，並不是用來臨時抱佛腳的。但是你還是可以參考一下這個方法，試著找出自己投資在每本書的時間比重。

剛剛已經講過了，沒有一套讀書計劃是適合所有人的，你必須自己實際上去試做看看，再根據自己的情況調整才行。以下是建議的步驟：

❶ 步驟一：找出喜歡的課本或參考書，求精不求廣

同一科目總有上千上百本自修參考書，基本上內容都大同小異，差別只在於編排方式與整理方式的不同。

我建議你先詢問有經驗的人或是補習班，然後親自翻閱一下，找出你看得順眼的編排方式。好好的讀透、讀通一本書就好，畢竟考試是比誰對內容更為熟悉，不需要同一科目讀很多本參考書。

花一點時間先找出一本書，比事後讀好幾本書來得更有效果與節省時間。畢竟讀越多本書，每一本書都看得不熟，等於是只有學習而沒有複習一樣。

同時好幾本書堆在面前，只會增加你的緊張感，讓你天天怕自己讀不完。

❷ 步驟二：研究每一科的考古題，找出章節比重

出題方向是有傾向的，可能跟出題者個人有關，也可能跟當時時事或社會氣氛有關。

超過五年的考古題，參考價值較為低一點。有多餘的時間就再研究一下。

找出最近五年的考古題，一一對照書中的章節，找出這三大部分的出題比率。我會直接在書本上註記哪一個段落曾經在哪一年考過。

必考章節：五年裡面出現三次（或以上）考題。（60%以上機率）
較不考章節：五年裡面出現一次考題（或以下）。（20%以下機率）
中間值：扣除前兩項，剩下的都歸在這一類中。（20%~59%機率）

章節連續性不高的書，要依據出題機率來安排閱讀順序。出題機率高的先讀，日後才有更多的複習次數。例如：國高中的數學基測與學測中，考題比重大的會落在「幾何」，考題比重小的會落在「方程式」上。也就是說，幾何方面會讓你得分比較多，當然幾何要增加複習次數囉。

　　考試題型中，較多人覺得問答題比選擇題更難，因為問答題幾乎都是要靠默背才能完整答題，選擇題還有機會可以猜題一下。

　　問答題以「章」為單位來安排讀書計劃就好，選擇題的話，最小可以切割到每小節的出題機率。

◑ 要考的內容有三科，其中科目 A 有兩本書一定要讀，那麼這兩本書都得納入讀書計劃。

	必考章節	中間值	較不考章節	
書本 A-1	1. 2. 4. 5. 6. 10. 11. 12. 14. 16. 18. 19.	3. 7. 8. 9. 13. 15. 17	20. 21.	共 21 章
書本 A-2	2. 3. 4. 5. 6. 10. 11. 15. 16.	1. 7. 9. 12. 13. 14. 18. 19.	8. 17. 20	共 20 章
書本 B	2. 3. 4. 8. 9. 10. 17	1. 5. 7. 11. 13. 14. 15. 16.	6. 12.	共 17 章
書本 C	3. 6. 7. 8.	4. 5. 9. 10. 11.	1. 2.	共 11 章

章節有連續的書籍依然適用這個方法，原因是：

1. 若已經把整本書都看過一遍，對整本書架構與內容都理解過了，可以用這種方式來進行複習。
2. 若是整本書一遍都還沒有讀過，也可以利用這種方式，讓自己知道每一個章節最多投入的時間量是多少。

　　如果距離考試時間還很多的話，必考章節的「第一次學習」進度稍微落後的話，沒讀完的部分，還可以利用隔天的「第一次複習」所安排的時間繼續把該章節讀完。

若距離考試已經很接近時,「第一次學習」一遍也沒辦法讀完的話,即使「方程式」搞不太懂也可以跟它賭賭看,讀不完就算了,反正出題比例不高。萬一真的考出來不會寫的話,分數損失也較少。還是要把僅剩不多的時間,花在出題機率高的「章」或「節」上。

❸ 步驟三:算出每月的念書時間量

我常說考試錄取率很低,是因為很多考生是去「陪考」的,他們都是隨性念書,當然不太可能考上。

- 狀況一:這幾天對科目 A 有興趣,就只念科目 A。過幾天對科目 B 有興趣,就只念科目 B。不太清楚自己念書進度到底是不是沒問題。

- 狀況二:前天心情好念三四個小時,昨天心情差就不念了,今天精神不好還是不念了,心想反正周日再來好好的多念一下就好。就這麼三天捕魚兩天曬網地念著書。時間就一點一滴的過了,才猛然發現自己唸書進度嚴重落後。

- 狀況三:第一個月猛念書本 A-1,第二個月念書本 A-2,第三個月念書本 B,第四個月念書本 C。等到第五個月想要複習 A-1 時,就發現自己對 A-1 的內容好像很陌生,幾乎都忘光了,等於是重新再念過一遍。

- 狀況四:對 B 科目沒信心,對 C 科目有信心,就拼命念 B 科目,C 科目等快要考試時再來念就好。結果,發現拿手的 C 科目得分也不高。

・狀況五：對 B 科目沒信心，對 C 科目有信心，就拼命念 C 科目，想靠 C 科目來彌補 B 科目分數的不足，如果 C 科目出題太難或是太簡單，跟別人的分數差距會不大。這種方法只有在題目難易適中時才會有好效果。

準備考試是講求策略的，要理性做計劃，千萬不能隨性、隨興而為。

不管考試日期在 1~31 號的哪一天，我希望你不要把這一個月的時間納入以下的讀書計劃中，這幾天的讀書計劃要重新擬定。要把不擅長的章節弄熟是要花掉較多的複習時間的，這一個月不要執著在不擅長的章節上，應該是 80％時間放在複習你擅長的部分，因為這些分數絕對不能失分。複習的材料部分，你也可以用大量做題來驗證對內容的熟悉度。

最後一個月的做題順序分別是（1）近五年的考古題（2）近十年的考古題（3）模擬考題。這樣的安排順序是因為考試方向會改變，所以越久遠的考古題參考價值越低。模擬考題是以猜題的概念去出題的，不一定跟真正的出題方向是一致的。

假設一個平時要工作的上班族，扣掉考試那個月份後，可以唸書的時間有七個月，並假設我們對每一科目通通不擅長，每一科目的滿分都是 100 分，其中科目 A 分成兩本書，這兩本書各佔 50％比重。

周一到周四，每天最少可念三小時。周六可念六小時，周日可念四小時。

每周的最小念書時間量是 3×4 天＋6＋4＝22 小時（1320 分鐘）

每月的最小唸書時間量是 1320×4 周＝5280 分鐘

	一本書在一個月內的念書時間量
書本 A-1	5280×（1÷3 科）×50％＝880 分鐘
書本 A-2	5280×（1÷3 科）×50％＝880 分鐘
書本 B	5280×（1÷3 科）＝1760 分鐘
書本 C	5280×（1÷3 科）＝1760 分鐘

❹ 步驟四：訂出每本書在每月的進度目標

訂出每本書在每個月的進度目標與截止期限，這樣才能善用心理學上講的效果——適當的壓力可以刺激效率的提高。

先念必考的章節，因為你才有時間可以多複習幾次，既然必考，就代表你一定要拿到分數。較不考的章節，從最後一個月開始往回安排，反正出題的機率低，題數也不會太多，少複習幾次也不會吃虧。

這個步驟很重要，可以讓你訂出較為合理的目標。不會造成太大的壓力或是太鬆散的計劃。也能斷開隨興（隨當時的興趣）的讀書計劃。

越到後面幾個月，應該多花點時間在複習必考的章節上。

	每一個月須投入每一本書的章節數量
書本 A-1	21 章節÷7 個月＝每個月念 3 章
書本 A-2	20 章節÷7 個月＝1st 月～6st 月念 3 章 7st 月念 2 章
書本 B	17 章節÷7 個月＝1st 月～3st 月念 3 章 4st 月～7st 月念 2 章
書本 C	11 章節÷7 個月＝1st 月～4st 月念 2 章 5st 月～7st 月念 1 章

❺ 步驟五：訂出每個月唸書的進度表

綜合第二步驟跟第四步驟的結果起來，就可以知道訂出每個章節的時間限制，沒有時間限制的話，多數人會一邊唸書一邊分心，一個章節恐怕會唸很久很久才會唸完。

	1st 月	2nd 月	3th 月	4th 月	5th 月	6th 月	7th 月
A-1	1. 2. 4	5. 6. 10	11. 12. 14	16. 18. 19	3. 7. 8.	9. 13. 15	17. 20. 21
A-2	2. 3. 4.	5. 6. 10.	11. 15. 16	1. 7. 9.	12. 13. 14.	18. 19. 8.	17. 20
B	2. 3. 4.	8. 9. 10.	17. 1. 5.	7. 11.	13. 14.	15. 16.	6. 12
C	3. 6.	7. 8.	4. 5.	9. 10.	11.	1.	2.

綜合第三步驟跟第四步驟，就可以知道 1st 月的讀書進度應該是：

	章節	時間量	每個章節的平均時間量
A-1	1. 2. 4	880 分鐘	293 分鐘（4 小時 53 分鐘）
A-2	2. 3. 4.	880 分鐘	293 分鐘（4 小時 53 分鐘）
B	2. 3. 4.	1760 分鐘	586 分鐘（9 小時 46 分鐘）
C	3. 6.	1760 分鐘	880 分鐘（14 小時 40 分鐘）

這些時間的計算，是要讓你自己隨時知道，自己的讀書進度是否有落後的跡象。用這樣的方式，才能理性地訂出每個章節的時間量，才不會通通憑感覺來決定自己的讀書進度。也不會進度已經超前了，還覺得自己唸書太慢。或是進度已經嚴重落後了，還覺得自己還有很多唸書時間。

尤其是需要大量花時間理解的觀念，千萬別樣樣通，卻樣樣鬆喔。「第一次學習」是指「看完書＋整理好心智圖」，若還有剩餘的時間，就複習一下之前章節所畫的心智圖。

即使是需要計算的理科也是一樣。針對「觀念」要多花點時間看，去弄熟弄懂，勝過你寫一大堆的練習計算題。

寫練習題都是放在複習中。從「第一次複習」開始，每一次的複習都是先看一下心智圖上的關鍵字詞，回想完整的句子，然後寫寫練習題。

❻ 步驟六：念書進度暫時超前的處理方式

書本 C 的每個章節可以唸 14 小時 40 分鐘，我想你不太可能唸這麼久才唸完一個章節，剩下來的時間你就可以有下列選擇：

- 選擇一：改唸本周計劃中書本 A-1 較不熟悉或沒念完的章節，或做題。
- 選擇二：改唸本周計劃中書本 A-2 比較不熟悉或沒念完的章節，或做題。
- 選擇三：改唸本周計劃中書本 B 比較不熟悉或沒念完的章節，或做題。
- 選擇四：多唸本周計劃中的書本 C 幾遍，或做題。

我會建議，除非是本周計劃中書本 A～C 的章節通通都滾瓜爛熟了，否則不要提早唸下一周的計劃。畢竟，這個唸書計劃是要你穩扎穩打的唸完一遍，同樣唸一遍但是效果要比別人更好。

❼ 步驟七：念書進度暫時落後的處理方式

準備考試千萬不能貪快、求快，而唸得不扎實。貪快求快，雖然可能唸得次數更多，但是效果不會更好。你看看那些全職準備考試，卻連考三年以上都沒錄取的人就知道了，他們唸了很多遍，但每一遍都不扎實，這種不良的唸書心態絕對要捨棄。

如果一章的範圍太大，你可以把範圍再拆小一點，改用一節來計算。假設一章有四節，你就可以知道一節最多只能花費多少時間在上面。

　　萬一第一節的「第一次學習」進度落後了，當然是要讀通為主，但是你要記錄下來，要利用「第一次複習」的時間把沒讀的部分補念完。念第二節時就要警醒一點，要鞭策自己好好專心讀，千萬不能再延後進度了。

　　萬一連續好幾個章節的進度通通都落後了，那麼你就要更加警惕了，有三個需要自己檢討的原因。

(1) 在這項科目的理解力是否太低？

　　理解力太低的話，就要考慮是否該「花錢買時間」去補習。

　　但是補習也是很花時間的，這部分就要依照自身狀況拿捏要不要去補習。一般而言，找到「好老師」去補習，勝過自我摸索耗費時間。

(2) 是否專注力太低？

　　專注力太低的話，就要重新思考每天念書時刻與唸書環境是否要改變？總之就是要改變各種外在環境條件來要求自己要更專心。

(3) 是否可以投入的念書時間太少？

　　讀書進度一旦落後了，立刻把本來要做其他事情的時間挪來讀書，增加讀書的時間。例如考慮跟親朋好友商量一下，是不是暫時讓你當個「宅男宅女」，要用行動支持你完成重要目標，考試前千萬不要再主動來找你出去吃喝玩樂。

　　全職考生若念書時間太少的話，通常可能是太放縱自己囉！

　　全職考生請把自己當上班族，只是你的工作項目叫念書。上班族一天工作八小時，你一天至少也要念書八小時。上班族一周工作至少五天，你一周至少也要專心念書五天。

「學習」是「學」+「習」，意思是一邊吸收，一邊執行。面對同一個科目，每個人的學習障礙點都是不一樣的。同一個人，面對不同科目的障礙點也都不一樣。準備要考試的你，看完本篇文章後，你要立刻開始執行，一邊做，一邊修正自己的讀書方式，這樣才對。

❽ 步驟八：搭配複習定律❶，訂出每個月唸書的時間計劃。

第一次複習應該在學習完成的 1 個小時內。例如 1／1。

第二次複習在學習完成的 24 個小時內。例如 1／2。

第三次複習在學習完成的 1 周內。例如 1／7 前要完成。

第四次複習在學習完成的 1 個月內。例如 1／31 前要完成。

第五次複習從第四次複習日開始算 2 到 4 個月內。假設第四次複習是在 1／24 複習，第五次複習就在 3／24~5／24 之間複習就好。

要讓短期記憶變成長期記憶，剛開始複習的間隔時間要短，要多複習幾次，之後就可以把間隔拉長。

❾ 步驟九：運用立體多項式學習法

很多人會安排第一個月閱讀書本 A-1，第二個月讀 A-2，以此類推，等到第五個月才回頭複習 A-1，這樣複習間隔太長了。

應該要採用立體多項學習法❷，第一個月就同時讀四本書。

安排方式如下列步驟：

（1）第一步

書本 A-1 的第一章根據上面的複習定律，一個月內應該要讀完一遍、複

---

❶以下的「複習定律」是根據「遺忘曲線」所訂下的，有興趣了解原理的人，可以參考我之前的兩本著作：《超強學習力訓練法》（晨星出版），頁 240；《輕鬆考高分的圖像記憶法》（大樂文化），頁 144-146。

❷日本人川村明宏提出「立體多項學習法」，詳細說明可見《眼腦直映快讀法》（晨星出版）頁 69-70。

習四遍，分別安排如下頁圖的舉例。

根據前面的計算，讀此章節時要在 4 小時 53 分鐘內讀完，但原本在計算每月最小的唸書時間量時，周一到周四晚上只能撥出 4 小時，這時我會建議請你周一到周四要提高自我要求，要求自己在 4 小時內讀完，並運用心智圖做好重點筆記。

<u>如果當天可以唸書的時間超過 4 小時，或是你提早唸完了該章節，那就參考步驟六跟步驟七中提到的四個選擇。</u>

複習時，切記，不是把書本全部再讀一遍，這樣太沒有效率了，<u>複習應該是讀心智圖重點筆記＋做題目並檢討錯誤才對。如果是需要計算的科目，應該是直接做練習題並檢討錯誤。</u>

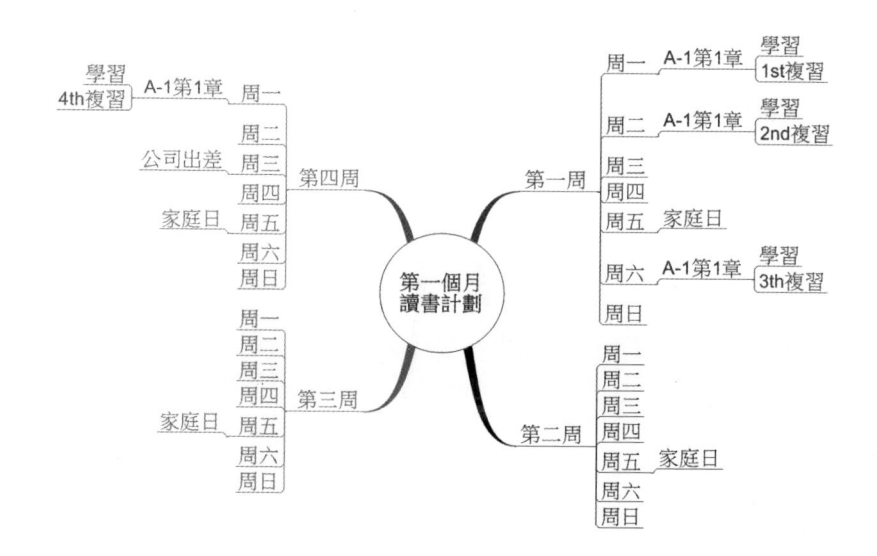

第一個月讀書計劃

第一周
- 周一　A-1第1章　學習 1st複習
- 周二　A-1第1章　學習 2nd複習
- 周三
- 周四
- 周五　家庭日
- 周六　A-1第1章　學習 3th複習
- 周日

第二周
- 周一
- 周二
- 周三
- 周四
- 周五　家庭日
- 周六
- 周日

第三周
- 周一
- 周二
- 周三
- 周四
- 周五　家庭日
- 周六
- 周日

第四周
- 周一　A-1第1章　學習 4th複習
- 周二
- 周三　公司出差
- 周四
- 周五　家庭日
- 周六
- 周日

（2）第二步

假設今天讀書本 A-1，隔天就要換一本書來讀，也就是說隔天要讀 A-2，加上複習 A-1。

書本 A-2 的第二章根據上面的複習定律，一個月內應該要讀完一遍、複習四遍，分別安排如下圖的舉例。

讀此章節時，要求自己最多在 4 小時 53 分鐘內讀完，並做好重點筆記，理由與其他注意事項請見第一步。

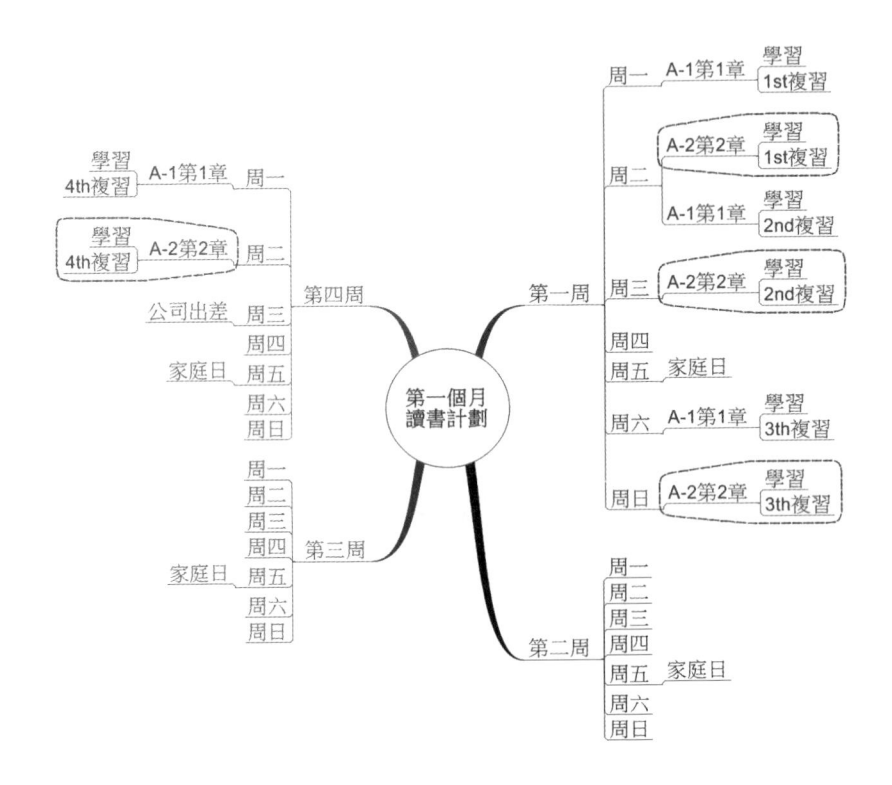

（3）第三步

以此類推，將書本 B 的第二章安排如附圖 3 的舉例。

讀此章節時，要求自己最多在 9 小時 46 分鐘內讀完，並做好重點筆記，理由與其他注意事項請見第一步。

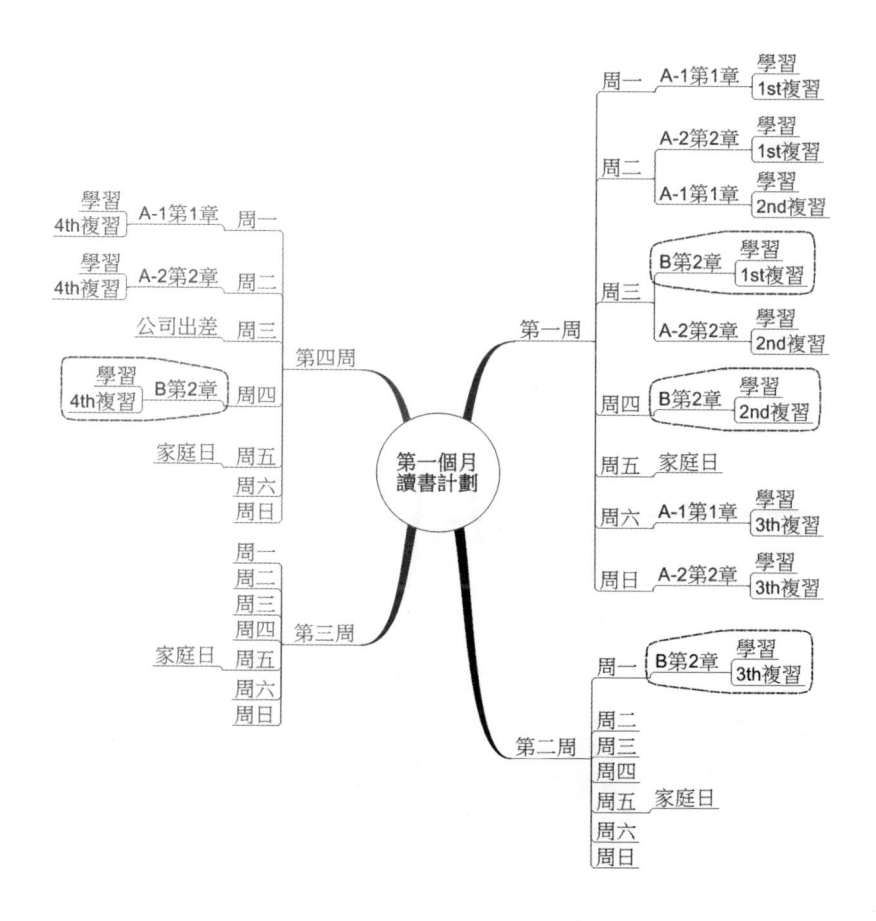

```
                                    第一個月
                                    讀書計劃
```

第一週
- 周一 A-1第1章 學習 1st複習
- 周二 A-2第2章 學習 1st複習
-      A-1第1章 學習 2nd複習
- 周三 B第2章 學習 1st複習
-      A-2第2章 學習 2nd複習
- 周四 B第2章 學習 2nd複習
- 周五 家庭日
- 周六 A-1第1章 學習 3th複習
- 周日 A-2第2章 學習 3th複習

第二週
- 周一 B第2章 學習 3th複習
- 周二
- 周三
- 周四
- 周五 家庭日
- 周六
- 周日

第三週
- 周一
- 周二
- 周三
- 周四
- 周五 家庭日
- 周六
- 周日

第四週
- 周一 A-1第1章 學習 4th複習
- 周二 A-2第2章 學習 4th複習
- 周三 公司出差
- 周四 B第2章 學習 4th複習
- 周五 家庭日
- 周六
- 周日

（4）第四步

以此類推，書本 C 的第三章依照上面原則安排。

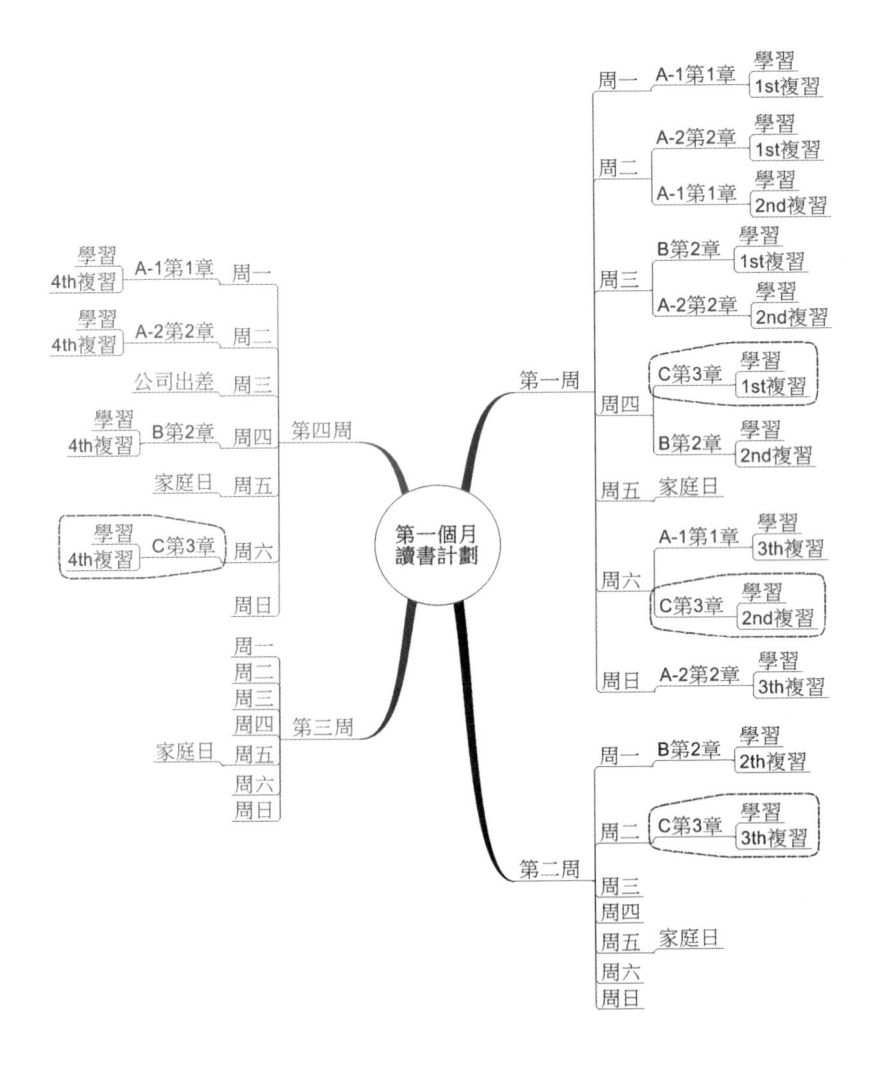

```
                                                                    學習
                                                         ┌─ A-1第1章 ─ 1st複習
                                                    周一 ┤
                                                         │           學習
                                                         ├─ A-2第2章 ─ 1st複習
                                                    周二 ┤
                                                         │           學習
                                                         └─ A-1第1章 ─ 2nd複習
                                                                     學習
                                                         ┌─ B第2章 ── 1st複習
                                                    周三 ┤
                                                         │           學習
                                                         └─ A-2第2章 ─ 2nd複習
                                                                     學習
                                           ┌── 第一周 ──┤ 周四 ┌─ C第3章 ── 1st複習
                                           │              │    │         學習
                                           │              │    └─ B第2章 ─ 2nd複習
                                           │              │
                                           │              周五 ─ 家庭日
                                           │              │
                                           │              │              學習
                                           │              │    ┌─ A-1第1章 ─ 3th複習
                                           │              周六 ┤         學習
                                           │              │    └─ C第3章 ── 2nd複習
                                           │              │              學習
                                           │              周日 ─ A-2第2章 ─ 3th複習
                                           │
                        ┌── 第一個月讀書計劃 ┤
                        │                  │              周一 ─ B第2章 ── 學習 2th複習
                        │                  │              │
                        │                  │              周二 ─ C第3章 ── 學習 3th複習
                        │                  │
                        │                  └── 第二周 ──┤ 周三
                        │                                 │ 周四
                        │                                 │ 周五 ─ 家庭日
                        │                                 │ 周六
                        │                                 │ 周日
                        │
                        │              周一
                        │              周二
                        │              周三
                        │── 第三周 ──┤ 周四
                        │              周五 ─ 家庭日
                        │              周六
                        │              周日
                        │
                        │         學習
                        │ ┌─ A-1第1章 ─ 4th複習 ─ 周一
                        │ │        學習
                        │ ├─ A-2第2章 ─ 4th複習 ─ 周二
                        │ │
                        │ ├─ 公司出差 ─ 周三
                        └─ 第四周 ┤        學習
                          │ ├─ B第2章 ── 4th複習 ─ 周四
                          │ │
                          │ ├─ 家庭日 ─ 周五
                          │ │        學習
                          │ ├─ C第3章 ── 4th複習 ─ 周六
                          │ │
                          │ └─ 周日
```

讀此章節時，要求自己最多在 14 小時 40 分鐘內讀完，並做好重點筆記，理由與其他注意事項請見第一步。

【延伸問題 1】變形版的讀書計劃

這是某國立大學電機系學生看完《超強心智圖活用術》後，不愧是理工人，立刻舉一反三提出的變形版讀書計劃，並寫信來問我這樣的安排方式可以嗎？

> 假設我要念的書籍有三本，目前是第一次的學習（看完書＋整理好心智圖），排定一周要念的章節是 A-1（共 10 頁）、A-2（共 12 頁）、B-1（共 11 頁）、C-2（共 17 頁）。
>
> 分別記錄下這四個章節總共花了多少時間才才能讀完與畫好心智圖，再除以每個章節的頁數，換算出每一頁平均要花多少時間。例如：A-1 與 A-2 合計平均每頁 13 分鐘，B-1 平均每頁 16 分鐘，C-2 平均每頁 20 分鐘。
>
> 倒算回去，書本 A 有 15 個章節，共 300 頁，就能算出每一個章節分別要花多少時間才能讀完，跟整本書應該要 3900 分鐘才能讀完。如果眼下的剩餘時間低於這個 3900 分鐘，即代表時間資源不足，在確保有讀到的章節都讀懂的情況下，那也沒辦法了。

以上由讀者寫的時間規劃方式，跟我在《超強心智圖活用術》書中所寫的，理性邏輯上觀念是一致的，但是他忽略了執行時，人性總有非理性的部分。

也因為存在著非理性部分，所以無法建立一個 SOP 或是一個公式來解決所有問題。

該讀者寫的方式，我以前思考也實驗過，但是這種方式太容易放縱自己，因為你是依照沒有其它壓力狀態下去統計實際的念書時間。

國考、碩士考、證照考、學測等這一類的備考時間是好幾個月，不是短暫的一兩天。越接近考試，越容易放縱自己。

別忘了，準備考試就是一場馬拉松賽，讀書的時間節奏很重要，不是起跑快，或是光靠後面衝刺就能百戰百勝的。

【延伸問題 2】函授影片的讀書計劃

很多用補習班函授方式備考的同學，是看老師的上課錄影。於是就會出現這樣的疑惑：

> 我現在是用看影片的方式在學習，一集約 3hr，第一科有 37 集，第二科則是 19 集，想問老師說如果用集數來安排讀書進度是否會比較合宜？
>
> 因為每一集影片，老師講的幾乎都是觀念（偶爾才會講範例），雖然會因考試頻率而區分出較重要、較不重要的章節，但因前後章節的觀念是連貫的，故我無法跳過前面的集數而先讀後面的集數。且因為每一集的時間固定，也方便了我安排進度。例如：禮拜一看第一科第一集。禮拜二看第一科第二集，且複習第一科第一集。所以才想問老師在這種情況下，以集數來做進度的安排是否比較合宜？

搭配函授影片的學習情況，還是要分成「學習」還是「複習」來看。

（1）第一次學習

依據該讀者的描述，我猜想他應該是對該科內容很不熟悉，所以我的建議是：

1. 先照老師的集數順序去看。在看影片的時候，遇到自己比較熟悉的內容，就可以快轉跳過。
2. 有字幕的影片就用直接快轉的方式來看字幕，遇到不熟悉的內容就恢復成正常速度。比較不重要章節，也可以用這種方式來看。

用以上兩種方式去控制念書節奏，最主要的目的還是要逼自己去吻合自己的預定進度。

如果重要章節的進度落後了，就要想辦法少玩樂一點，去多挪一點時間出來把進度補齊。或是挪比較不重要章節的時間過來。

或是觀念先看懂，假設時間不夠用，那就把範例放在「第一次複習」時來補。不過我個人是比較不建議這樣做啦，我比較講求要有破釜沉舟的心態，寧願多花時間念書，也不要讓進度落後。

事情要照輕重緩急安排，破釜沉舟的心態是準備考試的這段時間，昭告天下，一切以考試為重，朋友間的吃喝玩樂活動通通等考完試再說。

（2）第一次複習

章節的順序，還是照集數安排，但複習時間的長短就要照重要與不重要的方式安排。

除了要補「第一次學習」的落後進度外，盡量不要再看影片了，而是看你整理好的筆記。

（3）第二次之後的複習

不重要章節的時間跟次數都可以減少一點，把時間跟次數挪給重要章節。

【延伸問題3】寫練習題的讀書計劃

補習班的講義或是市面上販售的自修書，都會幫我們在章節本文後面列出很多練習題。寫練習題的最佳時機也是常常被學員詢問的問題：

> 寫練習題是在複習的時候，因為讀過的每個章節都需要複習，所以老師您的說法似乎意味著「每一個章節的練習題都要寫」，但我現在所擁有的讀書時間很少，應無法寫完補習班講義中每個章節後面的練習題，所以我勢必必須要依重要性來分出寫練習題的順序。寫練習題的安排的最好方式是？

最好的學習方式是「學＋習」，也就是學完後馬上練習，但不需要每個練習題都寫。若是選擇函授的人，最好是在看完函授影片後就先寫練習題。例如：看完函授影片第一章或書籍第一章，立刻寫第一章的練習題。看完函授影片第二章或書籍第二章，立刻寫第二章的練習題，以此類推。

寫練習題的順序是先寫完「最近五年內的考古題」，再寫「六～十年前的考古題」。如果沒有辦法在「第一次學習」時，就寫完練習題的話，那就依照下面的方式來安排練習題的順序。

（1）第一次複習

先寫完「最近五年內的考古題」，可以幫助你了解考試方向。有足夠的時間再寫「補習班的模擬題」，因為模擬考題通常比較刁鑽，大型考試不見得會考這種刁鑽題。

（2）第二次複習

有多餘的時間就開始寫「六～十年前的考古題」。或是寫模擬考題。

【延伸問題4】寫時事題的讀書計劃

有些國考、證照考、碩博士考試會加入時事題，這部分該如何以心智圖準備呢？

> 要整理時事新聞必須要匯集各方資料是一件很浩大工程，還必須分析時事考點處，才會知道該連結到哪些相關知識上。我的疑問如下：
> 1. 這樣看來時事考點應該是只能靠自己去發現，對嗎？
> 2. 每天社會案件何其多，整理起來有一定的困難度，若是一個思考不周密漏掉對某法的探討，就會失分。偏偏剛發生社會案件這部分無解答可對照，這真是很傷腦筋。該怎麼做比較好？

第一，是的。這樣整理會很耗時，考點要抓到多細緻，由自己決定。看你覺得這方面的分數占比有多大，來決定你要抓多細緻。這種能力是積少成多的，是腳踏實地累積來的。

第二，這種就是考驗大家是否真的把課本讀通讀懂囉。抓重大事件去整理就好，新聞出現超過兩三天的再做。反正社會事件看久了，你就會歸納出幾個類型，每個類型所運用的法條大同小異。

【延伸問題 5】如何找到好的讀書方法

學，然後知不足。常有學員上完我教授的成人考試高手班後，開始對讀書方法很有興趣，常常會留意坊間書籍或網上論點。但很快又會遇到這樣的問題：

> 讀書方法的書籍琳瑯滿目，且這其中可能也有些充斥著謬論，但因為我非專家無法判斷真偽。有些論點根本是寫作者的自身經驗，我合理高度懷疑是否真的不管誰來做都有效？

每個人的論點都是有前提條件的。不知道其前提條件下，我不敢斷言對方的論點是否正確。一種米養百樣人，讀書方法一定有因人而異之處。

自己要先有專業度，才能分辨真偽，所以只能靠長時間批判性思考的經驗累積，無法在此簡略回答。

我通常比較不去看那些僅描述自身經驗的讀書方法，因為那確實是多數技巧僅適用於作者本人。

科學講求的是「信度」與「效度」。信度越高，就是不管你做幾次，幾乎都得到一樣的結果。效度越高，表示不管是誰來做，結果幾乎都一樣。

我喜歡看的是依據科學理論（認知心理學、腦神經科學、普通心理學）所實驗出來的方法。我要確保我教授的讀書方法是符合「信度」與「效度」，所以平時閱讀很多這一類的書籍。

附錄
圖解形式範例

1. 關連圖（管理指標間的關聯分析圖）：箭頭只進不出的是問題，箭頭有進有出是中間因素，箭頭只出不進的是主因，屬於新 QC 七大手法（又稱品管七大手法或初級統計管理方法）之一。

2. 擴散圖：由左到右的發散，屬於新 QC 七大手法之一。

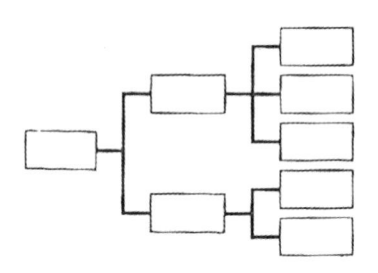

3. 焦點圖：由左到右的收斂。

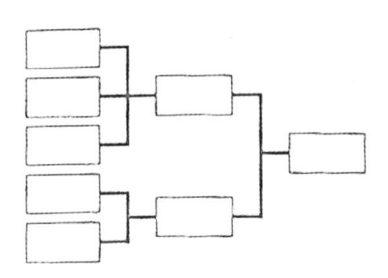

4. 系統圖：因為 A 所以 BC，因為 B 所以 DE。屬於新 QC 七大手法之一

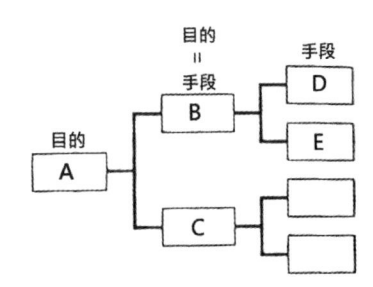

5. 特性要因圖／要因分析圖／魚骨圖：屬於 QC 七大手法之一。

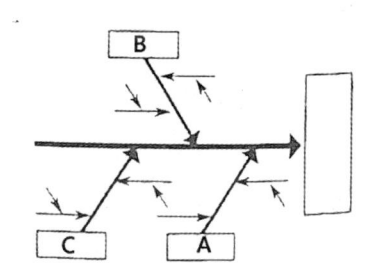

6. 親和圖：表達分類或階層性。因為 A 所以 BC，因為 B 所以 DE。屬於新 QC 七大手法之一。

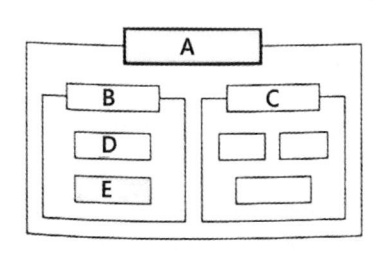

7. PDPC（過程決定計劃圖）：表達步驟是由上到下。屬於新 QC 七大手法之一。

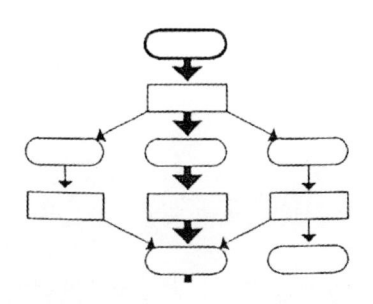

8. PERT 圖（箭線圖）：表達步驟是由左到右。屬於新 QC 七大手法之一。

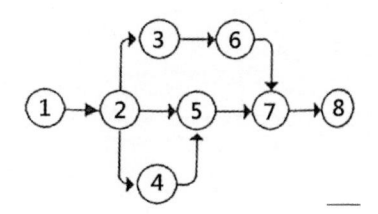

9. 圓形圖：甲＋乙＋丙＋丁＋戊＝100%，表達甲、乙、丙、丁、戊之間的比例。

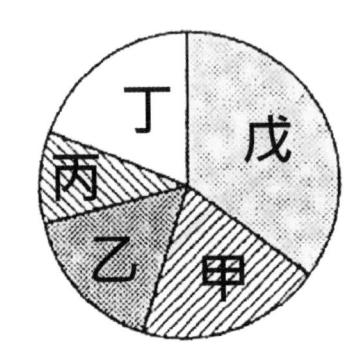

10. 半圓圖／相對半圓圖：表達或是比較 AB 兩種項目分別具有什麼樣的比例。

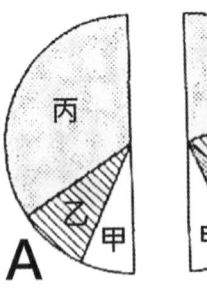

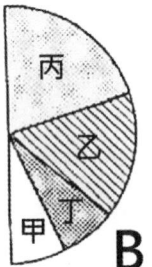

11. 雙重圓形圖：表達內外階層間彼此的比例。

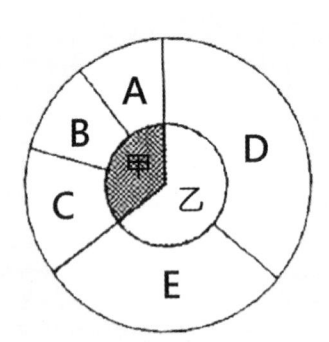

12. 多重圓圖：表達內外階層間彼此關係。

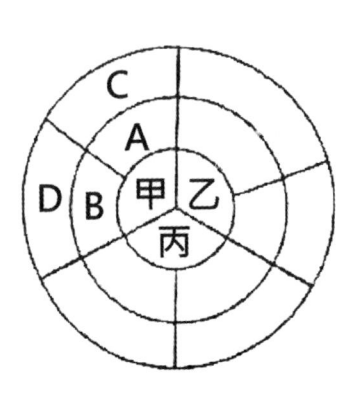

13. 相交圓圖：表達 ABC 之間的相同點與相異點。

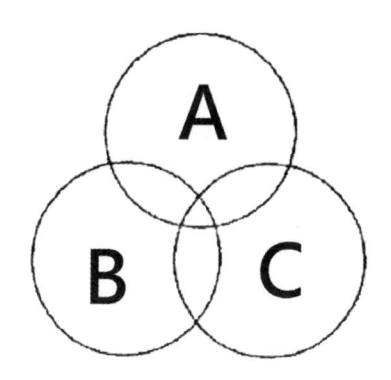

14. 圓形+圓形：表達不同時間點，比例的變化。

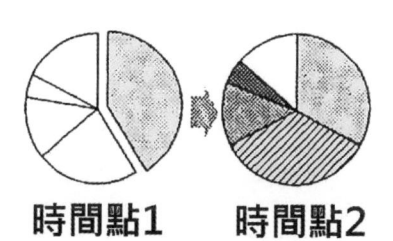

時間點1　　時間點2

15. 三角圖：表達順位或是階層。表達順位概念是由 A 到 E，表達階層概念是由 E 到 A。

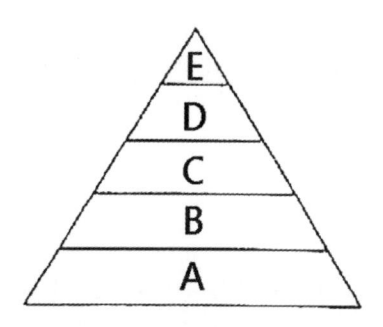

16. 二軸法（圖形）：ABCDE 在 X 軸與 Y 軸的相對位置，圓圈越大表示影響力或是所佔的比例越大。

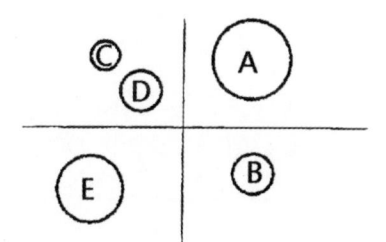

17. 二軸法（表型）：在甲、乙條件下，ABCDE 的相對位置。

18. L 型矩陣圖：是新 QC 七大手法之一。

19. T 型矩陣圖：是新 QC 七大手法之一。

20. X 型矩陣圖：是新 QC 七大手法之一。

21. 構成比率柱形圖：比較 ABC 三種項目具有相同的內容，這些分別是什麼樣的比例。

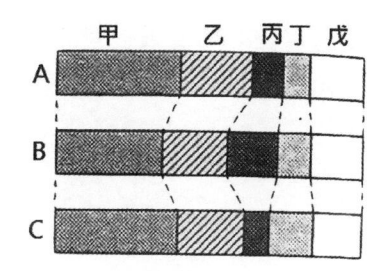

22. 細目構成比率柱形圖：比較 AB 兩種項目的內外階層間，分別具有什麼樣的比例。

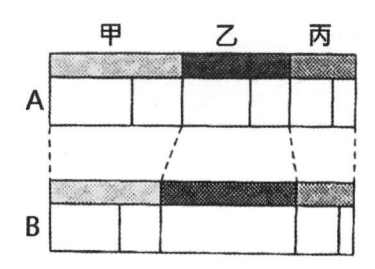

23. 折線圖：強調數值增減變化。

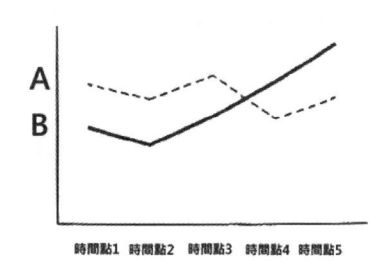

24. 階梯圖：表達 ABC 在不同時間點的數值增減變化。

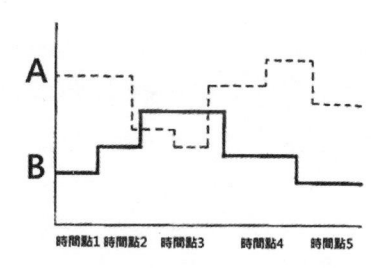

25. 階層圖：ABC 彼此互相獨立，表達 ABC 在不同時間點的數值增減變化。

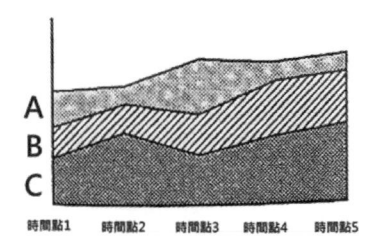

26. 構成比率階層圖：A＋B＋C＝100％，表達 ABC 在不同時間點的比率增減變化。

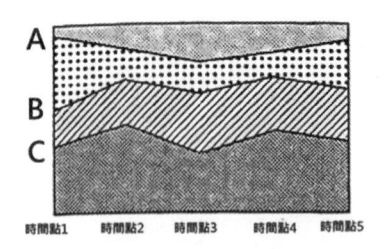

27. 正方形圖：A+B+C+D＝100％，用來表達四者間的比例。

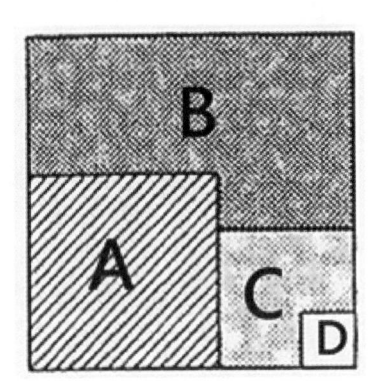

28. 柱形圖／長條圖：比較 ABC 之間的大小。

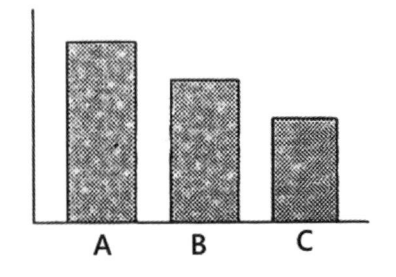

29. 堆積柱形圖：A＝甲＋乙＋丙，表達或是比較 ABC 內容中甲乙丙的大小。

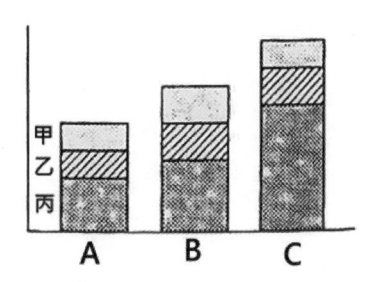

30. 重疊柱形圖

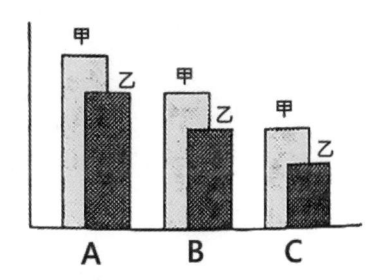

31. 複合柱形圖

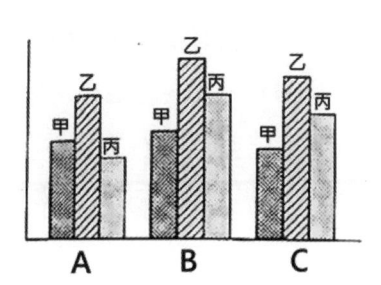

32. 水平對稱（相對）柱形圖

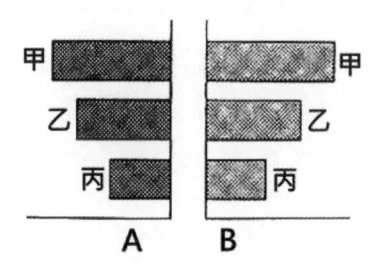

33. 人口金字塔圖：表達男女在不同年齡的數量。

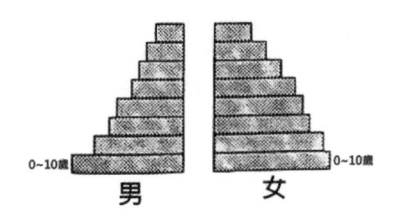

34. 偏差柱形圖：比較 ABCD 的正負值，表達成長或衰退。

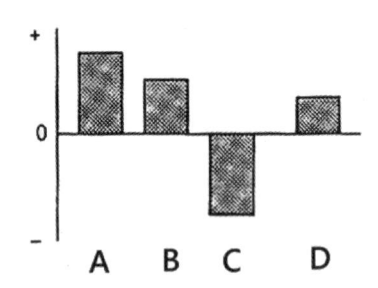

35. 扇形線圖：表達 ABCDE 的正負值，水平線為 0，往右上角斜線表示正值，往右下角斜線表示負值，越傾斜，斜率越大表示數值越大。

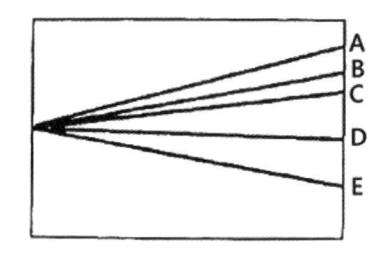

36. 折線+柱形：A 與甲是不同的類型，在不同情況下的數值變化。

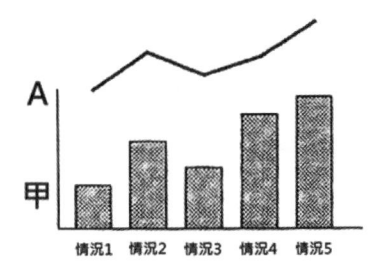

37. 浮動柱形圖：表達數字的區間，股市 K 線圖正是此圖。

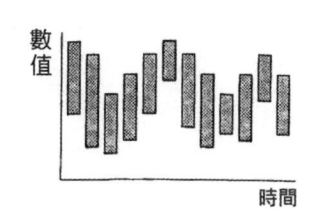

38. 甘特圖：專案計劃中，線段表示 ABCDE 每項工作的開始與結束時間，同一個工作項目中，一個線段是預訂時間，另一個線段是實際執行時間。

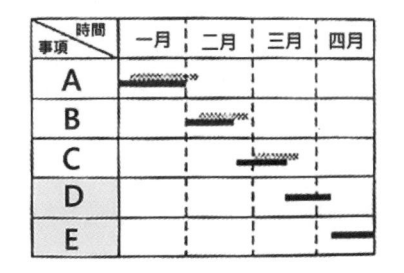

39. 雷達圖：表達與分析 AB 在各項指標甲、乙、丙、丁、戊、己、庚、辛的數值，實線是 A，虛線是 B。

40. 決策樹：逐步在甲、乙、丙、丁的情況下，回答是與否，依序得到 ABCDE 的答案。

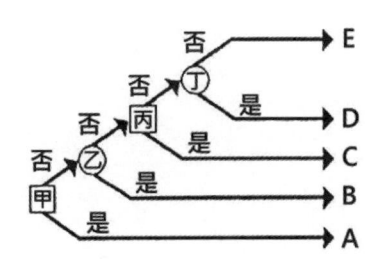

加入晨星

即享『50 元 購書優惠券』

―― 回函範例 ――

您的姓名： 晨小星

您購買的書是： 貓戰士

性別： ●男 ○女 ○其他

生日： 1990/1/25

E-Mail： ilovebooks@morning.com.tw

電話／手機： 09××-×××-×××

聯絡地址： 台中市　西屯區
工業區 30 路 1 號

您喜歡： ●文學/小說　●社科/史哲　●設計/生活雜藝　○財經/商管
（可複選） ●心理/勵志　○宗教/命理　○科普　○自然　●寵物

心得分享： 我非常欣賞主角⋯
本書帶給我的⋯

"誠摯期待與您在下一本書相遇，讓我們一起在閱讀中尋找樂趣吧！"

國家圖書館出版品預行編目資料

心智圖筆記術（修訂版）／胡雅茹著.—— 三版.
—— 臺中市：晨星出版有限公司，2025.02
　288面；17×23公分.——（Guide Book；382）
　ISBN 978-626-420-023-3（平裝）

　1.CST：筆記法

019.2　　　　　　　　　　　　　　　113018642

Guide Book 382
心智圖筆記術（修訂版）

作者	胡雅茹
編輯	余順琪
封面設計	初雨有限公司
美術編輯	菩薩蠻數位文化有限公司
創辦人	陳銘民
發行所	晨星出版有限公司 407台中市西屯區工業30路1號1樓 TEL：04-23595820　FAX：04-23550581 E-mail：service-taipei@morningstar.com.tw http://star.morningstar.com.tw 行政院新聞局局版台業字第2500號
法律顧問	陳思成律師
初版	西元2017年05月15日
二版	西元2023年04月15日
三版	西元2025年02月15日
讀者服務	TEL：02-23672044 / 04-23595819#212 FAX：02-23635741 / 04-23595493 E-mail：service@morningstar.com.tw
網路書店	http://www.morningstar.com.tw
郵政劃撥	15060393（知己圖書股份有限公司）
印刷	上好印刷股份有限公司

定價 380元
（如書籍有缺頁或破損，請寄回更換）
978-626-420-023-3

Published by Morning Star Publishing Inc.
Printed in Taiwan
All rights reserved.
版權所有‧翻印必究

|最新、最快、最實用的第一手資訊都在這裡|

《心智圖筆記術》練習簿

※思考提示：1. 從興趣下手　2. 從趨勢潮流下手　3. 保留原有的工作，另創副業收入

培養第二專長

※思考提示:1.你最想斷捨離的項目是什麼?例如:衣服、感情、雜亂人生……　2.勵志名言:「不要想過愈複雜。」
3.思考「需要」和「不需要」　4.從小範圍開始練習

斷捨離

歡迎複製,盡情練習

《心智圖筆記術》練習簿

走出
舒適圈

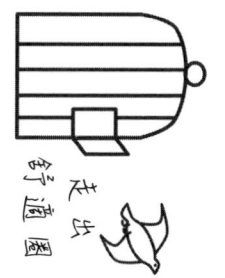

※思考提示：1. 你最想改變的是什麼？例如：想要接觸新事物⋯⋯ 2. 未來6個月可以達成嗎？
3. 可以找到支持你走出舒適圈的人嗎？ 4. 勵志名言：「即使是奇蹟，也需要一點時間來讓它發生。」

被情緒勒索時……

※思考提示：
1. 對於勒索者的要求，不要馬上順著話回應，先給自己一點時間思考
2. 先把恐懼、害怕被嫌棄、不敢改變等負面情緒拋開，問自己：「是否願意接受對方要求照著去做？」
3. 做好選擇：是要滿足別人的需要？還是尊重自己？請冷靜地思考對策，用心智圖畫下來，以便從容回應

歡迎複製‧盡情練習

《心智圖筆記術》練習簿

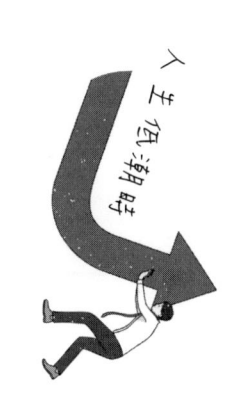

※思考提示：1.眼前的困難是什麼？ 2.想找人說說話？想大吃大喝、玩樂或是去旅行？ 3.寫日記修復心情 4.學會面對自己的情緒

人生低潮時

※思考提示：如何定義財富自由？被動收入？主動收入？如何節流？如何投資理財？

歡迎複製，盡情練習

《心智圖筆記術》練習簿

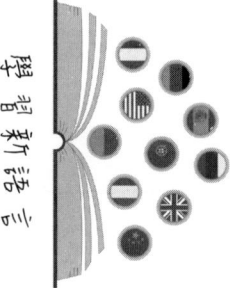

學習新話言

※思考提示：在家自學、線上課程、上補習班、規劃每日學習時間、打造專屬學習環境……

※思考提示：找出消息來源、不照單全收、不被感情支配、不隨意散布、仔細求證……

真的？假的？有如何效分資訊辨？

Holiday

歡迎複製・盡情練習

激請客人來訪

環保從日常做起

LOVE PLANET

歡迎複製，盡情練習

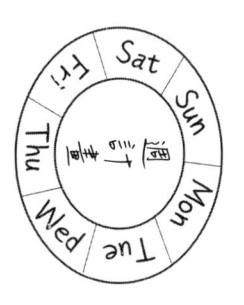

《心智圖筆記術》練習簿

HAPPY BIRTHDAY Birthday Party

歡迎複製，盡情練習

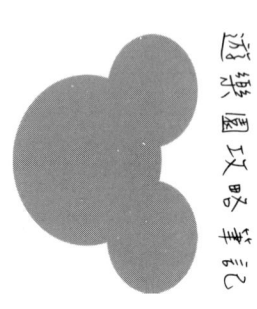

遊樂園以外的事

《心智圖筆記術》練習簿

目標

歡迎複製，盡情練習

購物清單

《心智圖筆記術》練習簿

規劃圖內一日遊

歡迎複製，盡情練習

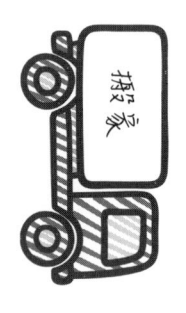

FUTURE

給未來的我

歡迎複製，盡情練習

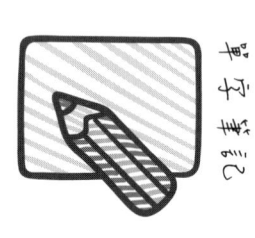

單字筆記

《心智圖筆記術》練習簿

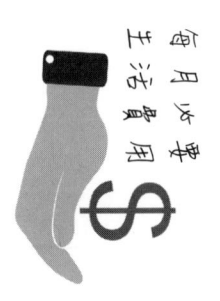

每月必要生活費用 $

歡迎複製，盡情練習

飯鍋 ごはんがま

《心智圖筆記術》練習簿

Ideas

※思考提示:有哪些收入來源?計畫把錢存在哪裡?有哪些預期支出……

歡迎複製,盡情練習

今年你想怎麼付錢 $

《心智圖筆記術》練習簿

如果時光能夠倒轉，你最想做什麼？

歡迎複製，盡情練習

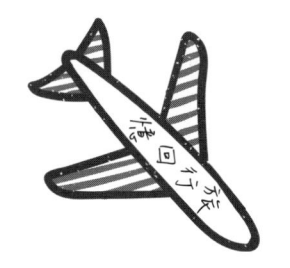

從 0 開始準備一道午餐

歓迎複製・盡情練習

《心智圖筆記術》練習簿

最難忘的一件事

歡迎複製，盡情練習

看完電影!

《心智圖筆記術》練習簿

養成運動習慣

歓迎複製・盡情練習

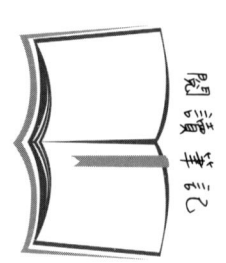

閲讀筆記

《心智圖筆記術》練習簿

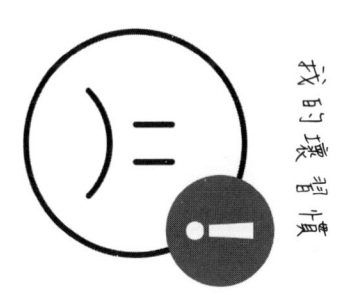

我的壞習慣

歡迎複製,盡情練習

報告老師‼

《心智圖筆記術》練習簿

歡迎複製，盡情練習

《心智圖筆記術》練習簿

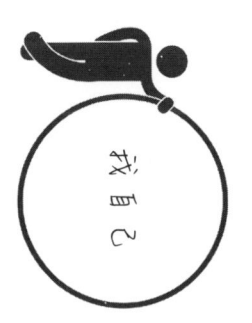

我自己

※動手畫畫看屬於自己的心智圖

歡迎複製，盡情練習

3

《心智圖筆記術》練習簿

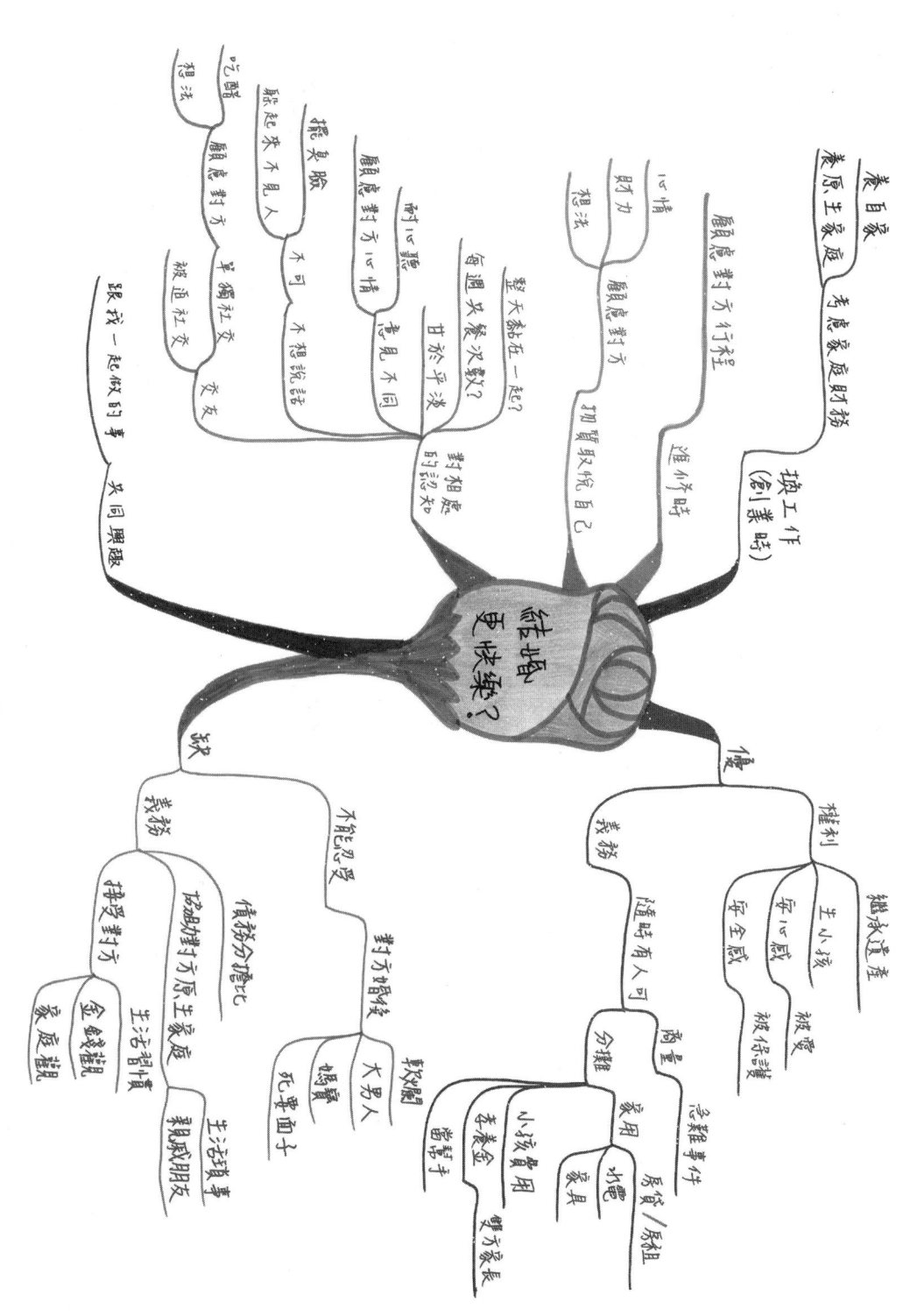

結婚會更快樂?

養目家
- 養原生家庭
- 考慮家庭財務
  - 進修時
  - 初識對自己
  - 對相處時該如何
- 心情
  - 願意對方行程
  - 財力
  - 想法
- 顧慮對方
  - 願意對方
  - 整天黏在一起?
  - 甘於平淡
- 捨心聲
  - 每個禮拜見?
  - 見不見不想說話
- 捏臭臉
  - 願意對方心情
  - 顧慮對方
  - 躲起來不見人
  - 單獨社交
  - 被迫社交友
- "包容"
  - 想法
  - 跟我一起做的事
  - 共同興趣

埃工作(創業時)

權利
- 主小孩
  - 安心感
  - 被待誰
- 繼承遺產
- 隨時有人可
  - 商量
    - 大男人
    - 媽寶
    - 死要面子
  - 分擔
    - 家用
    - 小孩養金
    - 對方
- 義務
  - 對方照顧
    - 家用
    - 房貸/房祖
    - 雙方家長
- 不能忍受
  - 情務分攤
  - 協助對方原生家庭
  - 接受對方金錢觀
  - 家庭觀
  - 生活習慣
  - 接受頭友
- 義務
  - 生活瑣事

使用說明

手繪心智圖法基本步驟

一、要準備的東西有

1. 白紙一張
2. 至少三種顏色以上的筆

二、請你跟我這樣做

1. 空白紙張橫放,從中央開始為上主題
2. 主脈由粗到細,線條呈現放射狀
3. 關鍵字詞要寫在線段的上方,文字長度等於線段的長度
4. 一個線段上只能放一個關鍵字詞或關鍵圖
5. 同一主脈,從頭到尾都只能用同一種顏色